用颂歌的方式，

书写卑微与过往

缅怀家慈郑国会（1945—2017）

历史的掌纹

之一

土著之学

辅仁札记

岳永逸 著

九州出版社

JIUZHOUPRESS

辅仁大学校门

1947

辅仁大学校园一角

1948

"本真性"：民俗学的知识生产
及其多重视野

方维规

早就拜读过永逸君赠送的《行好：乡土的逻辑与庙会》《朝山》《老北京杂吧地：天桥的记忆与诠释》等书，着实让我这个民俗学的门外汉开了眼界。正因为是外行，我是把这些书当"闲书"看的。好像听谁说过，书未必一定要有意义，但要有趣。这自然是外行喜欢说、喜欢听的。我带着极大的兴趣翻阅了永逸的书，很多故事确实有趣！但凭直觉或学术嗅觉，能够感到这些著作在民俗学中的意义肯定也不一般。无论如何，永逸著述增加了我对民俗学的亲近感。可是，没想到他让我为其新著《"土著"之学·辅仁札记》作序，让我颇感突然，也很犹豫，犹豫的主要原因是"隔行如隔山"。为何让我作序？是他发现我对其著述兴趣浓厚？作为朋友，只得允诺，权当再读些书，写点读书心得。

其实，我和永逸的兴趣也有交结之处，民间故事、歌谣、儿歌、谜语等民间文学（文化），本来就是我们做文学理论的人亦当关注的。对我来说，这是一次很好的学习机会，不敢像以前那样对待"闲书"了。三百多页的文字容量极大，尤其是"'土著'之学·导论"，着实给人一种冲击感。他对中国民俗学的历史发展、学科现状以及不同学说的评点，常能见出其独特见解，多有批评和反思之语，让我长了不少见识。但另一方面，我似乎也看到了当代中国民俗学多少有些危机，至少有些"灰暗"之处。可不，他时不时大谈民俗学的本质，或提醒人们不要忘记民俗学的底色和主色。对一个成熟的学科来说，有些道理本当是不言而喻的。能够让人窥见危机的，还有作者浓重的方法论意识，以及他颇为欣赏的民俗学固有也应该有的不随波逐流的"反抗性"特征。我在该书导论中看到的是一种批判性民俗学，这是难能可贵的。在当代中国学界，批判性可以是空谷足音，却是迫切的。这大概也是我在阅读时慢慢觉得我们虽不在一个专业，但颇有些共同语言的原因。

晚近中国学界的海外汉学研究取得了长足的进步，海外的中国民俗学理当也是海外汉学的一部分。但在本书作者看来，"外人"的许多中国民俗学研究尚未得到中国同行的足够重视，例如与辅仁大学颇多牵连的司礼义（P. Serruys, 1912—1999）、贺登崧（W. Grootaers, 1911—1999）等传教士学者1930—1940年代在中国的田野调查、民俗语汇研究成果，或司礼义早年在域外引起很大反响的中国民俗及方言研究，在中国学界迄今湮没无闻。我想，这种情形还有不少，仅查阅一下国际汉学期刊双雄，创刊于1890年的《通报》（T'oung Pao）和创刊于1935年的《华裔学志》（Monumenta Serica），从"索引"便可得知不少珍贵的民俗学研究文献。

我还想到德国东亚研究发展史上的一个重要人物、为开创柏林

1　Wilhelm Grube, Zur *Pekinger Volkskunde*, Berlin: W. Spemann, 1901.

2　著名汉学家海尼士（Erich Haenisch）认为，"格鲁白氏所著之《北京民风》，实为极有价值之模范作品。德国以外之汉学家，亦无人能出其右者"。见海尼士著、王光祈译《近五十年来德国之汉学》，载李雪涛编《民国时期的德国汉学文献与研究》，北京：外语教学与研究出版社，2013，第28页。

皇家民俗博物馆的东亚研究事业做出重要贡献的汉学家葛禄博（Wilhelm Grube, 1855—1908）。《北京民俗》（1901）[1]是他的代表作，该作是他1897年至1898年秋冬之季在北京实地考察的成果，材料丰富翔实，中国民俗学界对这部典范之作所知无几。[2]究其缘由，永逸认为"主要是用法语、英语、德语等外文写作，多年来这些跨学科的研究典范不免让国内学人望而却步，少有涉猎"。并且，中国民俗学在书写学科史时，基本上把外人的中国民俗研究置之度外，从而造成中国学者之中国民俗学与外国学者之中国民俗学的两个天地。针对这类问题，作者一再强调在野、内发、跨领域和世界性的民俗学，并重温柳田国男（1875—1962）曾倡导的"一国民俗学"，即"一国民俗学"也是"世界的"，自有其合理之处，也是很有见地的。

正是缘于这一逻辑，在作者眼里，司礼义、贺登崧等传教士学者的点面兼具的"中观研究"，是带有暖意、洞察"心意"的学问；他们在北中国立足于方言（片）区的田野调查，对包括方言俚语、歌谣、谜语、故事等民间文学在内的诸多民俗所做的超村落的中观研究，实为地道的"土著之学"。他们不但是"由外入内"的自家人——土著，更是以其独树一帜的研究成果，开创了中国民俗学研究的独特范式，从而成为研究中国民俗和方言的杰出的中国民俗学家，是世界的，也是中国的。正是对那些被英雄遮蔽的英雄的"小人物"的关注，对"在野并旁落"的故迹的考掘，深描"历史的掌纹"，成为作者近期研究的一大特色，这在我们这样一个"文化政治学"甚嚣尘上的时代，绝对不只是"耐得住寂寞"所能形容的。

我不太相信作者以自嘲的口吻，说自己是"一个散漫、随性的'旁观者'"，我能见到的是一个有事业心和责任感的学者的焦虑和不安，在他"淡淡的忧伤和时隐时现的真切的哀痛"中见出暗暗的抗争。然而，学人不随波逐流的矜持，往往也带着郁闷，批判性有时不得不欲言又止。永逸是在主张"回归"，回归民俗学之本源；他甚至宣称，在某种意义上，当代中国本土的相当一部分民俗学者背离了司礼义、贺登崧这些老外所秉持的民俗学乃"土著"之学的根性，即愿意且能够成为"土著"或"类土著"的学人对"土著"的研究。这在很大程度上关乎研究成果的真实性和可信度，"本真性"从来就是民俗学的核心问题。我受这本书的启发而想到的一些问题，或明或暗也与本真性有关，而本真性并不是不言自明的，常常也是见仁见智的问题。

与"土著"之说密切相关，永逸援引了法兰克福学派哲学家霍耐特（A. Honneth，1949— ）的"认可理论"（Anerkennungs theorie），即"认可先于认识"。霍耐特有过不少关于"认可"的著述，他视"认可"为一种尊重他人的行为。认可对方也是自己得到认可的前提，唯有知道自己得到对方的某种认可，才会有交往。因此，认可是认识他者和外部世界的先决条件。这才会有司礼义、贺登崧等传教士学者之认可和欣赏在先的暖意的学问，才有他们的"土著之学"。而要达到这一高度，人文地理学的倡导者段义孚论述过的注重情感纽带的"恋地情结"（Topophilia）是必不可少的，然而"恋地"并不容易。

作者借用柳田国男的"游客之学"或"寓公之学"来形容明恩溥（A. H. Smith, 1845—1932）和禄是遒（H. Doré, 1859—1931）的著述，他们在华传教三十多年之久，也叙写了中国民俗和民间信仰。然而，早期从事民俗学研究的学人，就已把他们的著述看做感情用事之作，不但充满偏见，还过于倚仗既有资料，离事实太远。本书作者列举的这种居高临下的事例，正可以用来说明"认可"的重要性。19世纪中期以后，传教士在西方强权的庇护下来到中国，不被认可是他们面临的常态。一般而论，19世纪的绝大部分中国人视传教士为不受欢迎的人，这种状况"更由于大多数传教士笨拙的、自以为是的举止而急剧恶化——少量传教士的名誉之举除外"。"19世纪甚或20世纪的许多传教士之著述的最大特点，就是不得要领地、带倾向性地、仇视地贬斥中国人及其文化。" [3]

3 Wolfgang Franke, *China und das Abendland*, Göttingen: Vandenhoeck & Reprecht, 1962, p.68.

4 Arthur H. Smith, *Chinese Characteristics*, Shanghai: North China Herald Office, 1890.

以明恩溥为例。他的《中国人的特性》（1890）[4] 是丑化、鄙夷和非议中国人的集大成之作，其中有不少他与农民接触所获得的第一手材料，但常见他在中国的不愉快经验，他因而常把中国人喻为低人一等的动物，如"狗熊""蜘蛛"之类。明恩溥很会写，也写得很形象："人们曾评价一位著名的钢琴制造家，说他'就像他的乐器一样——规矩，正直和高贵'。在中国，能够遇到这样的人吗？"作为一个基督徒和布道者，他对中国人的总体评价是毁灭性的："他们缺乏的是人格与良心。"[5] 这显然已经超出认可不认可的问题。霍耐特"认可理论"的社会批判潜能，在于他揭示出不公平的社会对于人间本应有的认可之系统性漠视这一社会病理，导致受歧视、侮辱、排斥等痛苦经验。19世纪的大部分传教士以高人一等的姿态，俯视中国没有文化的"异教徒"，视其为未开化的土著。他们也不可能被中国人认可为"土著"，绝不可能以"土著"或"类土著"的身份去研究土著，人们也不会指望他们拿出"土著之学"。

当然，传教士中也有各色人等，特别是不同的"时代精神"会给他们打上总体烙印，比如明末清初的耶稣会士与鸦片战争后的传教士有着巨大区别。16、17或18世纪的传教活动，背后没有政治力量为之张目；传教活动的成败，一般取决于个人的处世能力和对异土的适应能力。后来那些仗西方强权之势的传教士，不必再像利玛窦（Matteo Ricci, 1552—1610）之辈"毫无保留"地入乡随俗。若把明恩溥、禄是遒归入这类传教士，司礼义、贺登崧等传教士则属于新的一代，他们多少带着斯宾格勒（Oswald Spengler, 1880—1936）《西方的没落》（1918/22）之感受来到中国，其暖意的学问自然是建立在认可中国文化的基础上。

传教士中还有卫礼贤（Richard Wilhelm,

5 史密斯：《中国人德行》，张梦阳、王丽娟译，北京：新世界出版社，2005，第195、197页。

1873—1930）那样的人，不愿区分基督徒和异教徒。他于1924年重回德国时，已在中国生活了二十五年，但没给一个人洗过礼，反而被中国文化所陶醉，译释中国经典是他的主要志业。他不但成了世界最著名的汉学家之一，还是人们心目中的"中国灵魂的卓越专家"，这缘于他回国后发表的轰动一时的《中国灵魂》（1926）[6]。该书以其亲和性见长，将作者所到之处的见闻和民俗展现在读者眼前，那是与明恩溥版本截然相反的中国人特性。在卫礼贤眼里，中国之本真性的基本特征是"安宁"与"温和"，但他不是在现实中探索中国灵魂，而是在日常生活中找寻和发现孔子生活哲学的实现和证明，或曰在社会现实中寻找中国经典的兑现之处。本来，孔子的有些观点只是理想图景，却常在卫氏书中成了事实，其书实为"理想图景的图解"，且往往可在儒家思想中找到出处和注脚。《中国灵魂》中不乏民俗描绘，但那不是民俗学田野作业的成果，更谈不上"中观研究"。

德语"民俗学"（Volkskunde）一词出现在1780年前后，文字形式最早见于1782年汉堡的《旅行者》（Der Reisende）杂志。今人通用的"民俗学"（Folklore）一词最早见于英国，是英国文化史家汤姆斯（William Thoms, 1803—1885）首先提出的混合词（"folk-lore"），出现在他于

6　Richard Wilhelm, *Die Seele Chinas*, Berlin: Reimar Hobbing, 1926.——两年后的英译本在欧美产生了广泛影响：Richard Wilhelm, *The Soul of China*, trans. by John H. Reece, New York: Harcourt Brace & Co., 1928; London: Jonathan Cape, 1928.

1846年8月22日发表在伦敦的文学周刊《雅典娜神庙》（*The Athenæum*）上的一封信中。汤姆斯主张用这个英语新词来取代时人所用术语"popular antiquities"（俗古风）或"popular literature"（俗文学），视之为"the lore of folk"。汤姆斯的新造词借鉴了11世纪英语中的"folklār"。从古英语"lār"（大概意思是"知识""学说"）转化而来的"lore"，意为"流传的习俗"，"folk"则指"庶民"；特定群体的多半是口传的知识和传统可称为"Folklore"。汤姆斯认为这个概念更能归纳格林兄弟（尤其是雅各布·格林的《德意志神话》）所展现的民间财富，他也想以此来概括一个新的学科。

"民俗学"概念可追溯至18世纪的德语区，尤其是赫尔德（J. G. Herder, 1744—1803）的"民歌"（Volkslied）、"民族心灵"（Volksseele）、"民族信仰"（Volksglaube）等概念的传播，以及他搜集和编辑的欧洲《古老民歌》（*Alte Volkslieder*, 1775）和1778/89年出版的《民歌集》（*Volkslieder*），后者的第二版修订本在他去世以后以《民歌中各族人民的声音》（*Stimmen der Völker in Liedern*, 1807）之名重刊并流传于世。这可视为记录和收藏普通民众的传统和文化财富的最早尝试。然而，民俗文献的辑录和研究工作真正获得学术印记，要从1812年问世的《格林童话》

7 在《格林童话》初版"序言"中，格林兄弟对童话故事的搜集、记录和整理以及方法做了详细说明。此外，他们还简要说明了每个故事的来源，并做了不少注释和比较评析。

算起，[7]所以现代民间文学或民俗学的从业人员在回顾学科起源和发展时，一般都会说到格林兄弟（Jacob Grimm, 1785–1863; Wilhelm Grimm, 1786–1859）。

《格林童话》无疑是最著名的德国文学作品之一，也是翻译和传播仅次于《圣经》的世界文化经典之一，研究文字早已汗牛充栋。鉴于这部名著在其诞生之后的两百多年中一再被解构甚至颠覆，我想借此机会重温一下妇孺皆知的格林童话，追溯其诞生、流传、影响和评价，并就相关问题谈一点看法。所谓"颠覆"，莫过于格林童话在第二次世界大战以后西德的命运：有人指责格林童话对于纳粹暴行负有一定的责任；有人在翻检威廉二世时代的教科书后得出结论说，格林童话在培养学生下意识的残忍（因带着民间血统，格林童话最初版本中含有暴力和恐怖成分）；还有人在有些童话中见出或明或暗的反犹倾向。在西德美占区，格林童话被清除出学校和图书馆并运往国外，英占区曾长期不准发行格林童话。批评之声一直延续至1970年代。

与这种带有浓重政治色彩的（毁灭性）评判不同，另一"解构"主要围绕"民间与文学"的问题，即格林童话是民间故事还是童话故事，前者关乎原初讲述人（故事提供人），后者则指创造和再创作的文学作品，二者在很大程度上都涉及格林童话的知识主体。此处"解构"带来对格林兄弟的双重批评，即质疑故事讲述人之乡民身份的真实性，同时否定故事文本的忠实性。埃利斯的经典著作《一个童话的背后》（John M. Ellis, *One Fairy Story Too Many: The Brothers Grimm and Their Tales*, 1983）便揭示出格林兄弟在讲故事者身份问题上的"欺骗"做法，比如有意隐瞒给他们讲了近四十个故事的菲曼（Dorothea Viehmann）的民族属性和家庭出身。虽然埃利斯是一个美国的德语文学专家，但有关"真实性""忠实性"等问题的拷问，无疑更是民俗学的喜好。民俗学家追踪故事源头，讲究田野作业，而格林兄弟不懂现代意义上的田野作业，常请人到家里讲故事。

在中国，自百年前的歌谣运动起，现代科学意义上的民俗学或民间文学的发生和发展始终受到外国学说程度不一的影响，本书作者亦提及格林兄弟之后不同时代西方和日本学者的理论在中国的接受。论及民间故事，作者借助司礼义的著述，转引了维索斯基（Albert Wesselski, 1871—1939）和兰克（Friedrich Ranke, 1882—1950）对格林兄弟的诟病，司礼义也完全赞同两位文学史家和民俗学家的观点，即格林童话虽为得到后世赞誉的德意志式童话风格，却不是真正的民间叙事方式。维索斯基编订过《中世纪的童话》（1925）[8] 和《格林之前的德意志童话》（1938）[9]，他对格林童话的如下判决本在情理之中：民间传统遭到有意的、极度的鄙

8　*Märchen des Mittelalters*, hrsg. von Albert Wesselski, Berlin: Stubenrauch, 1925.

9　*Deutsche Märchen vor Grimm*, hrsg. von Albert Wesselski, Wien: Rohrer, 1938.

薄甚至歪曲，也使科学蒙受了无法弥补的损失。维索斯基的观点出现在注重方言、方音的司礼义编订的《山西大同城南民间故事十五则》（1946）的导言中也顺理成章。也是针对格林童话，兰克认为，只要童话是在民间流传，定会用方言，搜集和记录童话亦当采用未被歪曲的方言。显然，维索斯基和兰克更多是以民俗学家的身份在说话，推崇原汁原味的民间童话。

毫无疑问，口头传统乃民俗研究之肯綮。我们也知道，正是格林兄弟以其童话搜集、整理和研究，开启了现代意义上的"口头传统"研究，但他们把捕捉到的"乡民的声音"转达给读者时，用的却不是方言。从今天的民俗学立场出发，维索斯基和兰克的批评依然是有效的。从"知识民族志"（ethnography of knowledge）来看，当代许多记录和研究口头叙事的民俗学家、人类学家、语言学家几乎不提格林兄弟，也是有道理的。然而，我们不能忘记19世纪的民俗研究标准与今天的标准是有差异的。换句话说，我们不能用今天的标准来批评19世纪的早期童话作家。维索斯基的"歪曲"之说，包括司礼义的赞同，应该说是很超前的，或曰只是专家之言，因为在1940年代之前，民众并不区分口述者、故事作者和可以随意改动的共同财富，[10]也不会思考谁歪曲谁的问题。此外，在整个19世纪直至20世纪上半叶，在民族主义思潮的影响下，绝大

10 Linda Dégh, "What Did the Grimm Brothers Give to and Take from the Folk?" in: *The Brothers Grimm and Folktale*, ed. by James M. McGlathery et al., Urbana: University of Illinois Press, 1988, pp.（66-90）69-70.

部分"民俗"搜集物都有掺假和净化之嫌，包括格林童话。

更为重要的是，在评判格林童话的时候，民俗学标准不是唯一标准。比如，一个文学史家或文学批评家会怎么看呢？在《格林童话》问世两百周年（2012）之际，文学批评家比斯基（Jens Bisky）在《南德意志报》（*Süddeutsche Zeitung*, 20. Dezember 2012, S. 14）上撰文说："不是布伦塔诺加工了那些童话，这是文学史上的事故吗？对于那些真正的童话之友来说，去你的格林！那些童话亏待了想象。"浪漫派名宿布伦塔诺（Clemens Brentano, 1778—1842）在读完《格林童话》第一卷后，于1813年1月16日致信另一位浪漫派名人阿尔尼姆（Achim von Arnim, 1781—1831），直言排揎格林童话："我认为忠实的叙事太不像话了，有些地方也因此变得很无聊。"[11] 布伦塔诺显然不会把后来的民俗学家所追求的本真性放在眼里；在他眼里，未加提升的童话故事不仅结构混乱，而且单调沉闷。德意志浪漫派文学家是怎么做的呢？他们也发现和收集民谣、童话和传说，但多半将之融入自己富有幻想的创作，把民间故事加工成自己的作品，就像布伦塔诺在同一封信中所说的那样，他也能很忠实地讲述格林作品中最出色的二十个故事，当然会讲得更好。看来，标准和视角不同，判断也会随之而变。而对我们来说，关键在于历史性，查

11 Clemens Brentano, *Sämtliche Werke und Briefe*, Bd. 33: *Briefe V*, hrsg. von Sabine Oehring, Stuttgart: Kohlhammer, 2000, p.10.

考人各有志的缘由。下面我就来梳理一下格林兄弟做了什么和为什么这么做，以便在格林童话的产生和性质中找到这部作品的恰当定位。

俗称《格林童话》的《儿童与家庭童话集》（*Kinder- und Hausmärchen, KHM*；另译《儿童与家庭故事》，接近英译 *Children's and Household Tales / Nursery and Household Tales*），第一卷于1812年问世，第二卷出版于1815年。格林兄弟在当时盛行的民族浪漫主义思潮的影响下，为海德堡浪漫派的领袖人物阿尔尼姆和布伦塔诺编辑的三卷德意志民歌集《男童的神奇号角》（*Des Knaben Wunderhorn. Alte deutsche Lieder*, 1805/08）搜集民间歌谣。在此过程中，自1806年起，他们开始关注和搜集民间童话。此举并不只为了编写儿童读物，而是更多缘于后人称之为民俗学以及语言学的兴趣；他们还为此做了不少童话方面的评说，并于1822年出版了《格林童话注释集》（"Anmerkungsband"）。格林兄弟的主要目的之一，是为语言学等科学研究打下基础。另外，威廉·格林还在1825年修订出版了插图本《格林童话精华版》（"Kleine Ausgabe"），收录了五十篇更适合儿童阅读的童话。此前版本并未产生多大影响，1925年圣诞节之际刊行的精美的精华版才给格林兄弟带来巨大声誉。

关于格林童话的研究文字可谓不计其数。围绕格林童话的基础研究，更多出自民俗学，而非日耳曼语言文学。《格林童话》共收录两百多个故事，主要来自民间口头传说，因而常被看做民间文学。从第一版到1857年的第七版（即今人熟知的标准版），历时四十五年。脍炙人口的格林童话也激发许多国家搜集和整理本民族和地区民间童话和传说的热情，激励民俗研究者在口头叙事者那里挖掘故事。格林童话在全世界的广泛传播和影响，使得"童话"在许多语言中几乎成为指代各种民间故事、传说、寓言的基本概念，而德语"Märchen"（童话）则演变为一种讲故事的特殊形式。可是《格林童话》本身却内容驳杂，童话而外，还有民间故事、趣事、传说、寓言等。以今天的标准来看，《格林童话》中只有约五十篇纯粹的童话。

诚然，我们很难拿出"童话"概念的简明定义，不同的视角会对童话做出许多划分。在讨论格林童话时，暂且做出"民间童话"（Volksmärchen）与"艺术童话"（Kunstmärchen）的粗略二分，或许是有意义的。民间童话一般是流传很久的口头传说，后来才有书面形式；艺术童话则多半是作家创作的文学作品，《格林童话》中的《雪白和玫瑰红》（*Schneeweißchen und Rosenroth*）在很大程度上就是一则艺术童话。格林童话究竟属于"民间童话"还是"艺术童话"？对于这个问题，至今尚有争议。就迄今的研究成果而言，将格林童话划归民间童话，看来是有问题的。较多童话专家更愿把格林童话定义为"书面童话"（Buchmärchen），即介于确凿的口传民间故事与艺术童话之间的童话形式。显然，口传的"民间童话"变成"书面童话"，"本真性"问题就会凸显而出，而格林兄弟是追求"本真性"的。

《格林童话》，尤其是第一卷的基本素材，主要收集的是格林兄弟的家乡哈瑙亦即德意志黑森地域的口传故事。在第二卷的导言中，格林兄弟一再宣称他们搜集的是真正的黑森童话，其源头是古代北方和原始德意志神话。这里能够见出赫尔德的影响。他早在《英格兰与德意志诗艺术的相似性》（1777）中就已揭示出童话的本质："世俗的民间传说、童话和神话[......]，几乎是民间信仰及其欲望、能力和本能所造就的。人们因不知而幻想，因不解而信仰，带着整个未扭曲的心灵，这是人类史家、诗人和哲学家的非凡素材。"赫尔德看到了童话在他那个时代的双重意义：一为文学表现形式，一为历史研究的对象。

格林兄弟在大学期间都学过法律，这个学业后来没派上用场，但其严谨性充分体现于他们早期的童话搜集工作，尤其是哥哥雅各布在修辞上倾向于简洁，特别遵循忠实记录的原则，即逐字逐句记下口头传说，不做任何添加，他甚至主张采用活生生的方言来记录。但弟弟威廉讲究美感和形式。其实，格林童话绝不只是对口传故事的采录，相当数量的篇幅有其可以查考的书面文字。《格林童话》从1819年的第二版到1857年的第七版，主要由擅长写作的威廉修订出版，雅各布在这期间倾力于德语语法研究，较少关心童话出版事宜，他的四卷本《德语语法》为日耳曼语文学打下了基础。

格林兄弟搜集、整理童话，一开始就带着学术研究的色调，带着浓厚的神话学和民俗学兴趣。毕生的语文学追求又让他们（尤其是威廉）不断对童话文本进行修改润色，根据语言规范和他们的喜好来修订，比如插入成语和谚语，或用"对话"取代间接叙述。民间故事从一地到另一地，从一个讲故事人到另一个讲故事人都会有所变化，所以格林兄弟还会把共同起源的异文书面版本与口头版本整合到一起，以求一个理想的故事。威廉·格林认为，这些做法同数学意义上的精确性无关，即便最真实、最严谨的史书也不可能像数学那样。格林童话甫一问世就有争议，特别是对其中不少血腥、色情甚至乱伦情节颇多声讨，这也是他们替换整篇童话、增添新的童话的重要原因之一。其结果是七个版本的《格林童话》无一完全相同，每出一个版本都有新的加工，介于民间童话和艺术童话的"书面童话"就此诞生。

《格林童话注释集》（1822）出版百年之后，德国民俗学家博尔特（Johannes Bolte, 1858—1937）和捷克的斯拉夫语言学家波利夫卡（Jiří [Georg] Polívka, 1858—1933）以格氏文献研究为基点，合作撰写了五卷本《格林童话注释集》（1913/32），可被看做格氏著作的续写，迄今被视为相关研究的重要参考文献。前文说及"童话"的定义，博尔特和波利夫卡对童话的定义是："我们把赫尔德和格林兄弟之后的童话看做文学幻想编织成的、尤其展现魔幻世界的故事，是不与现实生活条件相关联的神奇故事，即便让人感到不可信，但多少会给人带来愉悦。"[12]也就是说，童话是一种采用神异素材讲述的幻想故事，通过艺术形式来实现，这样更能增添童话的价值。

不少学者认为，格林兄弟的童话编订工作，一开始就受到一个文学史研究方案的支配。格林童话经历了各种过滤阶段，而且原本用方言讲述的童话，被用普通德语做了整理加工；民间童话中掺入许多非民间成分，体现的也是收集者而非讲述人的风格，从而远离了口述传统。倘若我们要为格氏对口头性的文学再现辩护，那就不能忘记文字文学

12　Johannes Bolte und Georg Polívka, *Anmerkungen zu den Kinder– und Hausmärchen der Brüder Grimm*, Bd. 4, Leipzig: Dieterich, 1930, p.4.

的特点，它常会过滤掉口头文学中的不少审美甚至伦理取向，还有不符合语言规范和"粗俗"的东西。那是一种转化了的口头叙事，而且早已有之，薄伽丘（Giovanni Boccaccio, 1313—1375）、乔叟（Geoffrey Chaucer, 1343—1400）甚至莎士比亚（William Shakespeare, 1564—1616）的作品在很大程度上就属于此类。

如前所述，自《格林童话》第二版起，主要是威廉·格林在承担童话的修订再版工作；他在对文本的编辑、改写和润色过程中，找到了自己的风格，并确立了"格林体"（Gattung Grimm），迄今还在影响人们对童话的想象。换言之：引人入胜的"格林体"叙述方式，对后来的世界儿童文学产生了深远影响。首先提出"格林体"之说的学者，正是责备格林童话大肆歪曲民间童话的维索斯基。在现今的童话研究中，人们常会说及"格林体"，但维索斯基的非难已经不那么重要了。格林兄弟曾一再强调，他们对口传故事的态度是谨慎的，极力如实再现其主旨和情节，保持童话之天然质朴的本来面貌，决不歪曲传统故事的内核，他们的童话正是口传叙事传统之本真性的证言，无论是直接来自口传还是文字材料。在他们眼里，这些民族诗性作品中散发着原始德意志神话的余韵，语言修饰和改动也不会将童话故事的本真性排除在外。

随着格林兄弟对童话研究的逐渐深入，其研究范围扩展到语言及其历史、形式、语法和词语，最终创立了日耳曼学，同时也成为民俗学的奠基人。对民俗学而言，关键是要看到格氏"口头传统"研究亦即他们对于建立现代意义上的民俗学和民间文学研究所起的关键作用，单从民俗学的田野调查、口头传统等视角去评判格林童话，定然是跛足的。更会让当今民俗学兴奋的，肯定是比格林兄弟岁数小的同时代人舍恩维特（Franz-Xaver von Schönwerth, 1810—1886）。他在巴伐利亚宫廷做官，也是著名的民俗搜集者。受到雅各布·格林、尤其是其《德意志神话》的启发，他从1852年至1886年常在巴伐利亚上法耳次的家乡地区踏查乡民的日常生活，遍察民风和传统穿着，搜集传说、童话、趣闻、童谣和谚语。1857至1859年出版的三卷本《上法耳次的习俗与传说》（Aus der Oberpfalz. Sitten und Sagen），只是他的大量实地踏查成果的很小一部分，大部分田野记录直到他去世也没发表。

早在该著第二卷问世之后，与舍恩维特有通信来往的雅各布·格林就在《德国文学汇报》（Literarisches Centralblatt für Deutschland, Nr. 21, 22. Mai 1858, S. 336–337）上发表书评说："全德国从未有过如此细致、丰富而且是倾听得来的搜集资料。"在一封致友人的信中，雅各布·格林认为舍恩维特是唯一能够继承他和他弟事业的人。《上法耳次的习俗与传说》第三卷出版之年（1859），威廉·格林去世，雅各布也在四年后离世。与雅各布·格林不同，舍恩维特并不追究统一的日耳曼民族文化及其原始起源，仅专注于上法耳次的特性。2009年，也就是格林童话问世将近两百年之时，舍恩维特未发表的文字在雷根斯堡市档案馆被发现，其中约有多半不为人知的五百则童话故事的口传文字！

1806年的拿破仑战争彻底瓦解了德意志神圣罗马帝国，但也极大地激发了德意志民族意识。格林兄弟搜集民间童话也始于1806年，他们的整个文学生活与渴望形成德意志民族认同感密切相关。他们崇尚的是德意志浪漫派的"民族文学"想象，浪漫派以其寻求自身文化、复兴民间文学著称。不仅具有民族特性的童话故事是德意志民间文化的重要组成部分，雅各布·格林的德语语法和语文学研究也是民族浪漫主义的具体操演，旨在揭示深藏的德意志精神。"格林童话"类型亦即"格林体"是民族遗产与文学创作的结合，既可回溯民间叙事传统，又在文学改编中得到丰富。尤其是威廉·格林对童话的刻意塑造，赋予其真正的诗性品格，开创了"书面童话"风格。为了追求简单朴素的叙述风格和统一的童话格调和形式，格林兄弟对自己搜集和别人邮寄给他们的童话文本做了净化和修饰。我们当把格林童话看做民间故事的文学提炼，那是格林兄弟的创作，是他们催生出的一种现代民间文学体裁。对于今天的解读来说，格林童话是否根源于民俗的问题（它们确实根源于民俗），似乎已经无关紧要了。

目 录

壹

"土著"之学

———

导论

吾人如何为历史断代，如何界定或否决断裂之所在，这些都是政治选择，决定了吾人如何建构当下。无论是以其他事件和过程为代价，来排除或凸显某些事件与过程，这些做法都影响着我们对于自己也深陷其中的当代权力运作的理解。

——[美]乔纳森·克拉里

（J. Grary）

———
司礼义，Paul L.-M. Serruys

1912-1999

1946　1945

辅仁大学聘司礼义为研究员　　　　　辅仁大学聘贺登崧为研究员

徐继茂老人（1931—　）
（8月24日，岳永逸摄于大同养老洼村）

2015

2015

因修建西册田水库，被废弃的西册田旧村
（岳永逸摄于 8 月 24 日）

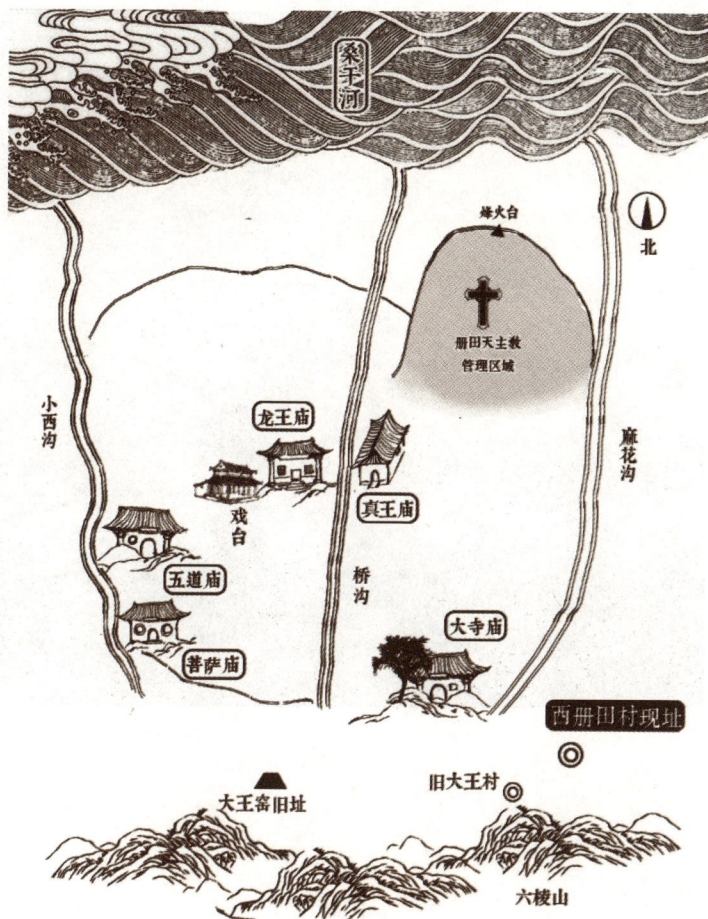

西册田旧村示意图
（陈旻绘于 8 月）

2015

2015

8 月 24 日夕阳下，
笔者拍摄西册田旧村
（王春卯摄）

一

在无文字社会，神话传说中的英雄，是一个族群的天与地，甚至所有。与之相应，对于进入文字时代的众多社会、国度而言，在相当长的历史时期，帝王将相、公侯伯爵的"私生活史"，天然是历史诗学的主流。成王败寇的书写逻辑，与"英雄"史观相得益彰，熠熠生辉。

以革命论、阶级论观之，一切历史都是"吃人"的历史，需要也自然会"革命"，至少是必然会被更新的历史。这即"王侯将相宁有种乎""彼可取而代之"的诘问、行动逻辑与循环往复。自然而然，对既有历史的否定、反动以及根除，不但有着"君权神授"之天命观的重复性、虚饰性，有着命定论的神圣性、不可知性，还有着逻辑上的合理性、科学性与实证性。

出于对这种树碑立传和吃人历史的反动，作为个体的"小我"及其日常生活，大、小人物的口述，日渐被赋予了举足轻重的价值，有了先入为主的不可替代性。对于历史，也就有了众说纷纭的定义。仁者见仁，智者见智，莫衷一是。宛如一个任人打扮的娇娃，历史粉面含羞，尽态极妍，勾人魂魄。以今观古、借古讽今、由果推因，一切历史也就成为当代史。布洛克（M. Bloch，1886—1944）认为，历史事实在本质上是心理上的事实。[1]换言之，一切历史皆心史。同样是法国人，阿多（P. Hadot，1922—2010）认为，书写思想史在一定意义上就是书写误解的历史。[2]当然，书写出来的思想史本身也完全可能是继续"误解"，却不一定存在"负负得正"的回环、反转。

作为历史的一个重要分支，学术史、学科史同样难逃这些书写的误区和定义的陷阱。其殚精竭虑、有鼻子有眼的书写，常常指向循环往复的误释，因为大抵皆以今人，尤其是位高权重者，看来重要的"英雄"为鹄。通常而言，无论是哪门学科，"挟天子以令诸侯"的后来人，为了或明或暗地强调自己的重要性，通常会对某一位与之多少有些关联又相对重要的人物进行层累、叠加的叙事。事无巨细的释读、意义的追加，使这个或这些"相对重要"的角色，终至成为该门学科史中"箭垛式"的人物，如同传奇、话本、演义和民间戏曲中的孔明、关公与包公，[3]由人而圣，由圣而神。在不停为之加冕授衔，美美与共的同时，这些"先贤"又被大卸八块，事无巨细地解剖，甚至将之剥

1 [法]马克·布洛克，《历史学家的技艺》，张和声译，北京：北京师范大学出版社，2014，第159页。

2 [法]皮埃尔·阿多，《伊西斯的面纱：自然的观念史随笔》，张卜天译，上海：华东师范大学出版社，2015，第23页。

3 胡适，《胡适文集·4》，北京：北京大学出版社，2013，第333页。在此意义上，逆向行之的对圣人孔子凡人相的发现与呈现，价值非凡。参阅倪培民，《孔子：人能弘道（修订珍藏本）》，李子华译，北京：世界图书出版有限公司，2020，第183—212页。

得一丝不挂，各美其美地以琐屑、私处示人，终至成为只能称颂和膜拜的"禁忌"。

二

有鉴于此，在对现代学科意义上的中国民俗学史的耙梳中，我抛离了这一简易的"封圣"或"美谥"式的英雄叙事之诗学与"封神"之美学。我关注的是被英雄遮蔽，或者说被后人习惯性"偷懒"而忽略的"小人物"，关注的是英雄—圣贤（至少是贤达名流）在成为"英雄"之前的那个尚未显山露水而隐于市甚或苟且偷生的"小人物"，关注的是英雄的"小人物"面相，抑或说作为常人的英雄。无论因为哪种心态、形态还是时态，无论是默默无闻求学写作的当初，还是"成人"后的有意自我遗忘，这些不沾染，不介入世、史与功名的"小"人物，大抵有着皎洁之志。所谓"因其不成功不得志，而益显其志之精诚"[4]。

这样，才有了近些年来我对现在仍然被人们称为"燕园"的这个空间内昔日系列学士、硕士毕业论文的细读，才有了对孙末楠（W. G. Sumner, 1840—1910）、李安宅（1900—1985）、黄石（黄华节，1901—?）、杨堃（1901—1998）、薛诚之（1907—1988）、李素英（1910?—1986）和在一度叫作"辅仁"的恭王府中学习、工作、生活过的赵卫邦（1908—1986）、司礼义（Paul Serruys,

4　江湄，《中国史学的"隐逸"书写》，《读书》2020 年第 1 期，第 19 页。

1912—1999）等诸位"（小）人物"的另一种读法和写法。细读少人问津也不乏青涩的毕业论文，是为了重新发现中国民俗学（含民间文艺学）以及社会学的重要演进，及其不容忽视也不得不正视的支流，以求呈现出小人物的"英雄"面相。对后世多少有些声名的前贤的品读，则是为了呈现英雄的"小人物"面相，甚或宿命。最终，两者都指向了历史、学科、学问、社会与人生的丰富性、复杂性以及不确定性。

不容置疑，作为事实抑或真实的历史是存在的。犹如参天大树，历史有一个成长演化，但不一定意味着"进步"的历程。它有深藏地下、默默无闻的根须，有挺拔粗壮的主干、伸向四面八方的枝蔓，有随风起舞、密密匝匝的叶子，有峭立枝头、香气袭人的花蕾和诱人的累累硕果。对历史的释读，可以逆流而上、层层剥茧、追寻源头，但更为可取的则是沿着历史的肌理、筋脉，顺流而下，移步观景，从因到果。前者偏重逻辑，更在意必然性，后者多了情感，三心二意的偶然性会随时闯入，不期而遇。

如果将历史比作手掌，外现且轮廓分明的五个或六个长短不一的手指固然重要，但密布手心的掌纹、若隐若现的毛细血管、斑驳的死茧皮屑也同样重要。掌纹参差错乱，迷离朦胧，或断或连，似断实连，千姿百态。然而，没有这些微不足道却隐含着某种错乱的必然性的纹理，珠圆玉润抑或刚劲有力的手掌，也就不成其为生活中被反复使用、触摸与吟诵的纤纤素手或大力神掌。没有了纹理抑或说肌理，手掌即使不干瘪、断裂，也是没有生气与暖意，甚至吓人的小里小气的森森白骨。

质言之，这些关于辅仁和燕京的札记，欲重现部分长期被遮蔽与有意忽视的关于二十世纪三四十年代中国民俗学以及社会—人类学局部的断代史，想多少能再现一点点历史这个手掌的部分纹理、疤痕，黏合一丝丝多年断裂的缝隙。

1938年，对中华民族而言，是苦难深重的一年。只要想到是年年初仍在持续的惨绝人寰的南京大屠杀，中华儿女都会潸然泪下。然而，或者正是因为深重的苦难，对于中国民俗学、社会学而言，1938年却是一个重要的节点，关键的一年，可谓是将星云集，群星闪耀。

这一年，一腔热血的费孝通（1910—2005），从英伦回到战火纷飞的中国。在昆明郊外的一角，他接过恩师吴文藻（1901—1985）的指挥棒，主政"魁阁"，关心土地、经济、百姓生计和国家未来。这一年，留守在沦陷区北平的燕京大学（燕大，Yenching University）的赵承信（1907—1959）、杨堃和黄迪（1910—？），有条不紊地指导陈封雄（1917—1999）、李慰祖（1918—2010）、石堉壬、虞权、邢炳南等学生，展开了对"社会学实验室"平郊村（前八家村）事无巨细的研究，关心着日伪强势渗透的村民生老病死的日常"生活态"。这一年，在大同城南桑干河流域的西册田一带数十个村庄，对民俗资料本身投入全部精力的圣母圣心会传教士司礼义，开始了其对当地方言、谜语、儿歌、故事、婚俗等意义非凡的超村落的"中观"研究。

改革开放后，因为吴文藻、费孝通等先贤不言而喻的重要性，随着社会学的恢复，"魁阁学派"已经享有国际盛誉，被反复发现、诠释，在相当意义上成为中国社会人类学前行火力十足的发动机、生长点与"硬核"。可是，同样是基于实地踏查，且成果丰硕的对于平郊村的微观研究、对于西册田一带的中观研究，则一直旁落，在相关学科的学科史中如流星闪过，了无痕迹。再现这些"小而微"的学术过往，成为近些年来我写作"辅仁札记"和"燕京札记"的初衷。

当然，这种基于名不见经传的"小"人物相关写作的细读与诠释，是零星的、只言片语的，甚至是随心所欲的，有着浓郁的自说自话、自圆其说的主观色彩。因为这种管窥之见，我并不希求自己还算勤勉的阅读与感悟式的笔记，能改写中国民俗学史以及社会学史。虽然我相信，它多少能充实、丰富中国民俗学史，至少能促使部分人抑或个别人正视前人曾经做过的不乏功德和价值的探寻，说不定将来还有可能为既有学科史的修正打个补丁。

三

在本书中，我注意到了隐于"市"与"史"，却在涛贝勒府——那个数十年一度叫作"辅仁"的园子——学习、工作、生活过多年的赵卫邦，并对其民俗学研究展开了探寻。我尝试将其仿佛与时势无关而"单纯"的扶箕研究——《扶箕之起源及发展》[5]，放在二十世纪前半叶多难而伟大的社会背景以及中华文化史的长河中进行再诠释，还归作为"小道"的扶箕原有的诸多"色"相。

我尝试指明：作为同样深受追求逻辑实证的维也纳学派（Wiener Kreis）影响的民俗学家，赵卫邦从民俗学的基本立场——老百姓的日常生活——出发，当然也是"自下而上"的视角，强调扶箕与迎紫姑习俗之间的深厚缘源；更难能可贵的是，他未将扶箕先入为主地进行一种高低优劣与是非的价值评判，而是将之视为**人类共有且普遍**

5 Chao, Wei-pang. "The Origin and Growth of the Fu Chi", *Folklore Studies*, Vol.1（1942），pp.9-27；《扶箕之起源及发展》，岳永逸、程德兴译，《民间文化论坛》2019年第1期，第56—66页。

14

6 本书中的黑体部分，皆为笔者笔者标注。

7 许地山，《扶箕迷信底研究》，长沙：商务印书馆，1941。

8 ［日］岛村恭则，《民俗学是一门怎么样的学问》，游乃蕙译，《日常と文化》2019年第7卷，第105—117页。

的文化。[6]在国破时艰、救亡图存的岁月，这种出于对事实本身尊重而近乎冷酷的"居中"的实证主义姿态，难免会落人口实，位居末路。相较于好评如潮的许地山（1893—1941）《扶箕迷信底研究》[7]，尽管赵卫邦《扶箕之起源及发展》篇幅短小，边缘到长期被国人忽视的地步，但却充分体现了民俗学固有也应该有的不随波逐流的"**反抗性**"[8]这一本质特征。

多年来，关于民俗学的发生，人们普遍强调其与浪漫主义、民族主义，或者说浪漫的民族主义之间的渊源。然而，浪漫的民族主义实则是对启蒙运动（The Enlightenment）鼓吹的理性主义一种针锋相对的反动和革命。换言之，正是启蒙运动本身孕育了叛逆它的浪漫的民族主义这个"孽障"。自然而然，近些年来，启蒙运动也成为学界理解民俗学发生及其学科特性的新切口。在这种对民俗学学科生发历程逆推与前溯的研究中，倡导文化的民族主义、文化多元主义的德国思想家赫尔德（Johann Gottfried Herder, 1744—1803）走上前台，成为焦点。

刘晓春指出，作为一种反启蒙的历史科学，意大利思想家维柯（G. Vico, 1668—1744）《新科学》在"撼动"启蒙理性的同时，对赫尔德产生了重大影响，并因此奠定了民俗学的学科基础与基本品性。反启蒙主义立场、对启蒙思想的尖锐批判，使在启蒙思想背景下成长起来的赫尔德，不但是启蒙思想的"异数"，还在某种意义上成为真正的

"浪漫主义之父"。为了"复原"日耳曼人的"辉煌"历史,重振日耳曼人的文化自信而反抗,至少是消解裹挟启蒙运动之理性强势的法兰西,赫尔德强调,在一个族群口耳相传的民歌、故事、神话、史诗等这些"自然的诗"(Naturpoesie),具有非凡的价值和意义。[9]

岛村恭则同样旗帜鲜明地将民俗学的根性,回溯到认为民谣承载了"人们的灵魂"(Volksgeist),尤其是对抗启蒙主义的赫尔德这里。有鉴于世界各地的民俗学不同程度地内含了对抗启蒙主义、霸权主义、主流与中心的观点,从发生学的角度,岛村恭则将民俗学明确定义为:

> 民俗学形成于德国18世纪对抗启蒙主义、对抗霸权主义的社会文脉中,其后逐渐扩散至欧洲与世界各地,分别于当地发展出独自的学科体系。此学问通过处理包含"启蒙主义式的立场或霸权、普遍、主流、中心的社会面相"与"其他不同立场的社会面相"在内其之间的关系,以内在性的方式理解有别于"启蒙主义式的立场或霸权、普遍、主流、中心的社会面相"之外发展出的人类的生活,与"启蒙主义的立场或霸权、普遍、主流、中心的社会面相"为基础形成的知识体系站在相对的立场,孕育出超越性的见解。[10]

9 刘晓春,《从维柯、卢梭到赫尔德:民俗学浪漫主义的根源》,《民俗研究》2007年第3期,第41—67页。

10 [日]岛村恭则,《民俗学是一门怎么样的学问》,第107页。

进而，岛村恭则将民俗学的特性归纳为内发性、在野性、横跨领域性和世界性。在相当意义上，这与拙著《以无形入有间：民俗学跨界行脚》一书中反复诠释的**民俗学是关于"小我"——最普通意义上的人——的学问**，异曲同声。[11]换言之，对我而言，民俗学不仅是一门独立的学科，它本身更是一种方法，甚或说方法论。我也一度将我的民俗学喜称为"坐冷板凳"的学问：

11 岳永逸，《以无形入有间：民俗学跨界行脚》，北京：商务印书馆，2019。

> 它是一门向后看也必然充满怀旧与伤感的学问，并自然而然地与民族主义、浪漫主义纠缠一处，但它也是从下往上看，天然有着批判性、反思性，从而谨慎甚至不合时宜的学问，因此也是最容易被边缘化和工具化的学问。[12]

12 岳永逸，《灵验·磕头·传说：民众信仰的阴面与阳面》，北京：生活·读书·新知三联书店，2010，第 11 页。

除借现代中国扶箕诸多面相、实践和阐释的"总体"呈现，彰显赵卫邦扶箕研究的不可替代性、开创性之外，我也再次借中国的事实呼应岛村恭则上述这些更加明晰的论述。

四

"大道"中有"小道"，"君子"其实同时也是"小人"，至少在日常生活中涵括或者说有着"小人"的一面。在面对生死，尤其是生命——命运的不可知性、不确定性时，每个个体都成为最普遍意义上的人。此时，他不得不也只能直面生命本身，或仰面苍天、凝神静思、率性前行，或捶胸顿足、焦灼不安、四顾茫然。既有的族/国别、角色、身份、地位、学识、职业、性别、衣冠、名号、语言、修辞等，大抵丧失了常态社会中惯有的标榜与区隔的分类功能和标识属性。换言之，作为在野、内发、跨领域和世界性的民俗学，反抗、自省、张扬人性，将诸多形形色色的个体并置到最普遍意义上的人——当然也是有着尊严和大写意义上的人，正视并歌颂之，才是关注日常的、在野的、世界性的民俗学的底色与主色。

由此出发，有必要重审究竟何为"民俗"。"民俗"是民俗学——一门现代人文社会科学——的研究对象和核心词汇，它迥然有别于中国本土固有的"风俗"，也不同于典籍和研究中经常出现的"礼俗"。在现当代中国，在进化论的强力支撑下，民俗多年来被天然地视为民间的、乡野的、民众的、传统的、边鄙的甚或原始落后与封建愚昧的。对这一习惯性的认知，我一直有着反动、反思，至少是不以为然。换言之，在阳春白雪/雅和下里巴人/俗、都市与乡村、精英与民众、国家与社会、传统与现代、大传统与小传统、科学与迷信等二元框架下界定的民俗明显不适用于中国。

虽然是个案，现代中国扶箕之事实与研究整体图景的呈现，不能说完全拆除了这些强势的二元话语夯实的藩篱，至少戏谑、调笑了这些似乎天然对立、水火不容的二元话语的道貌岸然。渐变的中华文化、文明的同质性太高、韧性太强，尤其是当回归日常生活，直面个体的"苦难"与抉择时。如果非要固执地将"礼"与雅、精英文化、大传统等高阶进行对应，那么残酷的事实是："礼"仅仅是实现"俗"的工具和手段，其本身并非目的和终极状态。就"礼/乐/风"与"俗（现代学科意义上的'民俗'）"之间的关系，下述古语已经说得明明白白：

> 君子之德风，小人之德草，草上之风，必偃。（《论语·颜渊篇第十二》）
>
> 乐者，圣人之所乐也，而可以善民心，其感人深，其移风易俗，故先王导之以礼乐而民和睦。（《荀子·乐论》）
>
> 君子如欲化民成俗，其必由学乎。（《礼记·学记》）

如后文会进一步揭示的那样，"俗"一旦成型，成为民心、民性，它也就具有了**"自愈性"**和**"自治性"**，从而温文尔雅、不温不火地也不乏狡黠地应对着，要移易甚至要剔除它的新的"风/礼/乐"。

借对其民俗学研究的整体回顾，尤其是对其扶箕研究的细读，我希望能将赵卫邦带回人们的视域，重现他更加饱满的学术人生，同时也多少能给予主要用英语写作中国民俗学的赵卫邦在学科史中一个应有的位置。在此，要进一步指出的是：赵卫邦似乎不关心时艰而不食人间烟火的"冷漠"且淡定的民俗学，反而更具有民俗学应有的特质：内发性、在野性、横跨领域性和世界性。同时，其俨然两耳不闻窗外事、气定神闲的研究，似乎隐藏着对"应景"、讲求效用、被工具理性支配也是"主流"的民俗学的"弱批判"，即反抗性。或者正因为如此，赵卫邦对扶箕源流的追溯，始终是置于不同时代、不同人等的日常生活之中。虽然也引用文献，他却并未被文献蒙上双眼，而是力透纸背，看到文字背后的生活日常和"小我"共有的心性，也更具有长时段性和认知上的长效性。

五

对包括扶箕在内的赵卫邦民俗学研究的回顾，不仅是想呈现历史的复杂性与丰富性，还触及民俗学学科性质、方法论、民俗特征等基本问题。与此不同，在周作人（1885—1967）、顾颉刚（1893—1980）、钟敬文（1903—2002）、黄石、赵景深（1902—1985）、艾伯华（W. Eberhard，1901—1989）、司礼义、杨文松等前辈研究的基础之上，本书对山西狼/狐精怪故事的文本研究则多少有些鹦鹉学舌、东施效颦的意味。[13]这一基本回归文本的研究，是对司礼义、贺登崧（W. Grootaers, 1911—1999）等同样被中国学界，尤其是民俗学界长期忽视的传教士在西册田等大同南部桑干河流域村落调研足迹的致敬！

对我而言，司礼义、贺登崧是传教士，是通常意义上的汉学家，更是对学术有着敬畏之心、将学术视为志业、严谨而勤勉的饱学之士；是"由外入内"的自家人——**土著**，更是具有开拓性而且成果卓著的中国民俗学家。

至今看来，燕京大学李素英对歌谣[14]、薛诚之对谚语[15]和杨文松等人对故事[16]的文本研究，意义非凡，可圈可点。其有着语境意识，但明显又超越语境，暗合了当代中国民俗学"**回归文本**"的呼声与暗流。[17]对当代山西狼/狐精怪故事的文本研究，

13 要特别说明的是，该研究的初稿是我的硕士研究生赵雪萍与我合作完成的。

14 李素英，《中国近世歌谣研究》，北平：燕京大学研究院国文学系硕士毕业论文，1936。

15 薛诚之，《谚语研究》，北平：燕京大学研究院国文学系硕士毕业论文，1936。

16 杨文松，《唐小说中同型故事之研究》，北平：燕京大学文学院国文学系学士毕业论文，1935。

17 刘宗迪,《超越语境, 回归文学: 对民间文学研究中实证主义倾向的反思》,《民族艺术》2016年第2期, 第125—132页。

18 Grootaers, Willem A. with Li Shih-yü 李世瑜 and Chang Chi-wen 张冀文。"Temples and History of Wanch'üan (Chahar). The Geographical Method Applied to Folklore", *Monumenta Serica*, Vol. XIII (1948), pp.209-316; Grootaers, Willem A., 李世瑜 and 王辅世。"Rural Temples around Hsüan-Hua (South Chahar), Their Iconography and Their History", *Folklore Studies*, Vol.10, No.1 (1951), pp. 1-116.

我想表明: 在语境研究大行其道的当下, 逆向的口传文学文本研究的可能性以及必要性。语境研究不是一切。简单的语境研究常流于形式, 见山是山, 见水是水, 更显凌乱, 不得要领。其实, 在中国, 语境研究并不是二十世纪八九十年代以来的新生事物。在八十年前的中国民俗学研究中, 在田野现场以及历史深处的"语境"研究就已经开花、结果, 乃至形成了相对完备的范式。

在吴文藻、杨堃、赵承信、黄迪、林耀华 (1910—2000) 等人的指导下, 燕大学生关于民俗的语境研究更倾向于"小社区/群"(little community) 的微观研究。尤其是对燕大"社会学实验室"平郊村的微观研究, 更是成果多多。和辅仁有着诸多关联的贺登崧、司礼义等"外人", 以及在其指导、影响下的李世瑜 (1922—2010) 等辅仁学生的研究, 则常常是立足于数十个甚或百余个村庄, 典型地属于当下学界命名的点面兼具的"中观研究"。[18]

立足于小社区的语境研究, 更偏重狭义的民俗及其功能。虽然明显有了此前未曾有的与"合作者"共情的平视、朋友视角, 但部分研究者不经意间还是有着不能自已的高低优劣甚或是非好坏的价值判断。与此不同, 司礼义、贺登崧等人的语境研究, 则是包括方言俚语、歌谣、谜语、故事等民间文学在内的广义的民俗, 更在意民俗本身的生活实态, 试图厘清其传承、传播等演化形态。方言方音、历史地理、绘制地图对之重要莫名。至今看来，司礼义、贺登崧等在二十世纪四十年代运用地理学、语言学以及地图法对北中国乡村庙宇、信仰、婚俗、祈雨、歌谣、民间故事等诸多民俗进行的中观研究，都独树一帜。只不过因为主要是用法语、英语、德语等外文写作，多年来这些跨学科的研究典范不免让国内学人望而却步，少有涉猎。

在中国，因为对民俗本身急功近利的诸多工具化策略，不论工程规模的大小，对民俗事象的观察，民俗资料的收集、记录与释读，常常流于形式化、简单化、片面化。民俗本身反而变得不再重要。如同人类学、民族学以及社会学领域不少的田野研究，相当一部分当下民俗学的语境研究多少都显得褊狭、浅陋、紧紧张张、结结巴巴、捉襟见肘，甚至不乏为语境而语境、人云亦云的单一，以求服务于空中楼阁、海市蜃楼般的所谓"当下"。更让人叹为观止的是，裹挟非物质文化遗产（非遗）运动的威力、弘扬传统文化的大旗以及生态、环保、绿色等时尚的大词、口号，所有的民俗俨然都成为政治的，或者说政治性的。

这些为政治而政治的民俗、为旅游而旅游的民俗、为非遗而非遗的民俗、为大国匠心而大国匠心的民俗、为"一带一路"而"一带一路"的民俗，或被哄抬而走向虚空，或被捧杀而寿终正寝，全然没有了植根于日常生活之民俗的朴实、粗野、鲜活与自主，没有了其原本与天、地、人、物以及神明相连的深度、广度、厚度与高度。

六

在二十世纪三四十年代，贺登崧先后在大同西册田和辅仁大学（Fu Jen Catholic University）与司礼义共事。贺登崧倡导的"方言地理学"，先是在其高足王辅世（1919—2001）和李世瑜那里开花结果。在贺登崧的指导下，1950年，王辅世在辅仁大学完成的硕士毕业论文就是《宣化方言地图》。[19] 改革开放后，还是在贺登崧的关照下，该文在日本得以正式出版。基于此方法论，李世瑜同样创立了"天津方言岛"学说。[20]在确立天津方言成因的同时，李世瑜也探寻到天津方言的"根"。

2003年，贺登崧《汉语方言地理学》在大陆出版之后，其学说再次在国内语言学界激起阵阵涟漪。不仅如此，他关于中国民间文化，尤其是对北中国庙宇、神像及其敬拜的调研，在被西方学界引用多年后，也引起了国内学界一定的关注。其方言地理学和民俗地理学在认知论、方法论等层面对中国民间文化研究的贡献，得到了正视和较为系统的梳理。[21]

二十世纪三十年代，高本汉（Klas Johannes B. Karlgren, 1889—1978）的《中国音韵学研究》（*Etudes sur la phonologie chinoise*），受到赵元任（1892—1982）、罗常培（1899—1958）和李方桂（1902—1987）等方家的认可、推崇，并将之合力

19 王辅世，《王辅世语言研究文集》，北京：社会科学文献出版社，2014，第1—138页。

20 李世瑜，《天津的方言俚语》，天津：天津古籍出版社，2004。

21 邓庆平，《贺登崧神父与中国民间文化研究》，《民俗研究》2014第3期，第62—72页。

翻译成为中文，在1940年出版。[22]然而，基于自己的学术训练尤其是实地研究，作为后辈的贺登崧不无尖刻地指出：高本汉侧重于记录书面文字方音的语文学传统，存在着远离活态方言之大不足，以致其"文献语言学"实乃摇摇欲坠的"传说"。[23]这一针锋相对的战斗姿态，尽管使得他主张的方言地理学在中国语言学界始终位居末路，但多少还是有着一些声浪。

与此不同，司礼义早年杰出的中国民俗学以及方言研究，在中国学界至今都湮没无闻。在二十世纪后半叶的西方汉学界，司礼义以古代汉语、中国古文字研究享有盛名。在甲骨文研究领域，他在《关于殷商卜辞的语法》（Towards a Grammar of the Language of the Shang Bone Inscriptions）一文中提出了有名的"司礼义法则"。然而，在二十世纪前半叶，司礼义却是一个完全可以和贺登崧媲美，不折不扣地在大同等北中国特定地域研究中国民俗与方言的杰出的民俗学家。

七

1999年，司礼义的学生柯蔚南（S. Coblin，1944— ）在《华裔学志》第47卷发文，详细介绍了司礼义的生平。[24]

1912年11月19日，司礼义出生于比利时西佛兰德（West Flanders）的贺勒·瓦特末仑（Heule

22 [瑞典]高本汉，《中国音韵学研究》，赵元任、李方桂、罗常培译，长沙：商务印书馆，1940。

23 [比]贺登崧，《汉语方言地理学》，石汝杰、岩田礼译，上海：上海教育出版社，2003，第55—57页。

24 Coblin, South. "Paul-M. Serruys, C.I.C.M. （1912-1999）", *Monumenta Serica*, Vol.47（1999），pp.505-514.

Watermolen）。父亲是啤酒酿造商。司礼义在圣阿蒙德学院（St. Amands College）学习法、德、拉丁和希腊文，对比较语言学和语言史产生了浓厚的兴趣。同时，他也积极参与了佛兰德的德语学生运动。1930年，司礼义与兄长司律思（Henry H. Serruys, 1911—1983）加入圣母圣心会，开始在比利时鲁汶天主教大学（Université catholique de Louvain）学习汉语和中国文化。1936年8月4日，司礼义祝圣为神父，于当月启程，前来中国。在经海路于同年11月到达天津后，司礼义前往北京接受汉语训练。次年，他被派往山西大同。直到1943年3月与贺登崧等人一同被日本人逮捕，司礼义主要在大同城南、桑干河畔的西册田一带传教、调查与研究。

1943年被捕后，司礼义先是被羁押在山东潍县关押盟军的集中营。同年8月，经梵蒂冈与日方交涉之后，司礼义与所有被捕的天主教神父、修女一道被移送到北京监管，直至1945年抗战胜利。在此期间，白天还能自由行动的司礼义结识了大批中国学者和汉学家。这些人促生了他对古汉语的兴趣。1945年，重获自由的司礼义被教会派往距离西册田不远，阳高县的张官屯传教。1947年，国共战事吃紧，司礼义回到北京，在南怀仁学院、辅仁大学学习和研究，同时在叶德礼（M. Eder, 1902—1980）主持的辅仁大学东方人类学博物馆（Museum of Oriental Ethnology）担任研究员。

虽然是传教士，但司礼义却将学术研究视为"一种崇拜"。他认为，不论当事人自觉意识到与否，学术研究同样可谓"一种对神的追求"。因此，在西册田等北中国乡村，司礼义对当地的语言、习俗表现出了浓厚的兴趣，以至于他一度被教会内部批评为"更多兴趣是在收集语言资料，而不是收集灵魂"。[25]

1985年，因夫君柏杨（1920—2008）《丑陋的中国人》一书，张香华女士与司礼义就该书进行了对谈。同年6月12日，这次对谈以《比裔美籍司礼义神父谈"丑陋的中国人"》为题，在台北《自立晚报》刊发。根据该文可知，当年在西册田一带进行童谣、民间故事等民俗研究时，司礼义曾让乞丐带着他四处寻访，还用过"一个制钱换一句俚言的方法，向围绕在他四周的中国孩子，交换俚语"。

正是这些"耍尽手腕""小恩小惠"式的孜孜以求，在来中国后的十余年里，司礼义的民俗学研究取得了丰硕的成果。如下：

1. "Autour du marriage: Coutumes du pays du Sang-kan-ho"（论婚礼：桑干河流域的习俗），*Catecheticum: Pedagogical Quarterly of North China*, 1 (1938-39):28-33; 2 (1940-41):71-85, 151-164, 301-321, 381-403.

2. "Les cérémonies du mariage: Usages populaires et textes dialectaux du sud de la préfecture de Ta-t'oung (Chansi),"（山西大同县南婚俗及有关方言）, *Folklore Studies*, 3.1 (1944): 73-154; 3.2 (1944): 77-129.

3. "Children's Riddles and Ditties from the South of Tatung (Shansi),"（山西大同

25 ［波兰］魏思齐编，《根据〈华裔学志〉认识西方汉学家》，江日新译，台北：辅仁大学出版社，2011，第441页。

城南之谜语与儿歌），*Folklore Studies*, 4 (1945): 213-290.[26]

4. "Fifteen Popular Tales from the South of Tatung (Shansi)," （山西大同城南民间故事十五则），*Folklore Studies*, 5 (1946): 191-278.

5. "Folklore Contributions in *Sino-Mongolica*. Notes on Customs, Legends, Proverbs and Riddles of the Province of Jehol. Introduction and Translations," （《东蒙教士志》中之民俗学资料——热河之风俗、传说、谚语及谜语——司礼义撰绪论并译），*Folklore Studies*, 6.2 (1947): 1-129.

6. "Notes marginales sur le folklore des Mongols Ordos," （蒙古鄂尔多斯民俗学札记），*Han-hinue, Bulletin du centre d'é tudes sinologiques de Pekin*, 3.1-2 (1948): 116-210.

7. "Christian Adaptation of the Chinese Marriage Ceremonies," （基督徒对中国婚礼的调适），*China Missionary*, 1(1948): 28-176.

八

根据其调查、阅读与思考，司礼义批评了既有的中国学人研究歌谣等民俗资料失真、分析推断大胆、研究不落地、忽视具体语境和传承主体——村民等诸多不足。他总体上认为：中国学者的民俗学"极少对民俗本身，即民俗资料本身，投入全部的心力"，反而顾左右而言他，心有旁骛。事实上，即便是特别强调主动了解民众，并赞美、歌颂民众的顾颉刚，也有此弊端。

1928年7月20日，在给钱南扬（1899—1987）《谜史》写的序中，顾颉刚写道：

> 我们民俗学会同人是只管"知"而不管"行"的，所以一件事实的美丑善恶同我们没有关系。我们的职务不过说明这一件事实而已。但是政治家要发扬民族精神，教育家要改良风俗，都可以从我们这里取材料去，由他们别择了应用。进一步说，他们要应用时不该不向我们这里取材料。若是他们闭着眼睛，不管事实的真相如何，单从他们的想象中构成一件事实而去发扬他或改变他，那便是无根之谈，非失败不可。[27]

27 顾颉刚，《顾颉刚民俗论文集·卷一》，北京：中华书局，2011，第360—361页。

显然，对于强调"知"民众和民俗的顾颉刚而言，收集、记述的民俗"事实"主要是给政治家、教育家提供资料，使这些人的"事功"能进行得更合理、更顺畅。反之，无论是他本人，还是政治家和教育家，能否与民众形成**共情性的理解**、达成共识，并不重要。于是，忽略具体语境和传承主体，且俨然无关乎"善恶美丑"的民俗，终究还是工具。

在艰难的抗战期间，钟敬文也充分意识到了既有的歌谣运动的"缺陷"。在大约于1940—1943年写就的《民间艺术探索的新展开》一文中，钟敬文明确写道：

> 过去的收集者，因为被限于一定的观点和技术，现在要把他们所得的资料做我们研究的对象，多少是有些缺陷的。就民间歌谣方面说罢，在近百部歌谣集中，有几册是兼收歌调的呢？但我们深切知道：歌调正是民间歌谣的生命，去了歌调的歌谣，往往要成为僵冷的尸骸。其次，对于产生或传播这类作品（民间歌谣）的社会背景等被注意得太少了。这就大大地减少我们探究上的方便，或者简直使那得到正确的结论的机会堕入渺茫。由这看来，可以晓得就是搜集的工作，在许多地方差不多也得再从头做起了。
>
> 至于整理、探究方面，过去所留下的成绩，虽然绝不是一张白纸，但是从第一义的立场说，可以继承的资产也太少了。由于对它的社会意义的缺乏了解，由于对处理技术的未能完满使用，结果好些工作差不多白费了。笔者自己过去所写作的若干关于民间歌谣和民间故事的文字，大半就陷于这种不幸的命运中。[28]

28 钟敬文，《钟敬文全集·14》，北京：高等教育出版社，2018，第29页。

这一批评与自我批评，不可谓不尖锐，不可谓不坦诚。它旗帜鲜明地强调：对于口治、耳治的民间文学——"**口耳之学**"——而言，指向方言、方音的"音声"至关重要，甚至可以以"歌调"的有无，判断百年来始终被人们念想、言说、释读的歌谣运动的成败得失。然而，这一深刻的批判同样是出于要民间艺术的搜集、研究和创造——新展开——服务于抗战这一反侵略的伟大战争和"抗战建国"这一伟大事业的。换言之，对科学搜集、整理民间艺术的倡导，还是基于要服务现实、产生实效的工具理性。

或者是因为深入调研了中国诸多民俗且了解中国民俗学大致现状，尤其是熟悉《歌谣周刊》的缘故，也可能因为没有看到同期燕大诸多民俗学研究成果的缘故，更或者是因为作为一个外国人而旁观者清的缘故，司礼义严厉的批评对于中国民俗学的过去、现在以及将来，无疑都是一剂振聋发聩、醍醐灌顶的醒脑猛药。在此，有必要引用其《山西大同城南之谜语与儿歌》开篇三段不短的文字：

近些年来，中国的许多学者对民俗表现出了显著的兴趣。有些人致力于诸如民歌和童谣的专题研究。对这些学者而言，民歌和童谣被认为是能给白话文学带来灵感的新鲜元素。然而事实上，目前人们对中国民俗的了解仍旧不多。如此断言的原因有二：首先，尽管有很多人做了大量的工作，可是我们仍然停留在搜集民俗材料的初级阶段；其次，已经搜集到大量材料的方法并不能令人满意。

"中国民俗"这一术语涵盖的领域太广，而现有的民俗研究机构又太少，且从事田野工作的学者太过分散，毫无组织。再者，中国民俗的内容可以再细分为许多专项，比如：宗教、民歌、习俗、各类民间艺术、戏曲等等。每一类事象都有大量的事实资料有待搜集、整理、研究、阐释。对这些不同专项中的每一件作品，应该围绕其源生地、实际传布的邻近地域、其影响力以及其自身的消长等方面进行研究，而所有这些方面又与其他的历史和文化因素的接触密切相关。似乎可以这样加一句，在整个中国文学领域，一些历史问题的出现，也为中国文学研究带来了一系列引人注目的、需要严正思考的新亮点。

然而，对于中国民俗研究这一浩大的工程，却只有很少数的人愿意参与其中。可是，在很多时候，就是这些参与其中的很少数的人，他们真正的民俗学视角也是相当缺乏的。一些民俗研究者走了弯路。在民俗研究的旗帜下，他们掺杂了其他各种不同的观照。他们大谈语言、文学、教育，甚至政治，但极少对民俗本身，即民俗资料本身，投入全部的心力。[29]

29 Serruys, Paul. "Children's Riddles and Ditties from the South of Tatung(Shansi)", *Folklore Studies*, Vol.4(1945), pp.213–214.

因此，在其研究中，司礼义不厌其烦地一一标注出了给他提供谜语、儿歌、故事以及婚书、婚仪的信息者的姓名、年龄、所居村庄，扼要介绍他的研究方法、记录经过与分析策略，强调他自己是如何记述这些资料而使之不失原貌，以此坦率地给读者展示其研究和撰文的过程。

九

　　当下，所谓规范的学术写作通常都要求有问题意识、理论视点和明确的方法（论），甚至还必须要有统计分析、数据模型。与此似乎先入为主、高屋建瓴也虎视眈眈的完美设计、假设—验证而循环论述的"学术八股"不同，直面生活的司礼义的中国民俗学研究并没有一个完整（更不用说完美）的规划与设计，而是顺其自然的在日益获得的丰富材料基础之上的无心插柳。

　　在《山西大同县南婚俗及有关方言》的开篇，司礼义坦陈了其研究的随心：

　　　　本文只是根据四个山西大同的不同村落的情况，对当地婚俗进行的一些描述。是什么吸引我做这一领域的研究呢？首先我尽力收集方言文献，包括常见词汇、专业术语和当地口头传统。资料越积越多，我意识到将其分类的必要性。这次不是在词汇的形式上，而是根据涉及的主题类型。这使得我重新审视了关于婚俗的所有材料。这是从其中一个信息最为详尽的资料提供者那里收集的，为使其更加完备，又在此基础之上增加了本县的三个村庄。[30]

　　随后，司礼义才一五一十地介绍该研究所涉及

30　Serruys, Paul. "Les cérémonies du mariage: Usages populaires et textes dialectaux du sud de la préfecture de Ta-t'oung (Chansi)", *Folklore Studies*, Vol.3, No.1(1944), p.73.

的独树、千千、马庄、徐疃等村庄，主要信息提供者丁瑞亨、李苑林、霍毓富、贾瑞等人的基本情况，他是如何与这些信息提供者交际、交流，以及处理材料的方法。

同样，虽然以其搜集到的200首谜语和儿歌为基础，有板有眼地写出了《山西大同城南之谜语与儿歌》一文，但司礼义一开始并非是要做谜语和儿歌的研究。在该文"方法·资料搜集"一节，司礼义写道：

> 最初，我仅仅是将这些资料作为语言材料收集的，从未想过用之于日后的民俗研究。换言之，这表明在采集资料时，我的头脑里没有任何先入为主的有关民俗的观点和理论的影响。当时，我只有一个目的——收集语言资料，即直接的、日常的表达。自然而然，儿歌和谜语应该在这些资料中占一席之地。[31]

31 Serruys, Paul. "Children's Riddles and Ditties from the South of Tatung(Shansi)", p.216.

在西册田生活了四年有余，与村民持续交际往来的司礼义，一开始是想搜集可以用于描写该地方言的完整资料。在日常交流实践中，他从乡民的口中听到大量的谜语、儿歌、俗语、谚语和故事等。随着童谣越积越多，他才目的明确地将调查地扩展到沿桑干河东西长75公里，桑干河以南南北纵深10公里的地域范围，在28个村庄对58人进行了采集。这58人绝大多数都是在小学读书的儿童。此外，也有在阳高县罗文皂采集到的数首韵语。然而，正如司礼义所言，该研究从头到尾都明显有着偶然性："在此呈现的我所搜集的每一首儿歌的异文，是一个**纯粹偶然**的结果，是在记录了两年之后才发现的。"[32]

在《山西大同城南民间故事十五则》开篇，司礼义同样交代了他是怎样搜集、记录这些故事，怎样处理音声与文字之间的关系，和在此过程中，他是如何反客为主地与信息提供者之间良性互动。原文如下：

> 部分故事之前只是口头讲述，在讲述期间根据讲述者个人的方言发音记录下来。与之相对，其他的故事一开始就先书面记录，或大纲或细节，但都是根据讲述者的口授记录。后一种方式的采用是由于一些讲述者发现先书面记录更为简便，他们可以通过大纲要点更容易地组织即兴讲述，并同时紧跟故事脉络而不会遗漏要点或在讲述过程中偏离故事。由于故事提供者必须以相对较慢的速度讲述，以便故事得以记录，这样，时时可以参考的书面文本对于他们来说是很有帮助的。有时，当需要重复一句话或解释某种特定表达时，他们能迅速从中断的地方重新开始。然而，这种方式需要着重强调一点，就是我从未强迫他们逐字逐句地依附于书面文本。相反，我告诉他们可以随意

32 Serruys, Paul. "Children's Riddles and Ditties from the South of Tatung(Shansi)", p.216.

讲述，书面文本仅作为备忘。某些情况下，讲述者和文本的记录者不是同一人。这样，讲述者可以更自由地以自己的语言表达记录者的意思。可是，我总是选择与记录者来自同一个村庄的人作为讲述者，这样所记录的当地的表述对于读者而言大体上是熟悉的，因此也很容易被讲述者所用。我告知甚至鼓励记录者使用白字儿。也就是说，记录者不用担心正确的汉字怎么写，在记录故事时只需写下他想使用的那个方言字的真实发音。用这种方法，讲述者也能理解这个文本。因为记录者对一些特殊的方言词标注了准确的发音，当讲述者听到该发音时，他就能从实际上写的那个字提取出真正的含义。

而且，记录者和讲述者都已习惯了这种方式，已经学会了在口述时地道流畅地讲述故事，即使是在需要按照文本讲述的时候，也能如此。由于与这些人是亲密的近距离接触，所以**我通常可以用我学到的方言来检查他们所使用的语言，看他们是否保持使用了被调查村庄真正的方言。**[33]

33 Serruys, Paul. "Fifteen Popular Tales from the South of Tatung (Shansi)", *Folklore Studies*, Vol.5(1946), pp.192–193.

十

遵循人类语言习得先是从语音开始的基本规律，司礼义格外看重语音本身的意义。在生活现场，他分明意识到：首先，无论是儿童抑或妇女，当背诵儿歌和创作童谣时，他们基本都是"用词"来思考，而且他们对词义的领会，不是通过汉字而是通过这些词在当地方音系统的发音；其次，由于各地方言在语音、词汇、表达方面的差异，一则童谣可能不会被传唱者很清楚地理解，但这不影响传唱者会在自己的头脑中对童谣有一个释读，从而自然地与当地俗语合流。同样，这种自发抑或无意识的释读，并不是按照一个词所对应的汉字进行的，而是根据其并不一定理解的这个词的语音，且将之比附为传唱者熟悉的一个词。最终，司礼义总结说：

> 即使在使用正确的汉字记录的情况下，知晓韵语中的词在传唱者头脑中的真实的意思是头等重要的事。歌谣的传唱者从语音中捕获的意义跟汉字传达给读者或作者的意思并不总是一致。首先，在语义含糊的情况下，传唱者的理解可以从语音上产生漂移，理解成其方言中大致和听到的语音相近的词的意义。与其他地区的异文进行比较，这种漂移可能成为一些非常重要的变异的源头。[34]

34 Serruys, Paul. "Children's Riddles and Ditties from the South of Tatung(Shansi)", p.222.

对于民间故事，司礼义完全赞同沃伯特·维索斯基（Albert Wesselski）和弗里德里希·兰克（Friedrich Ranke）对格林兄弟开创性的、意义无与伦比的伟大工作的严肃批评：在相当意义上，格林童话虽然创造出了得到后世认可的德意志式的童话风格，但却与真正的民间讲述方式关系不大甚至无关。维索斯基写道："**民间流传的源流遭遇了一种有意的、同时又是深入骨髓的轻视以及歪曲……使科学蒙受了一种再也没有办法弥补的损失。**"兰克进一步指出："对此，从一开始，只能考虑这样一些用没有歪曲的方言对童话进行记录的搜集。因为**只要童话讲述仍然真正民间地在运转，就会是方言。**"[35]

因此，司礼义认为，在涉及故事类型和语法形式时，**原始抑或本真的方言文本才能为研究提供必要、可靠的基础**。这样，才有了上文引用的司礼义事无巨细地对方言故事记录方式的说明。也因此，在对诸多民俗的研究中，司礼义必然要不遗余力地对其搜集到的方言俚语、谜语儿歌、故事等口传文本，甚至阴阳生等人手中的纸本文字都做到"**真实的语音再现**"。

在其多篇关于北中国民俗的长文中，都有在今天人们看来烦琐，甚至不胜其烦的国际音标（**IPA**）的标注。具体情形，从他对婚俗方言标注方式的说明可见一斑：

> 本文中所有引用的人名、地名、标题名均依据顾赛芬（Séraphin Couvreur）翻译的《古汉语大词典》（*Dictionnaire classique de la langue chinoise*，河间府，1911）。在注音系

35　转引自 Serruys, Paul. "Fifteen Popular Tales from the South of Tatung (Shansi)", pp. 191-192. 毫无疑问，格林童话具有划时代的贡献，诸如：改变了社会和知识分子对待民间故事的态度；民间故事的意义，尤其是内在意义得到承认；进而得以从历史、诗性、国家或国际角度进行诠释。参阅 [美] 丹·本-阿默思，《〈格林童话〉之今昔》，张举文译，见王晓葵主编，《遗产（第三辑）》，北京：社会科学文献出版社，2020，第81—120页。

统中，根据信息提供者的发音，我在一些词尾加了"儿"化音（eul），如"盏儿"。专用术语也同样根据信息提供者的发音来注音。除了一些从书面材料中引用的谚语，或者肯定来自文学作品的，所有方言文本都是根据I.P.A.系统来注音。然而，还有特殊的情况，霍毓富和贾瑞提供的套话、韵文和驱鬼仪式等等，一代一代传下来的口头传统被写成文字，这些文字给我提供了他们仪式过程中涉及的汉字。对于这些汉字，我也采取了同样的注音方式。[36]

与此同时，对收集到的谜语、儿歌，除标注读音之外，司礼义还专门标示出其音调。例如，关于"绿手巾，包红蛋，又好吃，又好看"这则谜底是"西瓜"的谜语，司礼义的解释和标注如下：

前两行的节奏跟后两行的节奏正好交错，形成对比。

¹ly	³ʃeɯ't'φ	— ′ —
³po	xwɔ̄⁴tæ	— ′ —
⁴ju	³xotʃxɔ̌,	′ — ′
⁴ju	³xo⁴kxæ.	′ — ′

（Hd 92.1.__14.12.41）[37]

36 Serruys, Paul. "Les cérémonies du mariage: Usages populaires et textes dialectaux du sud de la préfecture de Ta-t'oung (Chansi)", pp.75-76.

37 Serruys, Paul. "Children's Riddles and Ditties from the South of Tatung(Shansi)", p.227.

括弧中的信息分别是采集地、信息提供者和采集时间。Hd 92代表采集地"马庄"。这个代码在司礼义和贺登崧的相关研究中是一致的，并绘有标有这些村庄代码的民俗地图。Hd 92后的数字1指代的是信息提供者"李斌"。在马庄，一共有13个信息提供者为之提供童谣，所以司礼义进行了排序。采集的时间是1941年12月14日。

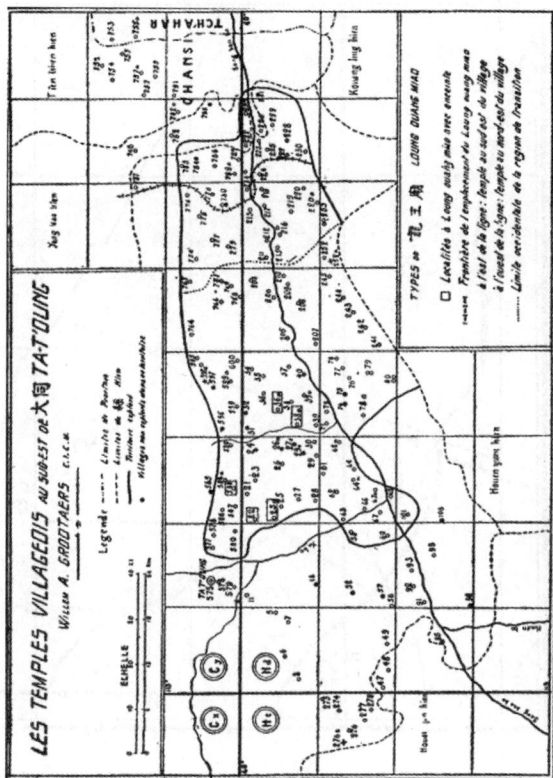

38　此图司礼义转引自 Grootaers, Willem A. "Les temples villageois de la région au Sudest de Tat'ong (Chansi Nord), leurs inscriptions et leur histoire", *Folklore Studies*, Vol.4(1945), p.162. 关于这幅地图详细的说明，可参阅该文第 161—167 页，和卢梦雅、贾美玉翻译的中文译文，《山西大同东南乡寺庙之碑铭与历史》，《民间文化论坛》2017 年第 4 期，第 56—79 页。

司礼义在大同城南研究中使用的地图[38]

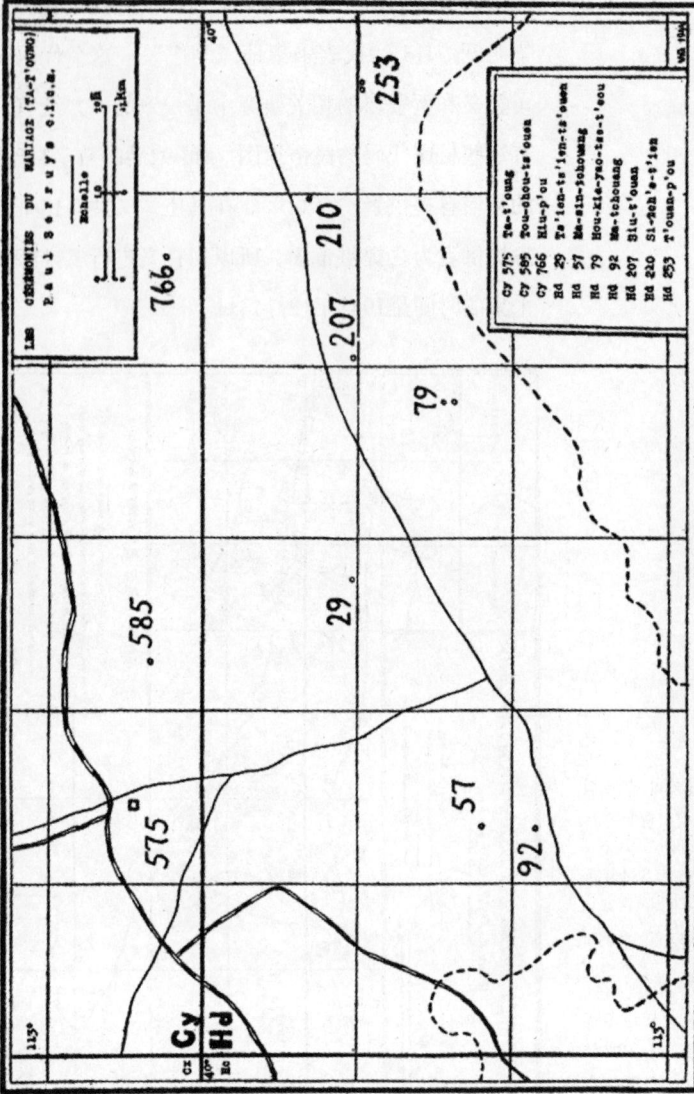

《山西大同县南婚俗及有关方言》中的地图

40

十一

在歌谣运动肇始之初，倡导者就明确意识到了在歌谣搜集与记录中，内容和形式两者同时共有的原生态、本真性的重要性。1922年12月27日，北大歌谣研究会的《本会征集全国近世歌谣简章》"寄稿人应行注意之事项"的第二到第八条如下：

二、方言成语；当加以解释。

三、歌辞文俗，一仍其真，不可加以润饰；俗字俗语，亦不可改为官语。

四、歌谣性质并无限制；即语涉迷信或猥亵者，亦有研究之价值，当一并录寄，不必先由寄稿者加以甄择。

五、一地通行之俗字，及有其音而无其字者，均当以注音字母，或罗马字母，或国际音标（International Phonetics Alphabet）注其音，并详注其义，以便考证。

六、歌谣通行于某地方某社会，当注明之。

七、歌谣中有关于历史地理，或地方风俗之辞句，当注明其所以。

八、歌谣之有音节者，当附注音谱。（用中国工尺，日本简谱，或西洋五线谱均可。）[39]

39 北大歌谣研究会，《本会征集全国近世歌谣简章》，《歌谣周刊》第一号第8版（1922）。

如果说第二至四条主要指向的是歌谣的内容，

那么第五到八条则都是对歌谣之"声音"抑或说"方音"的处理。换言之，在相当层面上，歌谣运动的鼓吹者和经营者一开始就深知：对歌谣而言，"音"的意义其实大于"字"。

1923年11月4日，作为歌谣运动领军人物，周作人特意在《歌谣周刊》撰文强调歌谣与方言之间的关系，提出了"歌谣原是方言的诗"这一经典命题。[40]一周后，作为歌谣运动的干将，董作宾（1895—1963）更具体地谈歌谣与方音的关系，强调歌谣是"方音的诗"。[41]不仅如此，基于他自己教幼儿歌谣的真切体验，董作宾号召同仁"研究婴孩发音"。[42]

遗憾的是，尽管有这些鼓吹、要求，也有顾颉刚、钱玄同（1887—1939）、魏建功（1901—1980）等通力协作完成的《吴歌甲集》[43]等标志性成果的示范性实践，蓬勃展开的歌谣运动对歌谣之"音声"的关注，甚至仅仅是注音都远远不够。事实上，北大研究所国学门在1924年1月成立的方言调查会，多少就有着先贤们已经意识到的正在展开的歌谣运动之困境的助产。当然，无论是歌谣与方言、方音关系的探讨，还是方言调查会的成立以及命名，都有着学术歧见、专业知识和政治背景等多种因素的支配。[44]这些因素也在相当意义上限制了专业性较强的方言调查会的实践、学术成果，以及对歌谣运动的反哺。

正是出于中国学界对方音关注不够的省思，

40　周作人，《歌谣与方言调查》，《歌谣周刊》第三一号第1—3版（1923）。

41　董作宾，《歌谣与方音问题》，《歌谣周刊》第三二号第1—4版（1923）。

42　董作宾，《"研究婴孩发音"的提议》，《歌谣周刊》第五十号第3—5版（1924）。

43　顾颉刚，《吴歌甲集》，北京：北京大学歌谣研究会，1926。

44　彭春凌，《分道扬镳的方言调查：周作人与〈歌谣〉上的一场论争》，《中国现代文学研究丛刊》2008年第1期，第126—136页。

语音学、语言学抑或说方言学，成为司礼义中国民俗学研究中的头等大事。对传承、传播歌谣、故事等方音的关注，也是司礼义对他自己强调的"对民俗本身，即民俗资料本身，投入全部的心力"的另一种表现与身体力行。语言学与民俗学之间，有着根深蒂固且相互影响的动态关系。充分意识到这一点的司礼义，强调其中国民俗研究的双重目的是：为当地中国的方言研究提供材料；为可能有的比较研究提供资料。因此，在相当意义上，将司礼义北中国的民俗研究视为广义上的"语言"民俗学、"方言"民俗学，甚或说民俗的"音声学"似乎并不为过。至少，可以断言，司礼义的中国民俗学是以方言学、方音学为基础的。

这样就不难理解：尽管也参照《礼记》等大量中国古代的典籍，参照大同、浑源、察哈尔、丰镇、宣化和广灵等多地方志，参照禄是遒（Henri Doré，1859—1931）的《中国民间崇拜》（*Recherches sur les superstitions en Chine*）、科马克夫人（Mrs. J. G. Cormack）的《中国日常习俗》（*Everyday Customs in China*）等既有著述，知道婚仪中纳采、问名、纳吉、纳征、请期、亲迎"六礼"的雅言，司礼义为何更加看重的是他在独树、徐疃等大同城南村庄耳闻目

IV. *Fête nuptiale.*	
1. Premier jour	
a. *Soung-kia-tchouang*（送家装）	
b. *Ngan-tsouo*（安坐）	
c. *Choua-siao-si-feul*（耍笑媳妇儿）	
d. *Touei-mien-fan* etc.（对面饭）	
e. *Tchoua-pao-hou*（抓保壶）	
f. *Tch'ou-yuen*（出院）	
g. *Jou Toung-fang*（入洞房）	
2. Deuxième jour.	
a. *K'i-fou-chen* etc.（起福神）	
b. *Chou-t'eou*（梳头）	
c. *Pai-tsou*（拜祖）	
d. *Pai-jen*（拜人）	
e. *Nien-hi*（念喜）	
f. *Liang-i-chang*（亮衣裳）	
g. *Kiao-pai*（交拜）	
h. *Yuen-fan*（元饭）	
i. *Chang-pai*（上拜）	
j. Particularités locales du *Yuen-fan*	
k. Dîner après le départ de la famille de l'épouse.	
l. *Fa k'ŏ*（发客）	
V. *Retour chez les parents de l'épouse.*	
1. *Ts'ing Houei-men*（请回门）	
2. *Houei-men*（回门）	
3. *Soung-houei-men*（送回门）	
4. *Tao-pao-hou*（倒保壶）	
5. *Tchou-touei-yue*（住对月）	
6. *Ki san-yue*（忌三月）	

睹的婚礼及其方言表述。他用当地方言详细记述下的婚仪，也就迥然有别于方志中类型化也是千篇一律、千人一面的记载。约定、通单、对日子、下茶与定礼、送家装（送嫁妆）、耍笑媳妇儿、对面饭、抓保壶、起福神、念喜、亮衣裳、元饭、发客、倒保壶、忌三月等，都是司礼义文章小节的标题（如上页截图所示）。

十二

当然，司礼义的中国民俗学，远非对其所涉及的民俗载体之方言音声呈现的一丝不苟。其田野研究的诸篇长文，还有对这些方音标注的"普通话"式的转译、语法注释和文化诠释几个板块。毫无疑问，从记述的声音发现"民间文化""乡土文化"的演进逻辑，同样需要强大而缜密的文化释读能力。它更是带有暖意的情感和中枢神经系统——超强大脑——对听觉、触觉、视觉、味觉、嗅觉等感觉器官的充分调度和综合运用。与"注音"板块一道，这些板块共同构成了司礼义追寻的中国民俗学研究的科学性。

在二十世纪三四十年代，以施密特（W. Schmidt, 1868—1954）为代表的维也纳学派强调唯科学主义，格外重视科学的逻辑和实证精神。与辅仁大学有着不同程度关联的雷冕（R. Rahmann, 1902—1985）、叶德礼、贺登崧、司礼义等人，多少都受到该学派的影响。担任辅仁大学校务长多年的雷冕，更是维也纳学派的干将。对于受到维也纳学派不小影响的司礼义等传教士而言，方言、方音绝不仅仅对其传教工作十分重要。更为根本的是，对这些经过严格学术训练、学富五车又追求科学、严谨的学者而言，语言文字、方言方音本身都是重要无比的逻辑、经验与文化。与居于正统甚至霸权地位的官话雅言和文字相较，似乎处于乡野、民间、下位的方言、方音即使不更胜一筹，至少也与前者同等重要，都是认识、了解一个地域、群体过去、现在以及将来的重要入口。

因此，作为司礼义的同仁，贺登崧曾有如下陈词：

> 一个比较更重要的影响，就是周游各地的传说故事。尤其是农村戏剧。过去七世纪以来，传说和戏剧都把丰富的历史典故和文学格言，介绍到民间来。影响最大的是民间的迷信，特别是一些主持婚姻及殡葬的算命者，和看风水的阴阳先生的说法。所以文言的辞藻，和简洁体裁的用语，都曾直接或间接地影响民间的语言。不过无论这种影响是如何的明显，研究一个广阔地区的方言的人都应该特别注意农村的习用词汇，尤其是关于农事方面的传统工具的称谓。[45]

45 贺登崧，《中国语言学及民俗学之地理的研究》，《燕京学报》第三五期（1948），第10—11页。

在费孝通理想型的"乡土中国"，千百年来，会不会写字，字写得正不正确固然重要，但一个人会不会听、会不会说，即能否通过声音等共识的"符号"与人交流更加重要。在《文字下乡》中，费孝通写道：

乡土社会的一个特点就是这种社会的人是在熟人里长大的。用另一句话来说，他们生活上相互合作的人都是天天见面的。在社会学里我们称之作Face to face group，直译起来是面对面的团体。归有光的《项脊轩志》里说，他日常接触的老是那些人，所以日子久了可以用脚声来辨别来者是谁。在"面对面的团体里"甚至可以不必见面而知道对方是谁……"贵姓大名"是因为我们不熟悉而用的。熟悉的人大可不必如此，足声、声气甚至气味都可以是足够的象征。[46]

46　费孝通，《乡土中国》，上海：观察社，1948，第10、11页。

在《再论文字下乡》中，费孝通再次强调：在乡土社会中，"语言是足够传递世代的经验了"。[47]

47　费孝通，《乡土中国》，第20页。

也即，在乡土社会，哪怕是阴阳生、风水师、拿事的大了、主持红白喜事的知客先生等"专门家"抑或说"乡土知识分子"，别白字、错字以及自造字都并非羞耻的事情，甚至是常见的事情，是受乡邻景仰的"学识"的象征。然而，正如贺登崧分明意识到的那样，中华文明历史悠久的汉字书写传统对乡土始终保持着后劲十足的冲击力与渗透力。在居上位的文人士大夫、地方乡绅的共同努力下，碑铭、家谱、田契、地契等文字在乡野无处不在。不但如此，乡土中国还形成了"万般皆下品唯有读书高"的群体心性，形成了"敬惜字纸"的乡风民俗、文化传统。对自己不会或者不全然会的文字，与之有着不同程度疏离感甚或"睁眼瞎"的乡民，在顶礼膜拜的体化实践中，表现出了对文字正儿八经而且神圣的仰慕之情。

正是对乡土中国文字和方音这一矛盾体内在张力的深切体认，才促生了费孝通《文字下乡》和《再论文字下乡》两篇经典文章的问世。

十三

无论是对谜语、儿歌、故事还是婚俗，司礼义都根据自己搜集到的鲜活材料，释读出其根植于乡土日常的体裁学、类型学和互文的生态学。

在大同城南乡下的婚俗研究中，司礼义在一五一十地重现乡土表达、方言俚语的同时，也注重其调查地域内部的不同。对当地婚仪，在强调一般模式，即共性的同时，他也尽可能呈现出该地域内不同村庄之间的差异和各自有的"异文"。在"下茶"一节，司礼义在指明婚礼前三天下茶的常态后，列举了在婚礼前一个月的"对月下茶"、婚礼当天的"随车下茶"，以及在马庄婚礼前两天和婚礼前二十天下茶的特例。随即，司礼义解释道："这些细节说明，有时甚至到了婚礼当天，两方仍然没有达成一致。这也是人们在接新娘的过程中遇到诸多困难的原因。"[48]

关于"对面饭"，司礼义也列举出了"遇颜

48 Serruys, Paul. "Les cérémonies du mariage: Usages populaires et textes dialectaux du sud de la préfecture de Ta-t'oung (Chansi)", pp.103-104.

饭""挨肩饭""和气菜"等同一地域不同村庄的诸多称谓及其细节。原文如下：

> 晚上在吃过夜宵后，要举行叫作"对面饭"的仪式。这是独树村和千千村的叫法。在马庄也有一样的仪式，叫作"遇颜饭"（⁴*jy¹je⁴fä*）。新婚夫妇要面对面坐在一张桌前【有时候，例如在千千村，是两个人挨着坐，就叫"挨肩饭"（¹*nɐ¹t'ɐ⁴fæ*）】。人们给他们端上两碗盛得满满的"挂面"（⁴*kwa⁴mjɐ*），类似没有切断的通心粉，细面条把两个人的碗紧紧连在一起。在这两个装满挂面的碗中，还会有一些"饺子"（³*t'ozə*）。[49]

在描述了上述仪式的诸多细节，列举了相关问答、仪式歌谣之后，司礼义接着指出，在桑干河南岸，这个仪式叫"和气菜"，并细描和气菜中的"儿女疙瘩子"等仪式食品的制作、食用和后续"敬酒"仪式的讲究、规矩及其文化意涵。

同样是回门，司礼义注意到桑干河南、北两岸之间的差异，也注意到南岸东、西之间的差异。在北岸，回门当天，新婚夫妻就返回自己家。南岸的人称回门是"走马合堂"，持续三天的回门仪式又有"赖三天"的别称，即新郎新娘第一天下午到达岳父岳母家，第二天整天庆贺，第三天的早晨回到婆家。然而，东（团堡）西（徐堡）之间差异

49 Serruys, Paul. "Les cérémonies du mariage: Usages populaires et textes dialectaux du sud de la préfecture de Ta-t'oung (Chansi)", *Folklore Studies*, Vol.3, No.2（1944），p.86.

明显：在西边，回门的新婚夫妻是分开住的；而在东边，则专门为新婚夫妻准备了一间"併房"，"外母娘"会听房——"娘听"，且回门可能持续二十天甚至一个月。

正如一道与司礼义在当地调查的贺登崧曾指出的那样：桑干河南岸东、西回门的差异源自"东富西穷"的经济条件。西区回门是新婚夫妻分床睡，以此让新婚夫妻不能也不愿在妻家久待，从而减轻妻家的经济负担。[50]

50　[比]贺登崧，《汉语方言地理学》，第54页。

十四

在谜语与儿歌研究中，司礼义指出谜语较短、大多数只有四行、结构规整、容易记诵的特征，而在儿童中盛行的谜语——儿童谜语——同样有一个非常格式化的形式。换言之，多数儿童谜语并不是孩子们自己创作的，孩子们只是按照他们听到的形式背诵，并无大的改变。同时，他也辨析出儿童谜语和咬文嚼字的"成人谜语"本质上的不同。即，儿童随口道来的谜语，充分吻合了儿童天真烂漫的想象与语言习得能力，形象生动且朗朗上口。为此，明显童心未泯也是"孩子王"的司礼义写道：

儿童谜语自身有其真正的不容置疑的流行色。儿童谜语所描述的对象、描述的方式以及对事物格外稚嫩的理解，都能深深打动阅读儿童谜语的人。只要把儿童谜语跟文绉绉的谜语、玩弄文字游戏类的谜语，进行比较，我们就能立即分清楚哪些是儿童谜语。[51]

51 Serruys, Paul. "Children's Riddles and Ditties from the South of Tatung(Shansi)", p.236.

这不禁让人联想到始终以儿童为本位的周作人关于谜语的洞见。在《谜语》一文中，周作人写道：

> ……原始的制作，常具有丰富的想象，新鲜的感觉，醇璞而奇妙的联想与滑稽，所以多含诗趣，与后来文人的灯谜专以纤巧与双关及暗射见长者不同：谜语是原始的诗，灯谜却只是文章工场里的细工罢了。……谜语体物入微，情思奇巧，幼儿知识初启，考索推寻，足以开发其心思。且所述皆习见事物，象形疏状，深切著明，在幼稚时代，不啻一部天物志疏……[52]

52 周作人，《自己的园地》，北京：北京十月文艺出版社，2011，第48—49页。

上述认知，是"局内人—我者"周作人借鉴人类学、神话学和进化论等外来的知识体系，对母文化特征主位的归纳总结。这种方式明显异于"外人—他者"司礼义从生活现场的真切体认。然而，就"原始的制作—原始的诗—儿童谜语"而言，内、外之别并未影响英雄所见略同。有着二十多年时空差，分别来自本土和异域的两位学者，尽管

53 苏雪林,《周作人先生研究》,《青年界》第六卷第五期（1934）, 第 2 页; [英] 苏文瑜,《一个不可多得的思想家: 周作人》, 见《周作人: 自己的园地》,陈思齐、凌曼苹译,台北: 麦田出版社, 2011,第 5—9 页。

54 [英]汤因比等,《艺术的未来》, 王治河译,桂林: 广西师范大学出版社, 2001,第 3—4 页。

有着文学家、思想家[53]、局内—主位和传教士、学者、局外—客位的诸多不同,却都不约而同发现了被那个时代普遍认为对应着人类社会初级阶段之孩童的"原始艺术"有可能是共创、共情、共享、共长的这些基本特质。[54]这其中自然不乏想象以及理想化的色彩,有着桃花源式乌托邦梦想的鼓吹与经营。

换言之,言简意赅的周作人和详细铺陈的司礼义,分别从理论与实践层面,揭示出了在特定时空中喜闻乐见、滋润心智的"童谣"不忘初心之极简主义,也是终极意义上的诗心与诗性。隔了不少时空与场域的周作人和司礼义,更喜欢的是天真幼稚的童心与顽劣淘气的童性。正是基于这一共同的基础,我者与他者、局内与局外、主位和客位的界限、隔膜也就消失殆尽,荡然无存。

十五

在对搜集到的这些在儿童中盛行的韵语细读的基础之上,司礼义将之分为1.谜语、2.戏谑或讽刺韵语、3.韵语故事及其他三大类,并指出了不同类别韵语之间的含混性与逻辑关联:从语言最简单的韵语,到词句方面有一定变化的韵语,再到一些错落有致的艺术性使用词语且多少蕴含了些观念(说教)的韵语。或多或少含有对听者戏谑成分的谜语,很容易就会变成真正的讽刺性韵语。这时,孩子们因彼此取笑逗乐而自己创作的韵语就极为常见。这些短小的戏谑性韵语，尤其是和绰号相关的韵语，大都直接而粗野，却辛辣机智。小伙伴的生理缺陷、生活中和身边的各种趣事，都是孩子们描摹的对象。这就进入了司礼义细分出的戏谑或讽刺韵语三个阶段中的第一阶段。

了解中国乡村生活实况的人都知道，直到二十世纪八九十年代，不仅仅是模仿能力强、学习能力强、精力旺盛的孩童，就是在包括江湖世界的成人社会，"绰号"（诨号、外号）都意义非凡，担负着重要的功能。[55]在海量的图文中，叶凯蒂（C. Yeh）读出了晚清在大上海十里洋场的名妓"花名"的文化意涵。这些花枝招展、招摇过市、往来穿梭的名妓，按照或者效仿《红楼梦》中的群芳谱给自己起花名，实则为一套缜密的"自我表演"的计划。并且，在相当意义上，与各色恩客、消费者、观赏者一道，名妓们将十里洋场臆想为"大观园"，进而认真地进行其角色扮演，游戏风尘。[56]

1933年，在刊载于《社会科学集成》（Encyclopaedia of the Social Sciences）第九卷的《语言》（"Language"）一文中，语言学家、人类学家萨丕尔（E. Sapir, 1884—1939）指出：作为一种意识到或没有意识到的团体的"共同语言"，绰号"足可象征心理上的真实团体"，并成为个体社会化中的"最大势力"。[57]

在日留学期间的鲁迅（1881—1936），就有不

55 岳永逸，《空间、自我与社会：天桥街头艺人的生成与系谱》，北京：中央编译出版社，2007，第137—142页。

56 ［美］叶凯蒂，《上海·爱：名妓、知识分子和娱乐文化，1850—1910》，杨可译，北京：生活·读书·新知三联书店，2014，第140—182页。

57 转引自李安宅，《巫术与语言》，上海：商务印书馆，1936，第48—51页。

58 周作人,《鲁迅的故家》,北京:北京十月文艺出版社,2013,第325—326页。

时给人起"诨号"的习惯,且善于抓住特点,根据形象"表德"。诸如:称面大多须的邵明之曰"熊",蒋抑卮为"拨伊铜钿",吴一斋曰"火腿",钱德潜(玄同)曰"爬来爬去"。[58]这些"亲密无间"的绰号、昵称说明:鲁迅在日本的留学生活,同样有着喜乐,至少轻快的日常;他也经常置身在不同的"共同体"中,有着多重身份和不同的群体认同,抑或说民俗认同,同样是一个"社会化"的常人。

无论赞誉还是贬损,戏谑玩笑还是一本正经,绰号不但意味着语言能力、身份地位、性格特征和人际关系,还是美国民俗学家丹·本-阿莫斯(D. Ben-Amos, 1934—)所言的**小群体内日常交际、交流的一种"艺术性"实践和表达**。(Folklore is artistic communication in small group.)[59]

59 Ben-Amos, Dan. "Toward a Definition of Folklore in Context", *The Journal of American Folklore*, Vol.84, No.331(1971), p.13.

1927年,钟敬文《民俗记录二则》中的一则,就是其故乡广东海丰的"诨号"。在该文中,他将绰号(诨号/土号)视为民间文艺的一种,与谚语、歇后语相提并论。根据生活见闻,他把绰号的得来分为礼貌、性格、言语、动作、智识和德行六类,指出:无论是玩弄还是戏而无伤,绰号都比喻确切、刻画精凿,想象力丰美可爱。[60]在相当意义上,这一关于绰号的发端之作,已经触及了本-阿莫斯所言的小群体内的艺术性的实践与表达。

60 钟敬文,《钟敬文全集·2》,北京:高等教育出版社,2018,第168—170页。

十六

    然而，无论是周作人还是钟敬文，这两个在不同阶段对中国民俗学发展有着重要影响的"旗手"，都未注意到孩童世界的绰号——戏谑与讽刺的韵语——这一独具特色的文类。正是因为常年在村中生活，朝夕与儿童为伍，司礼义发现：在对儿童谜语诵得的基础之上，孩子们也会渐渐地根据儿童谜语这些韵语相对固定的元素、程式，创造一些戏谑或讽刺的韵语，尤其是围绕村里每个孩子绰号的戏谑或讽刺的韵语。

    诸如，榆林村一个叫姚久恩的男孩，一只耳垂上长了一个小东西，所以他有个绰号，"三只耳"。在其小伙伴之间，就有了司礼义收集到的序号为124的这则韵语：

> 三个耳朵，
> 七个眼儿，
> 流脓淌水，
> 不待喋。[61]

61 Serruys, Paul. "Children's Riddles and Ditties from the South of Tatung (Shansi)", p.262.

    司礼义意识到，这些针对特定个体，尤其是某个孩童体征、性格、嗜好抑或家庭身世的韵语，并不一定能盛行开来，反而具有一定的场景性、随机性，至少是阶段性。这些一度在孩童中盛行的关于身边某个小伙伴的戏谑味浓厚的童谣，会随着场景的变化、孩子身心的成长及家境的变化而渐渐远去，及至索然寡味，抑或晚年的会心一笑或淡淡的感伤与留恋。

但是，当戏谑的韵语是一个村落针对另一个村落，或针对共有的社会现象并涉及群体认同时，就有了超越年龄群体而长期流传开来的可能性。如1940年12月26日，司礼义从胡家窑子头的杨富林那里搜集到的序号141的"四大忙乱"：

下雨收场

火烧房

贼剜空子

狼叼羊[62]

62 Serruys, Paul. "Children's Riddles and Ditties from the South of Tatung (Shansi)", p.266.

进一步，司礼义指出，在第三阶段，戏谑或讽刺韵语已经变得没有多少实际意义，及至仅剩说教，并与谚语等俗语含混一处。诸如1941年4月29日，司礼义从独树村霍毓富获得的序号151的"子肖父"：

庄户儿子会拉套

白花儿子会整耍

讨吃的儿子会拿棍[63]

63 Serruys, Paul. "Children's Riddles and Ditties from the South of Tatung (Shansi)", p.269.

至于韵语故事，司礼义又将之称为是"为儿童而作的韵语"。这些韵语几乎都是由母亲等长辈创作出来哄孩子的童谣、摇篮曲以及有韵的故事。司礼义反复强调，他所谓的韵语故事并无一个明晰的界限，更无法与谜语、戏谑的韵语完全分开，三者之间经常是一种相互交融的状态。之所以使用这一名称，只是想说明这些韵语是由孩子们的父母等长辈或同龄伙伴教给他们，从而逐渐记住的。如1940年11月21日，从西册田范丕文这里，司礼义收集到的序号164的这则童谣：

红公鸡

绿尾巴

摇摇摆摆

圪哪去？

上山买马去？

买了个啥马？

买一个

红色蚂蚱

咋着了？

跳哒

咋叫唤了？

叽叽喳喳[64]

十七

如同对《歌谣周刊》的熟悉度一样，司礼义同样熟悉二十世纪三十年代前后在中国影响颇大的

64 Serruys, Paul. "Children's Riddles and Ditties from the South of Tatung (Shansi)", p.273.

65 关于林兰童话的专题研究，可参阅黎亮，《中国人的幻想与心灵：林兰童话的结构与意义》，北京：商务印书馆，2018。

"林兰"童话[65]，并在其故事研究中不时引用、对比。然而，因为始终有着语境意识，并习惯联想与类比分析，司礼义对西册田一带的故事研究是在其童谣研究基础之上进行的，且看到了两种不同的口传文学体裁之间的关联性以及互文性。

在对大同城南民间故事的研究中，根据情节、语言、修辞与讲述者等多个量标，司礼义将其释读的故事分为了从简单到复杂的四个层级：1. 简单甚至与韵语多少有着关联的儿童故事；2. 有简要情节却几乎没有文学性的故事；3. 生动，描述好，对话少有重复，用词多变，具有一定文学性的故事；4. 文学性强的故事，诸如对有趣情境的诙谐描述，讲述者嘲笑、讽刺得游刃有余等。尽管儿童故事被列为初级，司礼义同样从类型学、体裁学抑或说形态学的角度，辨析了儿童故事与成人故事的不同。

对民间故事序列中处于初阶的儿童故事，如同对儿童谜语一样，司礼义也情有独钟。基于遵循儿童生理、心理成长规律的儿童本位主义、自然主义，司礼义也表现出了与周作人、黄石等"局内人"认知上的共通性。

作为先行者，周作人早在民国二、三年就撰写了《童话略论》《童话研究》《古童话释义》和《儿歌之研究》等系列文章，希望能借此倡导符合儿童本位的文学创作与研究。在《童话略论》中，周作人将童话定义为"**原人之文学，亦即儿童之文学**"，用了"优美、新奇、单纯、匀齐"来指称童话的特点。他认为，与自然而成、"具种人之特色"的天然童话相对的文人特意创作的童话——人为童话——创作的难度其实很大。关于童话对儿童润物细无声之功用，周作人列举如下，"既足以餍其喜闻故事之要求，且得顺应自然，助长发达，使各期之儿童得保其自然之本相，按程而进"，"用以长养想象，使即于繁复，感受之力亦渐敏疾，为后日问学之基"，以及多识名物等；反之，"忌语训诫，尤为其次"。[66]

作为中国现代民俗学史上一位重要的民俗学家，"独行侠"般的黄石在神话传说、女性民俗、宗教、节庆、家族制度、游艺等多个领域均有极高的建树。[67]1927年，在其研究神话的专著中，黄石特意强调神话有"高贵的艺术价值"。他认为，神话不单是"原人的文学"，更是"最有趣味的文学"。对于儿童，设想奇妙、表现美丽、情节离奇的神话也是"一种很好的恩物"，完全可与童话媲美。因为神话的价值"并不是给他们以知识，却在于适于儿童的心理，和培养儿童的想象力"，且有助于同情心的养成。在此意义上，神话天然就是儿童的读物。[68]

显然，无论是周作人所言的童话，还是黄石所言的神话，呵护而有益于孩子的"赤子之心"，是他们认可的"儿童文学"的共性、根性。因为，对于认同进化论也被进化论支配的那个时代而言，儿童正好类似于"原人"，童话、神话抑或儿童文学

66 周作人，《儿童文学小论 中国新文学的源流》，北京：北京十月文艺出版社，2011，第8—11页。

67 谭一帆，《黄石的女性民俗研究》，北京：北京师范大学硕士学位论文，2020。

68 黄石，《神话研究》，上海：开明书店，1927，第70—71页。

就同于"原人文学"。当然，周作人、黄石更多是引经据典地说理、论述。局内人俨然站在了外围。与此大相径庭，司礼义则是在一个具体时空的方言语境中，从歌谣、故事传承、传播的动态流变和交际、交流的日常实践中，从文体学的角度，即从民俗资料本身抑或说民俗内部，指出了儿童故事与成人故事之间的不同。此时，局外人已经完全转化为局内人，并有着地地道道的主位视角。

十八

司礼义指出，儿童故事的讲述没有任何预先的书面记录，使用的语言比其余类型故事更为简单，在意故事自身的发展，在用词或描述上丝毫没有作为讲述者的小孩添油加醋的迹象。别人怎么讲给他们的，他们就怎么讲。司礼义进一步解释道：

> 从孩子们那里听到的儿歌和谜语，他们是逐字逐句习得的。有规律地使用相同的字词、韵脚和短语，甚至在同一故事中反复出现相同的段落，都说明儿童故事是多么的简单，在用词和表述上个人化的缺失。[69]

69 Serruys, Paul. "Fifteen Popular Tales from the South of Tatung (Shansi)", p. 193.

显然，司礼义分明意识到了1928年张清水（1902—1944）强调过的"重复""重叠"对于童谣、儿童故事的重要性。[70]对同样是早期中国民俗学界重要的民俗学家张清水而言，在一定意义上，儿童故事甚至民间故事其实也就是"重叠的故事"。

在司礼义的故事序列中，成人故事，尤其是笑话，与儿童故事的单纯、本相有着天壤之别。成人不再喜欢儿童所喜爱的简单的妖精故事，而是钟情于笑话中的智慧与滑稽。从嘲讽或幽默意味浓厚的成人故事中，我们可以看到，"人物角色、生动的讨论、脏话、窘境的滑稽描述，是如何通过讲述者自己的想象和丰富的语言真实地呈现出来的"。[71]为了获得更荒诞的效果，在成人故事中，不同事件往往会被更轻易地改变和延长。因此，成人故事富含双关语、谚语等，有时也包含从书籍或雅言中借鉴的字词与表达，从而也更依赖于讲述者个人综合的语言运用能力、表达能力与讲述能力。

因此，司礼义也将儿童故事视为其在谜语和儿歌研究中提出的韵语故事（rhymed stories）到普通故事（ordinary stories）演进的"第一步"。如同谜语和儿歌研究那样，司礼义明白地指出：虽然民间故事有着儿童故事、成人故事等不同的阶序、类型，但这些不同阶序的故事之间并不存在一个环环相扣、由低到高、由简单到复杂的线性演化关系。司礼义的辨析提醒我们：在同一生活时空，不同阶序的民间故事、不同体裁的民间文学满足着不同年龄群体或者说不同心智群体的语言生活、精神生活

70 张清水，《谈谈重叠的故事》，《民俗》第二一、二二期合刊（1928），第26—31页。

71 Serruys, Paul. "Fifteen Popular Tales from the South of Tatung (Shansi)", p. 194.

以及他们相互之间的交际互动。

以其特有的方式，司礼义给我们勾画出了二十世纪三四十年代西册田一带乡民日常生活中歌谣、谜语、故事等不同体裁、类型的"口耳之学"的活态与生态，绘制出了在特定社会场域并存、共享也互动演进、相互砥砺而互文的"故事流"[72]。

72 杨文松，《唐小说中同型故事之研究》，第58页。

十九

在完成于1930年的《蛇郎故事试探》一文中，钟敬文注意到民间文学"散行的""韵律的"和"半韵半散的"三种体式，发现这三种体式之间，"文字上似或有某种程度上的蜕变的形迹可寻"。蛇郎故事就共存着韵文、半韵文和非韵文三种形态。不仅如此，他也敏锐地注意到了浙江永康金竹记录的一百一十行全韵文的"蛇郎故事"还有别的存在的缘故：为了"歌唱的爱好者"——儿童。[73]

73 钟敬文，《钟敬文全集·4》，北京：高等教育出版社，2018，第419—422页。

1931年，主要根据大量典籍、文献，钟敬文在《中国水灾传说》一文中勾画出了中国水灾故事长时段演进的另一种"故事流"。他认为，传说是神话与民间故事的中间形态，同时也有着向普通的民间故事和神话演变的两种可能。为此，他写道：

这里所谓普通的"民间故事"，即外国文中的folk-tale或Märchen。它与"神话"和"传说"的区别，据说是以创述者的心理之为

"严肃的"或"兴味的"而定。若就我们所述的这故事各个阶段的实例来说,我们还可以把故事的"注重点"来做区别的标准。第一期的伟人产生神话,若说它是注重"人"的,那么,第二期的地方传说是注重"地"的,这第三期的"民间故事",则是注重在"故事的本身"的。[74]

74 钟敬文,《钟敬文全集·5》,北京:高等教育出版社,2018,第 210 页。

在同年稍晚些时候的《中国的地方传说》一文第三节,钟敬文也指明了神话和故事向地方传说(place legend)逆向运动的情形。[75]1932年,同样是根据古今种种文本,钟敬文注意到中国境内活态的天鹅处女型故事在流传中经过的"改剥、增益、混合等种种自然的作用",并导致该故事由民间故事转变为名人传说(Legends)、自然现象起源的神话(Myth)和关于人事的神话。[76]

75 钟敬文,《钟敬文全集·5》,第 239 页。

总之,明敏意识到韵语故事和散体故事受众有着不同的钟敬文,更在意澄清神话、传说和(民间)故事三种散体民间叙事的内容和形式之间的异同以及联动关系,扼要且一语中的。

76 钟敬文,《钟敬文全集·4》,第 440、452—455 页。

同样都是民俗学大家,周作人偏重文学、顾颉刚偏重史学、黄石偏重人类学、江绍原(1898—1983)偏重宗教学。与此不同,"兼用多方面的方法和观点"的钟敬文,本意是力求"更深澈地达到究明对象真相的效果"。[77]但是,如同周作人的童话学(儿童文学)、顾颉刚的传说学、黄石

77 钟敬文,《钟敬文全集·4》,第 474 页。

的神话学、江绍原的"礼部文件"以及杨文松的
"同型故事"研究一样，国学功底深厚、典籍文
献熟悉、视野开阔并有着创作才情的钟敬文，主
要取径于文本、文学、文艺的"故事学"，同样
整体上屈就于文化单线进化论，基本是将"民间
文学"等同于"原始"文学。[78]

这迥然有别于**"没有任何先入为主的有关民
俗的观点和理论的影响"**的司礼义，直面生活本身
的田野研究和语境研究。钟敬文勾画出的如树干与
枝叶、如大河与支流的"未开化的人""下层民
众""文化低下的民众"——原人——之故事流[79]，
面对的是故事文本抑或说"故事本身"之间的源流
关系。司礼义的故事流则绘制的是在一个具体时
空，人与故事、韵语之间的互动谱系，是池塘中淤
泥、水草、鱼类之间的互动和这些池塘生物与池塘
周边同样有着喜怒哀乐的理性的乡民、顽童之间互
动的繁杂色谱、光谱。

二〇

当把剥离日常生活的包括民间文学在内的民俗
还归日常，看到其在传承、享用者生活中的交际
互动时，研究者就会得出与司礼义研究同类的认
知。1975年，在《非洲社会的民俗》一文中，本-
阿莫斯明确提出了民俗的认知（cognitive）、表达
（expressive）和社会（social）三方面的特征。表

78 钟敬文，《钟敬
文全集·5》，第5—
7页。

79 钟敬文，《钟敬
文全集·5》，第209、
251—252页。

达性特征包括描述每一种类型特征的风格、内容和结构，社会性特征则是由每一次民俗表演的情境、语境构成。对于后者，本-阿莫斯在该文末尾更加明确地写道：

民俗的社会性特征不仅仅是一个文本或补充信息的背景，背景的解释与说明模糊化了表演情境的参照价值和描述。社会性特征是民俗交际不可分割的组成部分。对于讲者和观（听）者双方而言，社会性特征都有象征意义，且影响到对每一种表达方式的认知和理解，这与语词本身的作用是一样的。社群成员带入民俗交际事件中的观念、信仰和态度，是讲者口头言语表达的基本组分。

The social features of folklore are not merely background for a text or supplementary information which elucidates and explicates obscure references and describes performing situations. They are integral components of folklore communication. They have symbolic significance for both speakers and audience and affect the perception and conception of an expression much the same as the words themselves do. The ideas, beliefs, and attitudes that members of the community

80 Ben-Amos, Dan. "Folklore in African Society", *Research in African Literatures*, Vol. 6, No. 2（1975）, p.193.

bring with them into a communicative event of folklore are an essential part of the verbal statement that a speaker makes.[80]

显然，本-阿莫斯界定的民俗的社会性特征，同时也承载、涵盖了其区分出的认知特征和表达特征。这也就是司礼义所指出的不同类型民俗之间或隐或现的主体性、连带性和民俗在特定社群日常交往之具体社会情境的规约性，抑或说某次民俗展演参与诸方公认并习惯性遵守的程式、伦理道德与约定俗成的社会规范。在同一社群中，具体的情境和用来交际、交流抑或展演的民俗，决定了能够参与其中的亚群、个体及其言行举止。反言之，参与亚群的不同，也自然使同类民俗呈现出或明显或轻微差异的形态，进而滋生、繁荣着该类民俗的亚类、异文。

当然，参与的亚群不同，也就意味着这种"眼下"抑或说"面对面"的同时，针对民与俗的规约性、伦理性之流变、漂移的根本特质。比如，当一伙哥们儿正兴奋地沉醉于某个"黄段子"时，抑或几个闺蜜正泪眼蒙眬地诉说衷肠、讲私密话时，一个异性的突然闯入会导致这种亲密无间的"愉悦""享乐"或"纵情"的游戏氛围的中断、悬置：

1.或突然尴尬地沉默，或掩饰性地哈哈大笑，或顾左右而言他……继而，调整能共享的说话内容、声调、音量、神情，以便"闯入者"加盟、融入进来；

2.或者，原亚群体的共情戛然而止，大家不欢而散；

3.或察言观色、心领神会的闯入者，迅疾闪退、逃逸，原有的游戏继续，笑声再起，抑或身体靠得更近，声音更低。

在生活世界中，民俗这种当下、即时的变形（型）、规约性与伦理性比比皆是。诸如乡土庙会期间看似"狂欢"的诸多行为：夜半祭神时只有男性参与的娱神粉戏；抢食供品；心安理得的乞讨；摸乳；打架见红；等等[81]。再如，如同讲黄段子一样，无论城乡，"黄色"二人转表演的相对私密性（异性、小孩的自动回避或者被回避），等等。

事实上，我们完全可以将在特定社群、社会中的民俗这种涵盖认知特征、表达特征的流变的规约性、伦理性和裂变性统称为"**自治性**"。作为行动主体，自治的民俗不但具有认知价值、表达功能，还有着变形虫、变色龙般的适应能力，它能自我调适、裂变，而生成新的亚类和与之匹配的新的亚群。也即，随着其自我衍生、舒展与流变，民俗反向作用于它现身的社群、社会和每一个具体的情境，形塑（构型）着或者说进一步规范、强化着人的认知、心理、道德与情感，维持社群的共性也滋生着社群内的差异性、阶序以及个性。简言之，自

81 岳永逸，《行好：乡土的逻辑与庙会》，杭州：浙江大学出版社，2014，第314页。

治的民俗同时也**"治"人**。对于互为主体性也相互**"物"化的民与俗**而言，换种视角，也可以说：**创造、传承、实践俗的民，寄生于超有机体——俗。**

以此观之，民俗的变与不变、社会的结构性（structure）与阈限的反结构性（anti-structure）、不同亚群体之间、不同场域之间、民与俗之间，都不是一种泾渭分明的楚河汉界式的对立关系，更是一种互文、互现而相互涵盖的矛盾统一关系。

二一

然而，无论是当下的官界、学界，还是在两界游走、摆渡的"官媒精英"抑或学术掮客[82]，均尚未能充分意识到**"民俗的自治性"**这一根本特征。在已经全面进入语境研究的中国民俗学界，民俗的自治性同样未引起充分的重视。于是，在想方设法、不遗余力地用非遗装扮民俗的同时，低俗、媚俗、庸俗、陋俗这些习惯性与"民俗"捆绑一处的大词，依旧有着不言而喻的正统性。数千年持之以恒的"移风易俗"，还是当下重要的施政目标。这种错乱与矛盾，显然与位高者未能认识到当下之俗实乃昔日之风的终极也是"理想"形态有关，而且低估了作为"旧"风之终极形态的俗的强大吞吐能力和反噬功能。

这导致了两种典型的戏剧性结果。一方面，因为雄霸央视春晚多年而曾经炙手可热、能呼风唤雨

82 岳永逸，《都市中国的乡土音声：民俗、曲艺与心性》，北京：中国人民大学出版社，2015，第70—71页。

的赵本山，二人转的"黄—绿"之争有板有眼地亮相登场、常年厮杀。[83]另一方面，插科打诨的郭德纲及其"小"剧场相声，也一度被部分"知识分子"视为市民社会、公共领域的象征，而有了"先进"意识形态的内涵。[84]

于是，延续"春晚相声"这个特殊文类[85]的优秀传统，在2019年春晚，岳云鹏、孙越的相声《妙言趣语》以最权威的姿态、最通俗的方式、最标准的声音、最畅通无阻的传播渠道，对汉字、对联、格律等传统文化进行了一知半解的宣教，当然也是装疯卖傻式的调侃。在闪烁也聚焦的镜头前，在重低音环绕的耳麦、话筒前，创造性传承和创新性发展的外在要求以及内在自觉，借助相声《妙言趣语》这一传导性强的中介媒质，将正统与市井、官方与民间、传统与现代、字与言、演者与观者完美融合，全然没有煮豆燃豆萁的对抗、焦虑，俨然全是台上台下、荧屏内外唱和的欢洽、迷醉与癫狂。

1906年，在其名著Folkways中，美国民俗学家、社会学家孙末楠将民俗视为人须臾也离不开的空气。[86]八十年后，在中国民俗学会第二次学术讨论会上题为《关于民俗学结构体系的设想》之演讲中，杖朝之年的钟敬文将民与俗比作了"鱼与水"，云：

人生活在民俗里，就好像鱼生活在水里，两者是须臾不可分离的东西。不管一种社会文

83 岳永逸，《都市中国的乡土音声：民俗、曲艺与心性》，第73—75页。

84 李书磊，《相声归来》，《北京青年报》2006年1月19日A6版；《严肃的相声》，《北京青年报》2006年2月16日A4版。

85 岳永逸，《忧郁的民俗学》，杭州：浙江大学出版社，2014，第156—158、169—170页；《都市中国的乡土音声：民俗、曲艺与心性》，第68—69页。

86 Sumner, W.G. Folkways: A Study of the Sociological Importance of Usages, Manners, Customs, Mores, and Morals, Boston: Ginn and Co., 1906, p.76.

87 钟敬文,《钟敬文全集·2》, 第 55—56 页。

化发展程度的高低, 都有一套为其社会需要服务的民俗。越是社会不发达, 民俗的权威就越大, 乃至一切文化都采取民俗的形式。而在今天世界上那些发达的国家里, 民俗也同样没有消失。[87]

"空气"与"水", 这两个分别来自东西和二十世纪首尾的浅白比喻, 都强调着民与俗的两位一体的动态关系, 尤其是俗对民的柔性控制力和民融于俗之本能抑或说潜意识。毫无疑问, 在信息传媒时代, 在更广博的时空领域, 在更多力量、因素掺和的某个具体场域, 民俗的自治性和它对人的柔性控制力出现了更加复杂的局面。1934年, 基于社会学的视角, 黄石已经分析指出, 在中国, 民俗的"风、俗、礼、制"四个互动的层面。[88]即使在当下, 黄石的四分对研究中国民俗仍然具有借鉴意义。当然, 如今互动的风、俗、礼、制多了日新月异、花样迭出的技术手段, 并有着无处不在的技术霸权和开放性与封闭性同在的网络空间强力的兴风作浪, 推波助澜, 千变万化。

88 黄华节,《民俗社会学的三分法与四分法: 论风俗礼制四者的关系》,《社会研究》第五十二期 (1934), 第 5—10 页, 第五十三期 (1934), 第 18—19 页。

二二

在外文世界传播的畅通, 使得司礼义对中国民俗的研究很快引起了西方学界同仁的关注。在1948年1月和9月, 鲁道夫 (R. C. Rudolph, 1909—

2003）接连发表了他对司礼义大同城南童谣和婚俗及方言研究两文的专题评介。鲁道夫用了细致（careful）、仔细（detailed）、科学（scientific）和透彻（intensive）等词褒奖司礼义的这些研究，认为其精细的研究为感兴趣的人提供了资料的富矿[89]。对"谜语与儿歌"一文，鲁道夫更是称赏有加。他认为："该研究对于中国民俗学做出了最显著的贡献，无疑是关于中国谜语最好的研究。"[90] 正因为其研究得到西方同行的认可，后来由他整理、翻译比利时圣母圣心会在1920—1926年间出版的《东蒙教士志》（*Semi-Mongolica*）中的谚语、谜语、传说、婚丧和信仰等民俗方面的内容，也就在情理之中。[91]

事实上，在轰轰烈烈的民俗学运动的影响下，作为民间文艺抑或说民间文学一个亚类的谜语，也引起了中国本土学者的充分关注，诸如：钱南扬《谜史》[92]、陈光尧（1906—1972）《谜语研究》[93] 和杨汝泉《谜语之研究》[94]等。然而，这些力求梳理清谜语源流、特征、类型、内容、形式和功能的专书，基本可以归结为文献研究与文本研究，是概论式。因此，对中国谜语研究而言，完全基于西册田附近村落田野调查的司礼义的谜语微观研究，一枝独秀，意义非凡。至少，与他在一定程度上忽视的上述文本研究形成互补之势。客观而言，在中国学界，对某一地域谜语以及儿童韵语研究的细腻度、深透度与系统性、科学性而言，至今尚没有能

89 Rudolph, Richard C. "Reviewed Work: 'Children's Riddles and Ditties from the South of Tatung' by Paul Serruys", *Western Folklore*, Vol.7, No.1 (1948), p.98–99. "Reviewed Work: 'Les cérémonies du mariage: Usages populaires et textes dialectaux du sud de la préfecture de Ta-t'oung (Chansi)' by Paul Serruys", *The Journal of American Folklore*, Vol.61, No.241 (1948), p.323.

90 Rudolph, Richard C. "Reviewed Work: 'Children's Riddles and Ditties from the South of Tatung' by Paul Serruys", p.99.

91 Serruys, Paul. "Folklore Contributions in *Sino-Mongolica*. Notes on Customs, Legends, Proverbs and Riddles of the Province of Jehol. Introduction and Translations", *Folklore Studies*, Vol.6, No.2 (1947), pp.1–129.

92 钱南扬，《谜史》，广州：国立中山大学语言历史研究所，1928。

93 陈光尧，《谜语研究》，上海：商务印书馆，1930。

94 杨汝泉，《谜语之研究》，天津：大公报社，1934。

与司礼义比肩、抗衡者。

1948年，极为挑剔的学术"同工"杨堃[95]，对辅仁大学的《民俗学志》（*Folklore Studies*）这本北平出版界内唯一的民俗学专门刊物有"大体言之，水准极高"的评价。之所以如此赞誉，其例证就是该刊发表的司礼义的大同城南婚俗及方言和谜语与儿歌研究两文。杨堃认为这两篇文章"全是极可珍贵的实地研究报告"。反之，对于《民俗学志》中刊载的辅仁大学人类学博物馆"助理员"，即赵卫邦的文章，杨堃则持保守意见，认为"似仅对于不能阅读中文的读者，方觉有用"。有鉴于司礼义等人杰出的研究，杨堃认为在雷冕等辅仁同行的努力之下，不久的将来就完全可能在禄是遒和戴遂良（L. Wieger，1856—1933）之后又开一中国民俗学研究的"新纪元"。这使得杨堃不得不大声呼吁国内热心民俗学运动的同志："如不愿甘落人后，应知自勉矣！"[96]

1950年，作为同道，叶德礼也将司礼义、贺登崧等人的研究视为中国民俗学运动中田野研究（Feldforschung）的典范。[97]

二三

当然，鲁道夫也表达了司礼义文中没有更多标明这些童谣之汉字的遗憾。[98]这多少是对司礼义之于方言、民俗力求充分音声化再现的委婉批评。还

95 岳永逸，《学术"同工"杨堃的批评》，《读书》2018年第6期，第21—28页。

96 杨堃，《我国民俗学运动史略》，《民族学研究集刊》第六期（1948），第101—102页。

97 Eder, Mattias. "Gedanken zur Methode der chinesischen Volkskundeforschung", *Folklore Studies*, Vol.9 (1950), p.209.

98 Rudolph, Richard C. "Reviewed Work: 'Children's Riddles and Ditties from the South of Tatung' by Paul Serruys", p.99.

有评论者认为：司礼义过分强调读音和言必标注出音标，难免"会在文本的语言中产生一种非自然的状态"。[99]

诸多研究已经表明，在不同语言的译写转换——跨语际交流/实践（translingual interchange/practice）中，语言之间的"非自然的状态"是无法避免的。[100]而且，这种"非自然的状态"极易引发对"本源语"的误读，进而误释。因为：

> 翻译不只是言语形式间的相互转换或曰符号转换，而是理解，是一种阐释；尤其是文化、社会、政治概念之翻译，在很大程度上意味着思想之传导。由是以观，这里不仅存在对出发语言（本源语：source language）之概念及思想的领会，而且还牵涉到归宿语言（译体语：target language）的传会。[101]

在司礼义的诸多研究中，同样多少有着为诠释而诠释乃至"强词夺理"的嫌疑。

在《民间故事十五则》一文中，对搜集到的第六则故事《神奇的石头》，司礼义一如既往，忠实地做到了按照讲述者的方言逐字逐句注音。在这个方言故事的后半部分，故事的主角"儿子 ¹œtzə"成为了"男人 ⁵nǎ¹ʒœ"。这种根据方言真实的"音声呈现"，并未引发带有情感性的语义漂移抑或说滑变。然而，在将"方音"翻译成通俗的"普通

99　C.F.W. "Reviewed Work: 'Fifteen Popular Tales from the South of Tatung (Shansi)'. by Paul Serruys", *Harvard Journal of Asiatic Studies*, Vol.10, No.2 (1947), pp.249-250.

100　如：刘禾，《跨语际实践：文学、民族文化与被译介的现代性（中国，1900—1937）》，北京：生活·读书·新知三联书店，2014；陈力卫，《东往东来：近代中日之间的语词概念》，北京：社会科学文献出版社，2019。

101　方维规，《概念的历史分量：近代中国思想的概念史研究》，北京：北京大学出版社，2018，第242页。

话"时，即在故事后半部分的英语译文中，司礼义将"男人 $^5nǎ^13œ$"无一例外地译写成为了"the bad man（坏人）"。从"男人"到"坏人"，这一转译明显对故事的主人公有了价值评判和情感褒贬，由"滑变"演化成为"哗变"。自然而然，在其后文将该则故事与艾伯华《中国民间故事类型》（Chinesische Volksmärchen）中的"海龙王满足愿望""回回采宝"等同型故事[102]进行比较时，司礼义就特意用其他同型故事中没有的主人公从"儿子"到"坏人"这一转型，强调他搜集、记录的《神奇的石头》之独一无二性。

同样，多少有些遗憾的是，司礼义在其诸篇论文都没有提及当年乞丐带领他寻访俚言和用制钱换俚言这一使当地人"甚至把他当作一个疯子"的怪诞行径——当然，这也是基于互惠原则、讲究田野伦理的调查实践。相反，无论大人还是小孩，人们好像都是自觉自愿围绕着他，给他讲述以及帮助记录这些童谣、故事的。换言之，司礼义的学术写作也并非十全十美，同样有着因学术而生的"隐逸"，抑或说"遮蔽"。

然而，瑕不掩瑜，以他自己的方式，司礼义细致生动地描绘出了他踏查过的北中国乡村清晰的"历史的掌纹"，有声的，口传的，耳听的与交际的。

102 [德]艾伯华《中国民间故事类型》，王燕生、周祖生译，北京：商务印书馆，1999，第 69—74，251—256 页。

二四

二十世纪后半叶，因时局变换，司礼义离开了中国，其人生轨迹与学术兴趣也随之发生了转移。

1950年，司礼义进入美国伯克利加州大学东方语言学系就读，师从赵元任、陈世骧（1912—1971）、卜弼德(Peter A. Boodberg, 1903—1972)、艾伯华和哈斯（Mary R. Hass, 1910—1996）等人。1956年，司礼义取得了哲学博士学位，博士论文研究的是汉代扬雄的《方言》，题目是《从〈方言〉了解汉代的地方话》（*Prolegomena to the Study of Chinese Dialects of Han Time According to Fang Yen*）。随后六年，司礼义除在圣玛利亚学院工作之外，也获有伯克利大学不同研究指派和职位，未离开伯克利。

1962年，司礼义担任了乔治城大学（Georgetown University）语言及语言学研究所中文部主任。1965年，接受李方桂的邀请，司礼义前往西雅图华盛顿大学任职，继续教授古代汉语的同时，也教授关于中文书写系统——铭文学（Epigraphy）的课程。这激发了他对甲骨文、金文研究的兴趣，也才有了前文提及的"司礼义法则"。1974年，他刊登在《通报》的《殷商甲骨文之语言研究》[103]一文奠定了他在该领域的权威地位。

1981年，创造力正旺、身体也硬朗的司礼义

103 Serruys, Paul. "Studies in the Language of Shang Oracle Inscriptions", *T'oung Pao*, Vol. 60 (1974), pp.12-120.

不得不按照规定退休。退休后的司礼义,没有了此前的稳定、有序。他曾到台湾工作、生活过一段时间,旋即又回到美国。这也才有了前文提及的1985年张香华与他就《丑陋的中国人》一书的对谈。

晚年的司礼义,多少都有些孤独,情绪低沉,不乏抑郁。最终,他还是回到了故国比利时。1999年8月16日,司礼义病逝于比利时鲁汶城外的小村子Kessel-Lo。

二五

1939—1941年间,在西册田教会学校上学的西册田村十岁上下的徐继茂、范丕文、赵德明、刘孝、徐世义、徐杰山,都是司礼义的信息提供者。其中,范丕文提供了26则韵语、1则妖精故事、1则婆媳故事,徐继茂提供了18则韵语和1则妖精故事,赵德明提供了17则韵语和1则笑话。三人提供的61则韵语是司礼义在当地搜集到的200则谜语与儿歌的30.5%,提供的4则故事占了司礼义记录与诠释的15则民间故事的27%。

2015年8月23日至28日,带着贾晓华、陈旻、赵雪萍和王春卯四位在读的硕士研究生,我们一行五人对司礼义、贺登崧曾经生活数年的西册田一带的村庄进行了回访。幸运的是,8月24日,在村民的指引下,我们先是在西册田找到了徐继茂的弟弟徐继胜家。然后,根据徐继胜提供的消息,我们在午后前往徐继茂二女儿在养老洼村的家。在养老洼村当街的十字路口,我们见到了1931年出生,已经85岁高龄的徐继茂老人。

从老人口中,我们得知了当年给司礼义讲故事、说韵语的小伙伴后来的情形。范丕文后来放电影,早已过世。刘孝和与贺登崧有更多往来的徐世义也已离世。我们也意外获知，范丕文和刘孝的父亲当年都是专门在教堂给神父们烤面包、做饭的工役。赵德明1949年后先在外工作，后来回西册田做了农民，再后来迁到了阳高，久无音讯。徐杰山应该还健在，但早已迁往包头，没有了联系，无从知道近况。

关于徐继茂等孩童当年给司礼义讲述故事、提供儿歌的具体时间，在司礼义上述两篇长文中都有着清楚的记载。时隔七十五年后，在已经是耄耋之年的徐继茂老人口中，司礼义及其记录的故事、谜语和儿歌都"活"了过来。在老人历历在目、如数家珍的记忆中，曾经在西册田教堂、小学工作、生活、动手动脚找东西的贺登崧，俨然一位考古学家，而个子不高、经常用打字机打字、冬天溜冰的司礼义，则跑步飞快，比赛时总是跑第一。这给徐继茂老人留下了深刻的印象：

> 他个儿不太高，一米六几，多不过一米七，瘦不拉几的，头发是褐色的，有点偏金黄。干巴巴的人，可滴溜呢！运动也不赖，跑起来像旋风似的，比利时文化里边，这个第一叫"小寸儿"，我在学校的时候，他们外国人就叫他"小寸儿"。后来，我问人家，第一就是小寸儿，一寸两寸的寸，小寸儿就是第一。

同样，关于给司礼义提供童谣和故事的具体情形，当年在西册田教会学校迫于形势而学过日语的徐继茂老人依然记忆犹新：

> 司神父找我给他说谜语、儿歌、讲故事。这些是哪里听来的？我们在大街上住着呢！一出门就是大街，看一群老汉们

呱啦，我就听，也就是从大人那里听见的。司神父问我就给他瞎说。当时，不是有这个休息时间嘛，司神父平时就是讲道讲半个小时，其余课他都不上。他在课间找你，礼拜日找你。礼拜日就一天，反正他家也就惯了[104]，没做的就跑他家耍去了。有好说的孩子嘛，他就叫去问这问那，问一问。有的时候是一遍三四个叫呢！这个说那个听，这个说完那个说，有时候同说了一个。我这个好说话嘛！就是耍呢，叫就去，不叫就出来啦！他问我说，他不问我还找他。我还给他帮忙呢，他去哪里的庙里贴碑文，我就给他提上那个……

去说的时候，司神父也就是用打字机手打，"叭叭叭"的，打的外国字咱们也认不得。那时，神父们有那个西洋片，给几个孩子们放放。还有照相机，我兄弟家放的那个全家相，就是神父给照的，是个黑白片，不是彩照，是聘我姐姐回门时照的。不过，人家神父很少和咱们一起照相。

老人也清楚地记得：在有日本人来时，包括附近的不少村民，大家纷纷往西册田天主堂避难。精通日语的司神父就与日本人交涉，以教友的名义保护村民。

二六

显而易见，司礼义"噼里啪啦"作响的打字机、照相机、拓碑、飞跑、友善等，给徐继茂老人留下了深刻的印象，也让他对外部世界多了好奇与憧憬。与司礼义相处日子仅仅数年，但显然对徐继茂老人的认知、生活产生了深远的影响。在八十年前的中国乡村，见过打字机，能近距离看肤色不一样的外国人打字，经常串门聊天的乡村孩童并不多。可是，老人对离开西册田后的司礼义一无所知。在我们闲聊时，他自然问起了和他数年"惯了"的司礼义后来的情形。在得知司礼义于1999年在比利时小村孤独病逝的消息时，老人唏嘘不已，欲言又止，黯然神伤……

沉默一阵之后，老人居然哼唱出了当年在教会学校学会的日语歌曲《爱马进军歌》的头几句：

くにを出てから几月ぞ
ともに死ぬ気でこの马と
攻めて进んだ山や河
とった手纲に血が通う
昨日陷したトーチカで
今日は仮寝のたかいびき

不仅仅是我们五人，身边的老少村民都惊讶不已！洋神父、日文歌，这些都是在场的人们纷纷叹息的。"没想到""真没想到"的声音不绝于耳。因为我们出于一己之私且转瞬即逝地贸然"嵌入"，不知老人内心的波澜要多久才能平息！他强调说：由于我们问询而惹出的他儿时与神父们之间交往的事情，多年来他

78

从未对自己的儿孙讲过，更不要说左邻右舍了，就连小他六七岁的弟弟也不知道。

目睹老人的沉默与怅然，不忍心继续刨根问底的我们辞别老人，回到了西册田。夕阳下，我们一行五人来到了因为修建册田水库而早已废弃的临水的西册田旧村。高高矮矮、错落有致的黄土堆，大大小小的门洞窟窿，使得大致有形的旧村陈迹更显苍凉、深邃与迷离，如怪兽，如巨人，如妖精，如鬼魅。

或者是渐浓的夜色模糊了双眼，当年的村庙、教堂、年轻的神父司礼义和徐继茂等孩童都恍若眼前。在我独自遥望那份苍茫、清晰与朦胧而神游八荒时，身后的学生偷拍下了夕阳下我孑然的背影。

零落成泥碾作尘！

一切是秘密又不是秘密……

就这样，在现与不现、看与不看，想与不想、记与不记，说与不说、听与不听，是与不是、变与不变，有形与无形、热闹与孤寂，土著与洋人、小我与大/老我、个体与群体，我者与他者、主位与客位，过去与现在、事实与印象，现在与未来、琐碎与梦想等多种交相错杂的矛盾体之对立双方互渗式的让渡中，低微的历史悄然形成、流逝，包裹着现在，并拥未来入怀。

二七

从歌谣运动以来，现代科学意义上的中国民俗学（含民间文学）的发生、发展始终都有着国外诸多学说不同程度的参与和影响。这从钟敬文一生的学术的国际交往可见一斑，或请进来，或走出去，不拘一格。[105]在晚年明确号召建立中国民俗学派时，钟敬文将国外理论对中国民俗学的影响或者说中国民俗学对国外理论的借鉴形象地称为"描红（格子）"。[106]

无论是囫囵吞枣的拿来主义，还是批判性的借鉴，下述实践或理论都对中国民俗学的演进产生了重大影响：十九世纪以来以传教士以及外交官为主体的西方人对中国歌谣、谚语的收集；[107]在进化论影响下的同源说、平行说；神话—仪式学派；故事形态学；社区—功能研究；苏联的人民大众的口头创作；方言/文化周圈论、重出立证法；民俗学主义（Folklorism）、伪民俗（fakelore）、口头程式理论、公共民俗学（public folklore）、表演理论以及个体叙事；等等。

格林兄弟（Jacob Ludwig Karl Grimm, 1785—1863 & Wilhelm Karl Grimm, 1786—1859）、泰勒（E. B. Tylor, 1832—1917）、弗雷泽（J. G. Frazer, 1854—1941）、柳田国男（1875—1962）、普罗普（Vladimir Propp, 1895—1970）、邓迪斯（A. Dundes, 1934—2005）、鲍辛格（H. Bausinger, 1926—　）、鲍曼（R. Bauman, 1940—　）和岩本通弥（1956—　）等国外学者的学说，都给不同时期的中国民俗学打上了深浅不一的烙印。

与此同时，包括早年的传教士在内，有相当一批国外学者因应不同的目的，也切实地参与进中国民俗的调查与研究。从较早的戴尼斯（N. B.

105　钟敬文，《钟敬文全集·19》，北京：高等教育出版社，2018。

106　钟敬文，《钟敬文全集·2》，第9、132—142页。

107　可参阅张志娟，《西方现代中国民俗研究史论（1872—1949）》，北京：北京大学博士学位论文，2017；崔若兰，《近现代来华西方人的中国歌谣研究》，广州：中山大学博士学位论文，2020。

Dennys, 1840—1900）、明恩溥（A. H. Smith, 1845—1932）、何德兰（I. T. Headland, 1859—1942）、鸟居龙藏（1870—1953）、卫太尔（G. A. Vitale, 1872—1918）、禄是遒，稍后的永尾龙造（1883—1967）、翟孟生（R. D. Jameson, 1896—1959）、艾伯华、叶德礼、直江广治（1917—1994）、伊藤清司（1924—2007）、李福清（Boris Lyvovich, 1932—2012），再到福田亚细男（1941— ）、樱井龙彦（1952— ）、菅丰、欧达伟（R. David Arkush）、钟思第（Stephen Jones）和苏独玉（Sue Tuohy）等，都是人们耳熟能详的名字。

同时，中外学者之间，一直都有着多种方式的交流与合作。艾伯华和曹松叶（1897—1978）、钟敬文、娄子匡（1905—2005）等中国学者之间的亲密往来，早已是学界佳话。正是曹松叶将其搜集的民间故事等民俗资料提供给艾伯华，才在一定意义上促成了后者《中国民间故事类型》等关于中国民俗学的经典著作。[108]同时，艾伯华也向钟敬文请教[109]，向娄子匡约稿[110]，以向西方介绍中国民俗学运动。二十世纪四十年代中晚期，贺登崧不但带领李世瑜、王辅世等对万全、宣化一带的乡村庙宇、神灵和方言等进行调查、研究，还一道现场观察过北平城内的扶箕仪式，共同署名发表研究成果。[111]

108 [德]艾伯华，《中国民间故事类型》，第457页。

109 钟敬文，《钟敬文全集·19》，第177—189页。

110 娄子匡，《中国民俗学运动的昨夜和今晨》，《民间月刊》第二卷第五期(1933)，第1—16页。

111 李世瑜，《社会历史学文集》，天津：天津古籍出版社，2007，第120—125页。

二八

在此，有必要提及在清华大学任教多年的翟孟生的《中国民俗学三讲》。[112]至今，这本主要根据中外文本对灰姑娘型、狐妻型和狸猫换太子型故事的探讨之书，仍被视为是偏重心理分析的比较研究的力作。

在比较中外的狐妻型故事时，除引了两则山西口头流传的狐妻故事之外，翟孟生同样注意到了清华大学附近农家院落中供奉胡（狐）仙的神龛，和村民相信"老娘娘"（泰山奶奶/碧霞元君）乃胡仙保护神的敬拜实态。[113]在对中外受迫害皇后故事（the Persecuted Queens）进行比较研究时，翟孟生不无遗憾地写道："可惜的是，中国的这类故事的异文没有受到西方学者的关注；同时，据我所知，中国的学者也没能关注过西方的异文。"[114]这样，胡适（1891—1962）根据文献写成的《狸猫换太子故事的演变》[115]就成为了翟孟生研究的基础，也让西方世界及时知晓了中国学者的研究。

与此同时，翟孟生撰写的"未定"却"精密"的《童话型式表》也被于道源（1912—1948）翻译成中文，陆续刊载于1936—1937年《歌谣周刊》二卷第24至39期。关于翻译、发表的原因，于道源1936年11月14日在"小引"中写道：

翟孟生先生的这些表格作得很是精密的；

112 Jameson, R. D. *Three Lectures on Chinese Folklore*, Peiping: North China Union Language School, cooperating with California College in China, 1932.

113 [美]詹姆森，《一个外国人眼中的中国民俗》，田小杭、阎苹译，上海：上海文艺出版社，1995，第64页。

114 [美]詹姆森，《一个外国人眼中的中国民俗》，第76页。

115 胡适，《狸猫换太子故事的演变》，《现代评论》第一卷第十四期（1925），第10—14页，第十五期（1925），第13—15页。

他把每一个故事的情节分成好几个段落，每一个段落里的差异有几种都分列在各段的下面，使人一看就可以知道这故事大概都有几种不同的演变。因此我们在研究民间故事的时候，就可以用它来作为一个标准，这对于研究民间故事的同志们或者多少有点帮助吧。[116]

1938年，李安宅评介《中国民俗学三讲》道："这是一本非常有用的书，能激发中国学生对民俗的兴致。"[117]到二十世纪末，翟孟生的中国民俗研究重新回到中国学人的视野。钟敬文亲自鼓励并敦促翻译《中国民俗学三讲》。1995年，在为被易名为"一个外国人眼中的中国民俗"的《中国民俗学三讲》中文译本撰写的"序言"中，钟敬文依旧赞赏翟孟生的"诚意和科学素养"，肯定该书有"一定的科学价值"。[118]

二九

改革开放后，国际合作开展的中国民俗调研日渐增多。1986年4月，中国和芬兰的民俗学者在广西南宁联合召开了"中芬民间文学搜集保管研讨会"，研讨会论文集旋即在1987年出版。[119]截至2018年，国际亚细亚民俗学会例行组织的跨国学术会议，已经举办了十九届。作为中日两国民俗学界重要的合作项目，福田亚细男主持的中日村落民俗

116 [美]翟孟生，《童话型式表》，于道源译，《歌谣周刊》二卷第24期（1936），第3页。

117 Li, An-che. "Reviewed Work: *Three Lectures on Chinese Folklore* by R. D. Jameson", *The Journal of American Folklore*, Vol. 51, No. 202 (1938), p.452.

118 钟敬文，《钟敬文全集·19》，第337、333页。

119 2020年岁末，作为一项重大的工程，中国民间文艺家协会牵头组织编辑的《中芬三江民间文学联合考察文献汇编（全二卷）》由社会科学文献出版社出版，再次对中芬之间34年前的这次国际合作进行了深情"回望"。

的联合考察项目持续近二十年。刘铁梁、陈勤建、周星等中方学者，都参与其中。樱井龙彦、贺学君、孙庆忠等对妙峰山的联合考察，同样持续多年。中美学者对定县秧歌的重访，中法学者对北京庙宇碑刻的调查，皆成果丰厚，可圈可点。[120]此外，相互之间培养学生、学者互访交流、大小国际学术会议和工作坊等，举不胜举。

对中国民俗学而言，虽然明显有着割舍不断的交集、联系、对话和联合考察，但是在书写学科史时，却基本将他国学者对中国民俗的研究排除在外。这就造成了两个中国民俗学的事实：**中国学者的中国民俗学**与**外国学者的中国民俗学**。

在既有的多数民俗学教科书中，编著者会将不少影响中国民俗学研究的理论、学说纳入介绍的范围。与此不同，在大多数现代中国民俗学学科史的写作中，学科史家们基本都只盯睛于中国学者的中国民俗学，忽略外国学者的中国民俗学。显然，如果以研究对象来界定中国民俗学——一门研究中国民俗的科学，那么无论是中国民俗学的教科书还是学科史，都有重新梳理及书写的必要。

当我们把针对同一国别或地域的所有人的研究都纳入视域时，注意不同母文化的学者对同一民俗事象的调研、记述、诠释、认知的碰撞、评说与交流时，我们会清晰地发现：作为必然的逻辑演进抑或推断，重视民俗语汇的柳田国男基于"一国民俗学"而进一步提出的"世界民俗学"[121]，二者之间

120 董晓萍、[美]欧达伟，《乡村戏曲表演与中国现代民众》，北京：北京师范大学出版社，2000。截至2020年底，中法学者合作的《北京内城寺庙碑刻志》已经出了五卷。

121 [日]柳田国男，《民间传承论与乡土生活研究法》，王晓葵、王京、何彬译，北京：学苑出版社，2010，第10—38页。

122　[日]桑山敬己，
《柳田国男的"世界
民俗学"再考：一个
文化人类学者的视
角》，西村真志叶译，
见王晓葵、何彬主编，
《现代日本民俗学的
理论与方法》，北京：
学苑出版社，2010，
第76、53页。

123　梁启超，《饮冰
室合集（典藏版）·文
集第四册》，北京：
中华书局，2015，第
4页。

并非是一个递进的阶序关系，而是两位一体、相互
映射、互文的涵盖关系；即，"一国民俗学"其实
就是"世界的"，反之，"世界民俗学"也完全可
能是"一国的"。

　　正如桑山敬己（1955—　）指出的那样：柳田
提出的一国民俗学与世界民俗学有着其时代背景和
柳田本人的民族主义情结，二者之间的关系异常复
杂。柳田本人后来对世界民俗学的扬弃，一方面是
因为他"生在民族主义盛行的近代日本，无法抗拒
了解和拥有本土文化的欲望"，另一方面是因为他
"没有具备实现这一构想所必不可少的'心灵的开
放性'"，以至于他不但认为外来者不可能理解民
俗学的深层——心意现象，甚至"对外国人的日本
民俗文化研究怀有一种近似敌意的反感"。[122]

　　二十世纪初叶，在与西洋文明的碰撞交融中，
无论是迅速强大的日本，还是积弱的中国，民族主
义都同样高涨。因为自尊、自信而欲自强，柳田国
男的这种"封闭性"，或者说防范性，更早地出现
在梁启超（1873—1929）的著述中。1902年，在著
名的《新史学》中，谈及旧史学的"知有陈迹而不
知有今务"这一弊端时，鉴于有人欲借外国人的著
述来了解今义，梁启超不以为然道："然甲国人论
乙国人之事，例固百不得一，况吾国之向闭关不与
人通者耶！"[123]

三〇

当然，将外国学者的研究纳入本国学术史、学科史的梳理以及教材的编写，需要开放的胸襟、世界的眼光、跨语言阅读和交际的能力、学术整合能力，尤其是首先要**承认**外来的他者有对本土民俗文化理解甚或体察入微的可能性和事实。显然，这绝非一己之力能够完成的浩大工程。所幸的是，或者是意识到了过去将国外学者的中国民俗学排除在视野之外的不足，新近，对外国学者的中国民俗（学）研究的梳理日渐增多，出现了一批厚重的博士学位论文。[124]

不仅如此，在时间或长或短、规模或大或小的移民、移居，尤其是在"跨国游"、跨文化"旅行"——为了生计的工作、为了壮大自己的游学、为了长见识的游玩，抑或为了"到此一游"的炫耀、夸富——成为日常的当下，不同民俗之间的碰撞交流、融汇已经成为中国人的也是世界性的日常。更何况，正如刘宗迪对摩睺罗和七夕的研究[125]表明的那样，长时段观之，任何一种在当下视为理所当然的民俗，可能都有着多样的源头，深藏着异域的文化基因或密码。区域性，尤其是所谓现代民族国家的民俗，不再是赫尔德在《关于人类教育的另一种历史哲学》（Auch eine Philosophie der Geschichte zur Bildung der Menschheit）中定义的那个内部均匀、不能与他文化混融、只会碰撞或疏远

124 除张志娟和崔若兰的博士学位论文之外，还可参阅：卢梦雅，《葛兰言〈诗经〉学研究》，济南：山东大学博士学位论文，2017；林海聪，《民国时期妙峰山庙会民俗的视觉表达：以甘博影响为中心的图像比较研究》，广州：中山大学博士学位论文，2020。

125 刘宗迪，《摩睺罗与宋代七夕风俗的西域渊源》，《民俗研究》2012年第1期，第67—97页；《七夕》，北京：生活·读书·新知三联书店，2013。

126 转引自方维规，
《历史的概念向量》，
北京：生活·读书·新
知三联书店，2021，
第 292 页。

的"球体"[126]，而是多元与杂合（hybrid）的。

在此生活景观下，每个在不同时空位移的个体，都是"地方"民俗的携带者、践行者，更是"研究者"。毫无疑问，不仅仅是"他者"对"我民俗"的研究需要关注，共时性呈现的、跨文化（国别/族群）的作为交际的不同民俗和这种交际本身，都是民俗学的研究对象。此时，"一国的"与"世界的"民俗学之分，已经没有多少意义。正如韦尔施（Wolfgang Welsch）在《跨文化：今日文化之变化了的状态》（Transkulturalität die veränderte Verfassung heutiger Kulturen）中所言：所谓地方特色的、原汁原味的民俗，"不过是装饰而已，是表面现象，是审美态度"，因为其"根子上都已经是跨文化的了"。[127]

127 转引自方维规，
《历史的概念向量》，
第 291 页。

如果还要使用"世界民俗学"这个概念，那么伯尔曼（A. Berman, 1942—1991）在《异域的经验》（The Experience of the Foreign）一书中对歌德（J. W. Goethe，1749—1832）"世界文学"概念的释读显然具有启发性。伯尔曼认为："世界文学"并非过去的文学和现在的文学百科全书式的总和，亦非指已然获得普遍地位，并成为所谓文明遗产的有限杰作的总和，而是"一个历史概念，关注的是不同民族国家文学或者地区文学之间关系的现代概况"。换言之，通过准许各国文学进入经济交换以及象征交换的全球系统的等级关系，"世界文学"构成了"各国文学"。[128]

128 转引自刘禾，《跨
语际实践：文学、民
族文化与被译介的现
代性（中国，1900—
1937）》，第 212 页。
与歌德有着高度关联
的"世界文学"是一
个非常复杂的概念。
对其产生的历史语
境、歌德本人使用的
歧义、后来的演进与
多样化诠释，可参阅
方维规，《历史的概
念向量》，第 323—
367 页。

显然，上述释读中的"文学"完全可以换作"民俗"。换言之，世界民俗学不但不会消解国别民俗学的个性，反而构成了一国民俗学的本质。

三一

正是基于上述认知并顺应时代潮流，这里才对司礼义的中国民俗学研究进行初步梳理。在相当意义上，因为先入为主的意识形态的偏见，虽然同样是在中国传教、生活多年，但明恩溥、禄是遒等相对早期的传教士关于中国民俗的记录、写作，更类似于柳田国男意义上的"游客之学"或"寓公之学"[129]，多少都有居高临下的俯视，或到此一游的漫不经心与浅尝辄止。这种"傲慢"姿态引起了贺登崧、司礼义等人的警觉，也在燕大青年学子的毕业论文中有着集体回应。

1936年，在硕士毕业论文中，对近世以来西方人关于中国谚语的著述，薛诚之在肯定西方人"热心"的同时，更指出西方人对于中国谚语研究"隔"的一面。他写道：

> 他们于中国谚语发展的情形，以及其真正的组织和性质，还缺乏深刻的认识，颇为隔膜。所以有时尽管他们热心地研究，结果有时竟不免发出许多牵强附会的地方，这是颇为可惜的。关于这一点，我认为中国的学人，应该

129　[日]柳田国男，《民间传承论与乡土生活研究法》，第5页。

多给他们正确地介绍些这方面的知识，好使他们对于中国谚语更深一层地获得了解，同时因为此，本国的谚语也会无形地得着一个新的开展的机会了。[130]

1941年，在《四大门》开篇（如下图所示），李慰祖直言不讳地批评道：明恩溥、禄是遒等人对中国乡村的宗教信仰的研究态度不但感情用事、充

度是感情用事的，非科學的。在他們的著作中充滿了宗教的偏見。他們的結論更是去事實太遠，所以對于我們的研究並無多少補益。

據作者所知，本國的學者討論到農村宗教，也並沒有注意到這種宗教——四大門——的位置。在他們看來，四大門並不是一種宗教。這實在是一個很大的錯誤。由于研究的結果，我們知道「四大門」的信仰在農村中要佔極優越的地位。其影響乃駕乎其他宗教之上，甚至于四大門的勢力侵入到其他宗教的領域。而以往的學者忽略此種重要的事實，以致這一類的參考文獻極其缺乏，這不能不算是一個大的遺憾。

回過頭來，我們看到四大門信仰的普通性，實在令人

李慰祖学士毕业论文
《四大门》第二页

满宗教的偏见，还过度依靠既有的书面材料，从而距离事实太远，乃至于有"非科学的"的嫌疑。[131] 在中国执教多年的翟孟生的民间故事研究，也主要是基于文本的比较与分析。过度依赖文献材料来研究中国宗教与文化，被同样是传教士的贺登崧、司礼义扬弃。[132]

百年来，这些对西人研究中国不足的反思、批评不但是本土学者一贯有的姿态，更是认真的传统。1932年，在西湖边撰写《中国的天鹅处女型故事》时，有鉴于戴尼斯、西村真次（1879—1943）等外人对中国大量同型故事的陌生、疏漏，钟敬文在开篇就温和地写道："因为种种的障碍，外国学者对于中国神话、故事、民俗等的观察、研究，正如对同国的别部门的探讨一样，**往往非常隔膜，有的甚至是错误的。**"[133]

新近，刘禾也尖锐地辨析出了深远影响到西方对中国人认知和鲁迅国民性判断的明恩溥《中国人的气质》（*Chinese Characteristics*）之不足：对中国人的种族歧视；从他自己和他人与中国劳动阶级之间的不快经验取材；主仆关系（他与中国佣工、外国人与中国人以及"神"与人）被掩盖和忽视。[134]换言之，对于二十世纪初叶之前在中国的绝大多数传教士之书写而言，何伟亚的论断意义非凡："**传教士话语实践的目的不仅是被动地反映现实，而且在塑造现实，它也的确产生了这样的效果。**"（Missionary discursive practices were intended

131 李慰祖，《四大门》，北平：燕京大学法学院社会学系学士毕业论文，1941，第1—2页。

132 [比]贺登崧，《中国民间传统宗教之研究：辅仁大学方言地理学研究室地理调查报告之一》，冯瓒璋译，《文藻月刊》第二卷第一／二期（1949），第18—20页。

133 钟敬文，《钟敬文全集·4》，第433页。

134 刘禾，《跨语际实践：文学、民族文化与被译介的现代性（中国，1900—1937）》，第70—71页。

135 Hevia, J. L. "Leaving a Brand in China: Missionary Discourse in the Wake of the Boxer Movement", *Modern China*, Vol.18, No.3 (1992), p.305, 316.

to, and in fact did, shape reality rather than merely passively reflect or mirror it.）进而混淆了"表面与真实"（the apparent and the real）。[135]当然，二十世纪前二十年，随着义和团运动影响的消退，这种不乏"傲慢"的姿态，在多元的传教士群体内部有了渐变。[136]

正如已经呈现的那样，虽然在野并旁落，但是作为面对面，以**承认优先**且带有暖意的学问，司礼义的中国民俗学完全可以称得上是洞察"心意"的地道的"土著之学"。那么，重读司礼义关于中国民俗的"土著之学"，意义究竟何在？

136 [美]菲利普·韦斯特，《燕京大学与中西关系：1916—1952》，程龙译，北京：北京师范大学出版社，2019，第33—51页。

三二

首先，要做到司礼义所言的对民俗资料本身投入全部的心力，在去掉一切先入为主的意识形态的同时，还要有对方言、方音的足够熟稔。换言之，研究者至少应该率先成为能用当地方言交流、思维的"土著"，抑或说是"土著"与研究者叠合的"类土著"。

长久以来，在学者官僚化、明星化、娱乐化，媒介快餐化的总体语境下，如同多数口口声声忧国忧民而关注现实问题、进行经验研究的各种专家一样，在大小城市安居乐业、过着中产生活的不少民俗学从业者自豪地也天然地将自己定义为先进甚或代表前进方向的"精英"。正是这些沾沾自喜、志得意满又不时忧心忡忡努力当师爷的从业者，常常因为是母文化的缘故，尤其是有着"大一统"的汉字、普通话的缘故，对方言、方音并未引起足够的重视。甚至，在极简意义上，相当一部分民俗研究还被等同于似乎可以驾轻就熟的"家乡"抑或"故乡"研究。"研究者"与"被研究者"（合作者）之间轻飘飘地互相成为**"对方的表面"**。[137]甚至，研究者沦落到成为"自己的表面"而浑然不知。于是，通过狡黠的文字表述，将交流、理解的障碍、艰难，尤其是复杂性，消散于无形。

137 ［英］齐格蒙特·鲍曼，《共同体》，欧阳景根译，南京：江苏人民出版社，2003，第183页。

骨子里就像殖民者对待被殖民者一样，这些高高在上、虎视眈眈并高调宣称要保护民俗文化、非遗文化的"精英"，以自己熟练操演的"普通话"之普适性，常常低估"每个人特有的声音"，低估所有的方言，低估乡野、地方与传统。其真实目的，正是通过宣扬的学习、了解、尊重和一往情深的进谏，以及保护的"积极"姿态，来服务、强化其已经有的优越地位、身份。自然，民与俗都仅仅是其冰冷的、强制性的且必须教化、改造的工作对象，而非能互相示好、致意、交心的情感对象。

在服务于民的口号、策略下，民俗被这些精英大声疾呼要文化化、文明化、遗产化、旅游化与产业化，从而正确化。即，被对象化、工具化的民俗，沦为一种彻头彻尾的"文化政治"。民俗学，也被操练成一种追求正确、上峰赞许而衣冠楚楚的文化政治学。

138 [法]米歇尔·福柯，《规训与惩罚：监狱的诞生》，刘北成、杨远婴译，北京：生活·读书·新知三联书店，2007，第219—256页。

139 田传江，《红山峪村民俗志》，沈阳：辽宁文化艺术音像出版社，1999。

140 钟敬文，《民俗学：眼睛向下看的学问——在田传江同志与北师大研究生座谈会上的致辞》，《民俗研究》2001年第4期，第143—146页。

在强制性地将民俗当作商品、产品而生产（消耗）、变卖（吞噬）、消费（咀嚼）——一种隐晦的食人主义——的过程中，城乡大小的十字路口日渐布满了各式各样通往示范园区/基地、风景名胜、楼堂馆所、文物古迹、文化直至非遗，以及博物馆、展览馆、纪念馆、传承基地的路标、箭头。虽然民俗以及后起的非遗已经被抽空、一无所有，表现得却是空对空、以空证空的应有尽有，完全与福柯（M. Foucault，1926—1984）诠释的"全景敞视主义"[138]水乳交融，天衣无缝。

这种名实不副、掩耳盗铃的心性及其主导的强制性实践，既使得民俗资料的科学性打了折扣，经常遭受到不同程度的质疑与轻视，也使得对这些资料的文化释读和学理诠释，多了主观臆断以及自圆其说的随意性。其实，正如司礼义的研究表明的那样：深入、到位并经得起推敲的民俗学研究，同样需要长期的田野调查，而且必须在掌握当地方言基础之上，全面、深入、细致地展开。这也是晚年的钟敬文看重乡镇干部、始终未离开土地的"农民"田传江《红山峪村民俗志》[139]的根本原因。德高望重的钟敬文，毫不犹豫地将田传江这本历时数十年的有心之作，视为当代中国地方学者写得最好的民俗志。[140]

其次，只有深入到了田野生活内部，能够用方言与当地人交流，才可能读出民俗事象的细部差异和微言大义来，才能看到不同民俗事象之间的互动与一体性关联。换言之，在司礼义这里，文本研究和语境研究是两位一体、相得益彰的。也即，作为语言上的"土著"的研究者，应该有着整体观（论），在与之朝夕相处的"土著"的日常生活之流中理解、诠释自己关注的民俗。

司礼义关于儿歌和谜语、民间故事文本记录、分析的成功，完全奠基于其深入的田野调查和对乡民日常生活的整体把握。因此，司礼义既能看到儿童谜语和成人谜语、儿童故事和成人故事这些不同文类内部之间的明显差异，也能洞察韵语和故事之间的相互影响及其互文性；既能看到在孩童中流传的相互戏谑的绰号之类的韵语的必然性和偶然性，也能洞悉韵语故事和儿童故事之间的连带性；既能勾画出某种文类内诸多亚类并存的整体生态，也能自带世界性的眼光，对之进行广博的比较分析。

三三

尤其需要注意的是，无论是对哪类民俗事象，司礼义很少固守在一个村庄进行研究，而是在相邻的数个和数十个村庄这一更大的地域或者说方言区展开。这也是对人类学所言的小社区/群之微观研究间接、委婉的批评，至少是对之进行了局部的修正。当然，这一方面有受作为传教士的司礼义自身职业（在教区内不同村庄的穿越）的影响，另一方面也有受维也纳学派影响，且作为语言学家的司礼义对方言的重视和敏感高度关联。

1942年，《民俗学志》创刊号发表了史禄国（S. M. Shirokogoroff，1887—1939）的遗文《中国的民族志研究》。[141]在该文中，同样重视方言的史禄国，委婉地批评了他自己曾经的学生费孝通。他严肃地指出了《江村经济》以村落为研究单位的不足。史禄国认为，在历史悠久、文化绵长的中国，选取一个方言区作为基本的研究单位，才有可能更加深透地认知中国。在此意义上，尽管不为人知、后继乏人，以田野调查为基础，司礼义与贺登崧等人在北中国立足于方言（片）区且卓有成效的关于歌谣、谜语、故事、婚俗、乡村庙宇、神像及其敬拜的"中观研究"，实实在在地开创了中国民俗学的一种研究范式。

在今天看来，贺登崧在1948年发出的自我肯定和呼请仍然意义非凡：

我们在山西、大同和察哈尔省万全附近所作的方言调查，在中国还是一个首创。……应用这种新方法才能把现代的人文科学作下一种综合的研究，因为我们应该对于人类的一切社会活动，做个全面的观察，而不应当支离破碎的，用人为的方法分割人类在社会上的一切精神的和物质的活动。我们的目的，是要从过去中国各地方的文化中心区的构成过程里，去发现物质的和精神的主要因素跟它们的相互作用和反应。这种任务的完成，不消说还有待于中

141 Shirokogoroff, S. M. "Ethnographic Investigation of China", *Folklore Studies*, Vol.1 (1942), pp.1–18.

国专门家的尝试，他们的基本工作，应当是各种正确的地方材料的搜集，使他们能够作未来的综合的研究。[142]

142 贺登崧，《中国语言学及民俗学之地理的研究》，第26—27页。

简言之，将地理学和**地图法**应用到方言与民俗研究的贺登崧具体操作的路径是：首先，将一定地域内有着差异的方言（词、语法和发音）、民俗（诸如庙宇、神灵）标示在地图上，即根据特定事象或条目，制作方言地图或民俗地图；其次，读图，即全面观察、分析其分布，确定相应的界线，再适当参考方志等文献、庙碑钟磬等碑铭，建构出该地域语言、民俗的变化过程；最后，由点及面，从既往中国各地文化中心区的构成过程中，发现物质的和精神的主要因素跟它们的相互作用和反应。

虽然有着上述共享的方法论，且同样是基于一定地域的中观研究，但司礼义明显更重视方言、方音和不同民俗事象之间的联动。个体对方言、方音和民俗的理解与使用，在司礼义的中国民俗学中占有更加重要的位置。在一定意义上，与贺登崧更加偏重作为人文地景的方言与民俗之地理分布相较，同样是中观研究的司礼义更加重视民俗传承主体——人——的重要性。当然，这一同道之间的细腻差别，或者也源于关注的具体事象之不同。虽然都是以对同一地域的方言、方音考察为基础，但司礼义更加关注儿歌、谜语、故事等人们口耳相传的活态"音声"，贺登崧聚焦的更多是经幢、石碑、钟磬、铭文、家谱、庙宇、神像等外在于人的更加物化的乡野文化地景。在一定意义上，虽然都有口治的基础，但前者主要是耳治的，后者则主要是目治的。

三四

百余年来，尽管民俗学的著作早已汗牛充栋，但对民俗资料本身投入全部的心力，使之是民众的同时也具有科学性，仍然是中国民俗学的软肋。在一定意义上，相当一部分中国本土的民俗学者背离了司礼义、贺登崧等人秉持的民俗学乃"土著"之学的根性。民俗学实则是**"土著"对"土著"的研究**：一方面，它是以"土著"为对象的学问；另一方面，它要求民俗学从业者必须是愿意成为且有能力成为"土著"抑或说"类土著"的个体。它绝不仅仅是近些年来时髦的"返乡体"、模棱两可的"非虚构"类写作的先声夺人、矫情与煽情，也不是"走转改"等运动式治理意义上空间上非情愿而僵硬的挪移，而是真正意义上不忘"初心"的心性的回归。而且，这种回归，不是回到对象化的他者，而是自我（外在的与内在的）的回归。

事实上，很少有人意识到：民俗学既不是研究的人类学意义上的异文化，也不是研究的传统意义上被对象化的本土文化、民间文化、口传文化这个"他者"。对此，岩本通弥关于民俗学的定义有着特别的意义：

> 它是一门探讨事实和认识之间关系的科学，它关注人们如何把包括以人类的智慧尚难理解的事实转换成为可以解释的事物，观察人们如何认识事实，赋予其意义并建构一种现实感。这种现

象和过程，或者说"小人物们""普通市民"的具体的"日常"正是民俗学所关心的范围。[143]

在该定义中，似乎也对象化的"人们""人类"应该并未将研究者"我"置身事外，排除在外。在此意义上，如同赵承信1946年完成的《狱中杂记》[144]之于社会学、贝哈（Ruth Behar）1997年完成的《伤心人类学》[145]（*The Vulnerable Observer: Anthropology That Breaks Your Heart*）之于人类学，对于民俗学而言，户晓辉《日常生活的苦难与希望》[146]和拙著《忧郁的民俗学》也就有了别样的意义。

三五

对我而言，民俗学研究的是凝聚于个体"我"这个肉身内外的"小我"与"大我"。质言之，在根本意义上，民俗学研究的就是"我自己"，最终要面临也不得不回答的是"我是谁"这样的自我放逐与追逐的终极命题。以此观之，民俗学从业者与通常在其无意识中被"物化"或者说对象化的"民"以及"俗"之间的关系，就如同王国维（1877—1927）诠释的"诗人"与"外物"抑或"世界人生"之间互化共情的辩证关系：

诗人必有轻视外物之意，故能以奴仆命

143 ［日］岩本通弥，《城市化过程中家庭的变化》，施尧译，《民俗研究》2016年第5期，第7页。

144 赵承信，《狱中杂记》，太原：三晋出版社，2015。

145 ［美］露思·贝哈，《伤心人类学：易受伤的观察者》，黄佩玲、黄恩霖译，台北：群学出版有限公司，2010。

146 户晓辉，《日常生活的苦难与希望：实践民俗学的田野笔记》，北京：中国社会科学出版社，2017。

风月；又必有重视外物之意，故能与花鸟共忧乐。

诗人对宇宙人生，须入乎其内，又须出乎其外。入乎其内，故能写之；出乎其外，故能观之。入乎其内，故有生气；出乎其外，故有高致。[147]

147 王国维，《人间词话》，北京：朴社，1926，第29页。

1931年，在审查冯友兰（1895—1990）《中国哲学史》上册时，陈寅恪（1890—1969）一样强调研究者和研究对象之间能跨时空地同境界地神游冥想，和先在"欣赏—了解"，进而"同情"的重要性：

凡著中国古代哲学史者，其对于古人之学说，应具了解之同情，方可下笔。……吾人今日可依据之材料，仅为当时所遗存最小之一部，欲藉此残余断片，以窥测其全部结构，必须备艺术家欣赏古代绘画雕刻之眼光及精神，然后古人立说之用意与对象，始可以真了解。所谓真了解者，必神游冥想，与立说之古人，处于同一境界，而对于其持论所以不得不如是之苦心孤诣，表一种之同情，始能批评其学说之是非得失，而无隔阂庸廓之论。[148]

148 陈寅恪，《陈寅恪集·金明馆丛稿二编》，北京：生活·读书·新知三联书店，2015，第279页。

在《物化：承认理论探析》（*Verdinglichung: Eine anerkennungstheor etische Studie*）一书中，承继

海德格尔、杜威，尤其是霍布森（Peter Hobson）之研究的德国哲学家霍耐特（Axel Honneth，1949— ）更加明确地强调无论之于个体发生学还是社会关系，**"承认先于认识"**。具言之，"承认的态度相较于对外在世界仅仅采取认知的态度，具有优位性"，而且作为一种实践的、非认知的态度，承认的态度才"是人类能够认识其他人以及外在世界的必要先决条件"。[149]这也即陈寅恪的"欣赏/了解先于同情"。

在此意义上，不远万里来到中国的"他者"司礼义和贺登崧，正是基于和研究对象之间"先在的承认"抑或说"欣赏"，而移步换形、自由转身且自成高格的王国维所言的"诗人"、陈寅恪所谓的"了解之同情者"。在当代中国民俗学界，强调研究者和被研究者之间如同蜜蜂与花朵之间一样互为主体性抑或说主体间性已经多年。可是，要能够接续上司礼义、贺登崧等人开创的优秀学术传统，进一步将自我"物化"，与行动者"民"和通常被视为客体的对象"俗"之间互相客体化，进而物我两忘，在"我"与"非我"之间纵横驰骋，中国本土民俗学者与当代中国民俗学都还有漫长而艰辛的路。

事实上，不少既往以及当下中国学者的民俗学，太过强调民俗学的民族主义、浪漫主义以及启蒙主义的一面，总希望民俗与民俗学有着参政议政、建言献策以及"移风易俗"、经世济民、建设文化与地方的

149 [德]霍耐特，《物化：承认理论探析》，罗名珍译，上海：华东师范大学出版社，2018，第48、85页。

效能。这样，盗用忧国忧民、兼济天下的"士"之古义，研究者很难逃脱自上而下俯视甚至蔑视民与俗的狭隘的精英主义之意识形态、心态，身陷"谄媚"又哀怨的窘境。其口口声声、心心念念的民俗也成为了无源之水、无本之木：它与八荒之外的政治、经济、文化、教育、外交、传统、遗产唇齿相依，也与民主、自由、科学、梦想举案齐眉，却无关乎阡陌巷里的琐碎日常、油盐酱醋，也无关乎草民百姓的生老病死、喜怒哀乐和生活愿景。

三六

1928年，在给钱南扬《谜史》写的序言中，顾颉刚就热切呼吁要同人关注民众的"言语"，要有"采集其他民间的特殊言语"的主动性与自觉性。他认为，言语是"民众的生活中很重要的一种"，并将谚语定义为民众的道德法律，成语视为民众的辞藻，谜语隐语视为民众的智慧的钥匙。[150]两个月后，在给刘万章《广州谜语》[151]撰写的序言中，顾颉刚再次呼吁努力搜集材料、打好民俗学根底的重要性。他认为，要认识民众文艺、民众心理，只有从"最真切的材料上加以最精细的整理"，才能有"最公允的批评"。这一论断同样源于顾颉刚对谜语这样民众文艺的认知。为此，他将谜语描述性地定义为：

150 顾颉刚，《顾颉刚民俗论文集·卷一》，第361页。

151 刘万章，《广州谜语》，广州：国立中山大学语言历史学研究所，1928。

谜语是民众们最精炼的写生手段，它能在三两句话中把一件东西的特别性质指出，而又以隐语的方式表现之，使说穿了不值什么的话竟费了对方的大力去猜。这是民众的聪敏，民众的滑稽，民众的狡狯！[152]

如同歌谣运动收集到很多歌谣一样，早期的中国民俗学同人也收集到不少的谚语、谜语以及隐语。尽管如此，却少有如司礼义这样基于具体生活场景和特定人群的相关研究。或者，这也是司礼义在其谜语研究中没有提及钱南扬《谜史》等国人拓荒性的文献研究和刘万章《广州谜语》、白启明《河南谜语》[153]之类资料集的原因所在。对这些"特殊的言语"尚且如此，对日常民俗语汇的收集、释义也就提不上议事日程了。

与此不同，包括《蜗牛考》在内，柳田国男长期身体力行地投入到了对民俗语汇搜集、释读的基础性工作之中，也即对民俗本身投入了全部的精力。这一方面使得"以语言为切入点进行比较研究是柳田民俗学的一大特色"[154]，另一方面使得日本民俗学与中国民俗学有了不同的发展路径与面貌。虽然与柳田民俗学有着异曲同工之妙，有着共同的欧洲语言地理学的学术渊源[155]，但司礼义、贺登崧等人二十世纪三四十年代在中国对田野调查、民俗语汇的重视及其研究成果，至今都未能引起中国民俗学界的足够重视，更不用提在杨堃的指导下，陈

152　顾颉刚，《顾颉刚民俗论文集·卷一》，第364页。

153　白启明，《河南谜语》，广州：国立中山大学语言历史学研究所，1929。

154　[日]福田亚细男，《柳田国男文集·中文版序》，见柳田国男，《食物与心脏》，王京译，北京：北京师范大学出版社，2018，第5页。

155　[日]福田亚细男，《日本民俗学方法序说——柳田国男与民俗学》，於芳、王京、彭伟文译，北京：学苑出版社，2010，第166—167页。

156 岳永逸，《庙宇宗教、四大门与王奶奶：功能论视角下的燕大乡土宗教研究》，《世界宗教研究》2018 年第 1 期，第 53—58 页。

封雄《一个村庄之死亡礼俗》（1940）、虞权《平郊村的住宅设备与家庭生活》（1941）和李慰祖《四大门》（1941）等燕大毕业论文基于民俗语汇而"热描"[156]的精彩的民俗学志。

必须提及的是，比司礼义、贺登崧更早，在二十世纪三十年代李安宅对包括日常语汇在内的语言别具一格也自成高格的研究。学贯中西的李安宅对避讳、名号、口号以及文字符码的研究，完全突破了同时代中国民俗学惯有的"记录"模式，而是以弗雷泽的交感巫术、马林诺夫斯基（B. Malinowski, 1884—1942）的民族志、吕嘉慈（又译作瑞恰慈，L. A. Richards，1893—1979）的意义学和美学、萨丕尔的人类学和语言学为基础。他将言语、文字以及符码和仪式、巫术以及"信仰""信念"等联系起来，对之进行立体性阐释，强调旧有的与新生的"语汇"的行动力、支配力与社会力（social force），也即他所谓的"魔力"。其单篇文章《语言的魔力》和《论语言的通货膨胀》，专书《意义学》和《巫术与语言》，都是关于语言以及文字的民俗学的经典著述。[157]然而，或者是因为其浓厚的哲学、美学、社会人类学、心理学和宗教学色彩，无论当时还是现今，对于中国民俗学，尤其是语言民俗学而言，老早就自我放逐到西北、继而"隐匿"西南的李安宅，似乎永远都是一个遥远而陌生的名字。

七十多年后，本土学者有对蛊/杜、死给、杂吧地儿、灵验、磕头、热闹、行好、朝山、行

157 李安宅，《语言的魔力》，《社会问题》第一卷第四期（1931），第 1—10 页;《意义学》，上海：商务印书馆，1934;《论语言的通货膨胀》，《文化先锋》第五卷第十五期（1945），第 6—9、5 页。

香走会等民俗语汇的"热描"和学理诠释。[158]然而，还是外籍学者表现出了对中国民俗语汇的高度敏感和重视。2001年，留华的金镐杰博士对窑洞修建和使用过程中的民俗语汇进行了整体呈现与细读。[159]2011年，留华的西村真志叶博士对京西门头沟"拉家"这一民俗语汇进行了杰出的生态学研究。[160]或者，对相当一部分中国本土的民俗学从业者而言，深入骨髓的精致利己的精英主义心性和自觉追求的工具理性都是应该摒弃的。

三七

当然，数十年来，中、日、韩东亚诸国以及越南对非遗的重视，以致争抢，同样大抵是工具理性和狭隘的国族主义支配的结果。不仅如此，民俗学家似乎天然应该与非遗捆绑一处。于是，众多学界从业者心甘情愿地加入到了现代民族国家文化建构的行列，研究非遗的民俗学——非遗民俗学，也就天然有了强调界限的国别、民族之追求正确的"政治性"，并裹挟政治强力而位高权重，甚至唯我独尊、独醉，俨然"显学"。在此语境下，民俗本身，其"内价值"不再重要；反之，附加在民俗之上的政治、经济、文化、外交等"外价值"重要莫名。[161]因此，打着公共民俗学、民俗学主义以及实践民俗学（practical folkloristics）等旗号的"非遗民俗学"，是土著（本土民俗学者）的，但又不是

158 分别参阅：翁乃群，《蛊、性和社会性别：关于我国西南纳日人中蛊信仰的一个调查》，《中国社会科学季刊》1996 年总第 16 期，第 42—54 页；周星，《死给你看：对一类自杀现象的法人类学研究》，台北：巨流图书公司，2020；华智亚，《龙牌会：一个冀中南村落中的民间宗教》，上海：上海人民出版社，2013，第 101—118 页；张青仁，《行香走会：北京香会的谱系与生态》，北京：中央民族大学出版社，2016；岳永逸，《朝山》，北京：北京大学出版社，2017；《老北京杂吧地：天桥的记忆与诠释》，北京：生活·读书·新知三联书店，2019；《行好：乡土的逻辑与庙会》。此外，周星的新著《生熟有度：汉人社会及文化的一项结构主义人类学研究》（商务印书馆，2019）实则是对大量本土语汇在结构主义人类学框架下的再诠释，是他一以贯之的对本土常识和乡土生活之意味、逻辑的探寻和学术释读。

159 [韩]金镐杰，《山西省吕梁西部地区窑洞民居民俗研究——以柳林县三个窑洞村落为例》，北京：北京师范大学博士学位论文，2001。

160　[日]西村真志叶，《日常叙事的体裁研究：以京西燕家台村"拉家"为个案》，北京：中国社会科学出版社，2011。

161　刘铁梁，《民俗文化的内价值与外价值》，《民俗研究》2011 年第 6 期，第 36—39 页。

162　韩东育，《从"脱儒"到"脱亚"：日本近世以来"去中心化"之思想过程》，台北：台湾大学出版中心，2009，第 503—544 页；《从"请封"到"自封"：日本近世以来"自我中心化"之行动过程》，台北：台湾大学出版中心，2013，第 497—533 页。

土著（民众）的，且背离了生发于民、与民一体、取之于民而用之于民的公共民俗学、民俗学主义和实践民俗学之初衷。

其实，当代的东亚诸国民俗学之所以会多少有着这样的共性，与东亚历史上就有的恩怨、执拗、"小群体"固有的焦虑、抗争以及突围不无关联。[162]东亚诸国何以结束其漫长而迷茫的"文化苦旅"，走出自身，东亚何以走出东亚，东亚何以走出亚洲、走向世界，而非"窝里斗"，掩耳盗铃抑或夜郎自大地强调自己"小"群体的认同、强大以及第一，从而自尊、自信地与被对象化的"西方"以及"世界"这些他者对话，同样是严肃的东亚以及亚洲民俗学者必须直面的话题。

与此同时，如果中国民俗学概论和中国民俗学史的书写能够打破画地为牢的学者国别抑或民族身份的局限，突破偏狭且夜郎自大的民族主义，转而以研究对象为基准，将外国学者研究中国民俗的成果纳入分析的范畴，注意到研究中国民俗的不同国别学者之间的对话与互动，进而将中国学者对他国民俗的研究和与他国学者的对话纳入省思之列，那么中国民俗学必将更加丰硕、饱满与多元，同时也有了"世界"的意味，成为世界的。这也应了时下流行的两句话：

越是中国/民族的，也就越是世界的！

土得掉渣儿，洋得冒尖儿！

然而，在所谓的后殖民后帝国时期，称王、称霸、称雄进而教化、支配甚至奴役他者，仍然是明争暗斗的政党政治和政权政治的主流与命门。这些暗潮有多汹涌，和平、和谐、正义与民主、自由、平等的语言波涛也就有多高涨。在二者构成的巨大张力场中，今天在中国传教的不同名目的"僧侣"以及各色文化参赞、使节等外来的他者，很少再有像司礼义、贺登崧等早期传教士那样，基于"承认优先"的原则，将学术视为是一种崇拜与志业。

在全球化的总体语境下，对活态的生活文化的研究成为所谓学者，尤其是本土学者的天职，少了曾经有的兢兢业业的他者的"另一只眼"。这一分野，使得以一个群体固有的日常生活文化为研究对象的民俗学，反而有了作茧自缚，抑或崇洋媚外而东施效颦、越做越小的趋向。在表面热闹的国际学术会议越来越多的中国，如何使中国民俗学有效、有机地融入世界民俗学，如何使一国民俗学成为世界民俗学，让世界民俗学构成中国民俗学依旧是个巨大的难题。

或者，日本民俗学与韩国民俗学同样面临究竟是以研究者还是研究对象来定义本国民俗学的问题。其实，该问题指向的是下述系列问题：何为民俗？民俗为何？谁才有权力书写民俗？

三八

在2015年那数个炎热的夏日，我们的主动攀谈，也唤起了大王、养老洼等西册田周边村民对数十年来生活——俨然早已模糊的"历史的掌纹"的回忆。诸如：西册田教堂中的神父、小学校、日本鬼子、饥荒年景、幼时听人的"道古"、左右邻里、家长里短等等。尽管这些记忆常常语焉不详，抑或三言两语，支离破碎。在这些记忆中，有历史事件，也有鬼神传说；有生者，也有逝者；有喜乐温馨，也有愁苦伤痛。所有的这些，在他们看来都是"故"事——过去的事情。对于村民而言，如同徐继茂老人记忆中近在眼前的司礼义那样，这些"故事"并非虚构，而是本人或他人亲身经历过的真人真事。

正是因为这些时过境迁、碎片化和作为小群体内、外交流实践艺术的民间文学之田野感、现场感的获得，我们后来对山西狼/狐精怪故事的比较研究基于语境，却又超越了某种具体的语境。显然，我并非忽悠要告别田野，抑或辞严义正地强调只能通过田野调查才能做研究，而是希望将语境研究与文本研究有机融合：或将语境研究置于文本研究，或将文本研究根植在语境研究基础之上，以此直面承载过去的当下，直抵基于个体心灵的群体心性、文化基因，明了我们享受过的、正在经历的和将来同样会有的日常、伟大与苦难。

俨然"超越语境"的山西狼/狐精怪故事的研究，似乎与本书主题关联不大，形式上也是干巴巴的文本分析，但我却想借此说明文本与语境、文献释读与生活实感、愿景和现实之间的复杂关联。因此，我率先交代了这项研究的缘起：对司礼义、贺登崧等前贤的"语境研究"，对顾颉刚、钟敬文、杨文松等前贤文本研究的礼敬；在西册田与乡民"呱啦"田野现场的激发。此外，该研究还有下述因素的催生：我们两位作者在儿时听长辈讲述这些故事的经历；我们自己作为成人、家长，给孩子讲述这些故事的经历；已有的学科训练和《百变小红帽》（*Little Red Riding Hood Uncloaked*）[163]等著作的阅读体验；已经搜集起来的本身就相对丰富的该类故事的文本；非遗运动；弘扬优秀传统文化、民族民间文化的时代号角；等等。

163 [美]奥兰丝汀，《百变小红帽：一则童话中的性、道德及演变》，杨淑智译，北京：生活·读书·新知三联书店，2013。

三九

对我而言，语境不仅仅是置身其中的田野现场，更非仅指通常意义的上下文，而是涵括这些的远景、中景、近景叠加，开放性和封闭性兼具，复杂而立体的网络。首先，它是讲述的社会历史背景和一个社群的文化传统抑或说惯习。在书写传统和口头传统——礼（雅）俗——互动的中国，作为复杂网络的语境显然割舍不掉与口头传统同样悠久的书写传统。其次，语境是某一次口头讲述的具体情境。这两者大致可以和本-阿莫斯所言的"文化语境（context of culture）"和"情境语境（context of situation）"相对应。[164]对本-阿莫斯而言，文化语境包括：讲述者之间或讲述者与听众共享的知识、信仰、行为习惯、语言表述习惯、历史意识、道德准则等；情境语境包括：当下民俗表演的时空，讲述者的年龄、地位、性别，讲述风格、语气语调等。最后，语境才是文本中的上下文、语词存身的言语，这也是语境最细而微的层面。

164 Ben-Amos, Dan. "'Context' in Context", *Western Folklore*, Vol.52 (1993), pp. 209–226.

正如赵汀阳所界定的：语境并非"封场"，而是"再生"的，是一个**"无边界的动态连续体"**。因而，可能在他人那里作为方法论或具体研究策略与坐标的语境，对于赵汀阳而言，有着三重明确的认知论意涵：其一，因为语境是多层次情况叠加而成，一个语境也就有着多种意义，并完全可能有着多种不同甚或矛盾却同样有效的解释。其二，语境不是一个给定而稳定的结构，而是"连续生成的过程"，每个语境的"切片"都不足以形成充分的解释。其三，演化中的语境连续体，是"一连串没有结尾的语境"，却又并非如数学时间一样均匀。因此，某个**语境切片**的重要性需要"以观后效"，仅仅针对某一时刻的特定语境而对事件的解释力，就有着先在的"局限性"。[165]

同样，人文主义地理学的倡导者段义孚，用了一个"恋"字——人类对物质环境的情感纽带，将人"地"之间的流体般的动态关系，形象地表达了出来。这，即他的**"恋地情结"**（Topophilia）。[166]恋的浓淡、强弱、长短、深浅，都因人因时因地因事因景因境而千变万化。换言之，开放、动态、持续（哪怕是隐匿与微弱的），是恋地情结的根本特征。

其实，这也就是曼海姆（K. Mannheim，1893—1947）在《意识形态与乌托邦：知识社会学导论》（*Ideology and Utopia: An Introduction to the Sociology of Knowledge*）中所提出的哲学命题

165 赵汀阳，《历史·山水·渔樵》，北京：生活·读书·新知三联书店，2019，第44—47页。

166 [美]段义孚，《恋地情结》，志丞、刘苏译，北京：商务印书馆，2018。

"situational relativity——境地的相对性"。[167]在以吕嘉慈为代表的"新批评"论者那里，语境一方面扩大到任何写出或说出的话所处的环境，另一方面也扩大到一个语词用来描述那个时期的人们所知的所有用法。也即，语境是表示一组同时再现的事件的名称，而这组事件"包括我们可以选择作为原因和结果的任何事件以及那些所需的条件"。[166]

1929年，刚考入清华大学的钱锺书（1910—1998），直接受教于吕嘉慈。后来，在《管锥编·左传正义三》中，钱锺书有创意地将昔日恩师吕嘉慈的语境（context）翻译成了**"终始"**，云：

> "文同不害意异"，不可以"一字一之"，而观"辞"（text）必究其"终始"（context）耳。[169]

显然，钱锺书别有风味的"终始"，并非强调语境的循环，而说的是字与文、近与远、浅与深、今与古的相对性，也即语境的延展性、动态性与交互性。或者，近些年来，强调"表演""事件（仪式）"而轰轰烈烈的中国民俗学的"语境研究"，之所以大致是自圆其说、敝帚自珍的圈内闹热，就是因为在相当意义上剥离了语境的"相对性""历时性""动态性"，尤其是语境的"延展性""后效性"以及交互的"思想性"，而将语境视为绝对

167 李安宅译，《孟汉论知识社会学》，《社会学界》第十卷（1938），第66页。

168 ［英］瑞恰慈，《论述的目的和语境的种类》，章祖德译，见赵毅衡编选，《"新批评"文集》，北京：中国社会科学出版社，1988，第296页。

169 钱锺书，《钱锺书集：管锥编（一）》，北京：生活·读书·新知三联书店，2011，第279页。

的，并简化为"封场"和薄薄的"切片"。

显而易见，狼/狐精怪故事研究仅仅是浅尝辄止的尝试。在"历史的掌纹"系列二《"口耳"之学：燕京札记》[170]一书中，我以平郊村的器具和房舍研究为切入点的中国民具学系谱的浅描，以都市民俗学抑或说现代民俗学为出发点对北京生育礼俗研究学术史的书写，都是目的明确地延续以辅仁、燕大为标志的研究活生生的人的民俗学学科史，均有着不同意义上的"越界"与"混搭"。

毫不讳言，这些经验透视及其叙写方式多少有着杨堃倡导的"社会学的民俗学"的意味。何为社会学的民俗学？它有着怎样的来龙去脉？有着怎样的理论、方法与实践？这些都是我在"历史的掌纹"系列三《终始：社会学的民俗学（1926—1950）》一书中，尝试回答的问题。

民俗学终究是门昂首独立的学科！无论是从认知论还是方法论，已经有着百年历程的中国现代民俗学能否为其他科学提供些养分，互利互惠，甚至反哺？本书《杂吧地儿，一种方法》一章，在为民俗学这门独立的学科添砖加瓦的同时，也多少是这种尝试的努力！

四〇

仿佛久旱不雨而干裂的秧田、风吹日晒雨淋又

170 待出。

年久失修的土墙，历史的掌纹难免有着斑斑点点或累累的伤痕。然而，"历史的衰退"并没有欲青史留名者对之与生俱来的恐惧。在《艺术家的责任》（*La responsabilité de l'artiste*）中，哲人克莱尔（J. Clair, 1940— ）曾说："**衰退是温和、漫长又极具繁殖力的。**"[171]愿我的这些努力有些"衰退"的色彩，而不被衰颓挟持。

这隔了时空，有些自不量力，抑或说自以为是。裂痕终归是裂痕！缝合仅仅是一种理想、愿景，甚至镜像。再高明、巧夺天工，悠然行走在阡陌街巷的锔碗匠，也难逃此宿命。与其说隔空喊话、私语是欲唤醒蒙尘的记忆，唤醒曾经有的无怨无悔而勇往直前的青春活力，唤醒作为学人不随波逐流的矜持、静穆、知性与心性，还不如说是出于至诚的谦卑、景仰，出于淡淡的忧伤和时隐时现的真切的哀痛！毫不否认，这其中混融了深深的孤独、自我加持与独自倚栏临风的凭吊，有着"过尽千帆皆不是，斜晖脉脉水悠悠"的怅然。

好在，正如克拉里所言："连续与不连续其实并不存在于历史中，只存在于历史的解释中。"[172]后之视今，亦犹今之视昔。何况，"**过去即异域**"！（The past is a foreign country.）一个人，无论何种境况，如若对他的时代感到愤懑，难免会伤到自己！在《拱廊街计划》（*The Arcades Project*）中，本雅明（W. Benjamin, 1892—1940）有如下论述，尽管我并非他所言的"史学家"：

171 [法]让·克莱尔，《艺术家的责任》，赵苓岑、曹丹红译，上海：华东师范大学出版社，2015，第118页。

172 [美]乔纳森·克拉里，《观察者的技术》，蔡佩君译，上海：华东师范大学出版社，2017，第13页。

对唯物主义的史学家而言，他所投身研究的每一阶段，都只是他真正关注课题的前奏历史而已。因此，对他而言，历史并不存在重复这件事，因为在历史的道途之中，他最关注的刹那由于具有"历史前奏"的指标作用，因而已成为当下，同时，基于当下瞬间的灾难性或胜利性的抉择，而改变了其特质。[173]

沃勒斯坦（I. M. Wallerstein, 1930—2019）曾言："历史书写真的是可怕的。"貌似清纯的学科史，也难逃此宿命。老黑格尔（G. W. F. Hegel, 1770—1831）早就洞悉："**恶**"才是历史发展的动力。与严谨而认真的历史书写者相较，我更愿意做一个散漫、随性的"**旁观者**"。

旁观者自有旁观者的价值。在《炎昼》中，京极夏彦有言："如果没有旁观者，事物甚至无法形成事件的轮廓。"[174]因此，虽然这本小书试图从细节描绘些许"历史的掌纹"，但并非"史"，它仅仅是一个异时异地的旁观者有些热心的"札记"而已。对辅仁而言，这组札记也主要仅仅是针对《民俗学志》上的少部分文章而已，实乃九牛一毛。好歹算开了个头。[175]

作为札记，我同样无法逃脱因阐释而生的与主观性连带的想象性。李劼曾言："**任何史实一旦进入书写，都会变成虚构。**"然而，虚构并非随心所

173 转引自 [美] 乔纳森·克拉里，《观察者的技术》扉页。

174 [日] 京极夏彦，《书楼吊堂：炎昼》，王华懋译，上海：上海人民出版社，2019，第 57 页。

175 关于辅仁大学的兴衰起落，其民俗学教学以及研究等制度性活动，分别参阅：Chen, Shujie, *The Rise and Fall of Fu Ren University, Beijing: Catholic Higher Education in China*, New York: RoutledgeFalmer, 2004; 张志娟，《北京辅仁大学的民俗学教学与研究》，《民俗研究》2014 年第 5 期，第 34—43 页；《西方现代中国民俗研究史论（1872—1949）》，第 61—75 页。

欲，而是"想象与创造的别名"，因为历史书写本身就有一个如影随形的悖论："历史是不能想象的，但历史书写又不得不想象。"[176]显然，我勾画的"掌纹"（如果真有些脉络、痕迹），也不得不如此"弯弯绕"。

176 李劼，《百年风雨：走过二十世纪的中国政治演变和文化沧桑》，台北：允晨文化，2011，第11页。

2018年7月20日初稿
2020年6月30日终稿
2020年12月31日再校

"助理员"赵卫邦

我先后在辅仁大学出版的《民俗
学志》和《华裔学志》上发表过六七篇
文章，只从所讨论的题目上，就可以看
几篇文的性质来。

　　　　　　　　　　—— 赵卫邦

查文科研究所史學部研究生……物理部研究生陳祥春等碩士學位成績現經試驗委員會評定教務會議通過㘯布

計開

史 陳祥春 葉德祿 趙光賢 趙衛邦 劉厚滋

物 張阜權 豐洋露

中華民國二十九年六月二十日

———
准许赵卫邦等人硕士论文答辩
通过的公示

1940

赵衡邦现年叁拾捌岁河北省深县人国立北京大学毕业生民国贰拾柒年玖月考入本校文科研究所史学部肄业叁年级贰拾捌年玖月叶入贰拾玖年陆月门业绩优肄经贰拾捌年玖年陆月门业绩优肄经贰拾柒年戊续及格教务会议通过推荐硕士学位径求学位证书兹以来合行予以证明此证

国立北京大学校长陈垣

敬启者生係民国二十九年六月文科研究所史学部毕业尚未领有毕业证因将应政府某项考试敬请管给一学业证明书以为该项考试报名期限为本月五日止务祈于是日以前给为祷此上

陈校长

学生赵衡邦谨呈

1946

——
赵卫邦和陈垣校长的往返信函

1947

Folklore Studies（《民俗学志》）创办者，
1947 年的叶德礼博士

叶德礼申办《民俗学志》
的批复函件

《民俗学志》编辑部的
人员构成

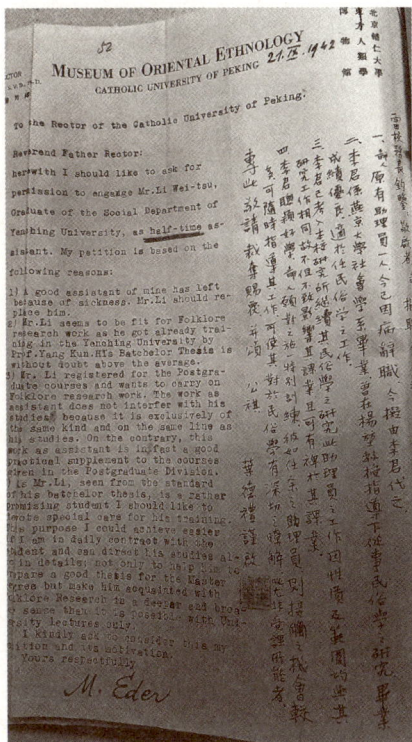

为聘在读研究生李慰祖做助理员，
叶德礼写给校务长雷冕的信

1942

一

赵卫邦（1908—1986），字子凡，河北深县唐奉区禅院村人。在百度百科的词条上，赵卫邦被定格在"著名历史学家"。[1]其实，他还是一位长期被忽视，却不乏重要性的民俗学家。其多年隐而不现、不为人关注的民俗学研究涉及学科史、节日习俗、民间小戏、民间信仰、秘密宗教以及彝族习俗等等。此外，他还是后来研究华北宗教鼎鼎有名的李世瑜本科毕业论文的指导教师。

1942年，在陈垣（1880—1971）校长的支持下，叶德礼司铎在辅仁大学主持创办了《民俗学志》。[2]该刊采用当时汉学刊物的传统，只刊发英文、法文、德文文章。从《民俗学志》创刊到1948年赵卫邦离开北京前往西昌做民族调查，赵卫邦是

1　参阅网页：https://baike.baidu.com/item/%E8%B5%B5%E5%8D%AB%E9%82%A6/4995426?fr=aladdin. 登录时间：2020 年 6 月 12 日。

2　北京师范大学档案馆藏：私立北平辅仁大学档案卷 677 "本校创办辅仁生活、辅仁学志、华裔学志及民俗学志以及有关问题的来往函件"。

《民俗学志》的主要撰稿人之一。在《民俗学志》以传教士为主体的作者群中，作为华人的赵卫邦格外醒目。这七年，赵卫邦在该刊发表了下述论文以及译文：

1. "The Origin and Growth of the Fu Chi"（扶箕之起源及发展），*Folklore Studies*, Vol.1 (1942), pp.9–27.

2. "Modern Chinese Folklore Investigation. Part I. The Peking National University"（中国近代民俗学研究概况 第一部分 国立北京大学），*Folklore Studies*, Vol.1 (1942), pp.55–76.

3. "Modern Chinese Folklore Investigation. Part II. The National Sun Yat-Sen University"（中国近代民俗学研究概况 第二部分 国立中山大学），*Folklore Studies*, Vol.2 (1943), pp.79–88.[3]

4. "The Dragon Boat Race in Wu-Ling, Hunan"（武陵竞渡略），Yang Ssu-ch'ang, translated and annotated by Chao Wei-pang, *Folklore Studies*, Vol.2 (1943), pp.1–18.

5. "Games at the Mid-Autumn Festival in Kuangtung"（广东中秋节游戏），*Folklore Studies*, Vol.3, No.1 (1944), pp.1–16.

6. "Yang-Ko(秧歌). The Rural Theatre

[3] 中文译文见《贵州民族大学学报（哲学社会科学版）》2017年第2期，第37—58页。

in Ting-Hsien"（秧歌：河北定县乡村戏），*Folklore Studies*, Vol.3, No.1 (1944), pp.17–38.[4]

7. "*A Study of the Fu-chi Superstition* by Hsü Ti-Shan, Review by: Chao Wei-pang"（评许地山《扶箕迷信底研究》），*Folklore Studies*, Vol.3, No.2 (1944), pp.144–149.

8. "The Chinese Science of Fate-Calculation"（中国之推命术），*Folklore Studies*, Vol.5 (1946), pp.279–315.

9. "Secret Religious Societies in North China in the Ming Dynasty"（明代华北秘密宗教），*Folklore Studies*, Vol.7 (1948), pp.95–115.

数十年来，除赵世瑜、傅玛瑞（M. Flitsch）等少数研究者对其有征引之外[5]，对于当今的中国民俗学界而言，赵卫邦依旧是个陌生的名字。为此，知其学术生命历程、细读其民俗学研究也就有了必要性。

二

根据四川大学档案馆馆藏[6]的赵卫邦1952、1959、1963年的三份履历表，我们可以较为详细地了解这位"隐于市"与"隐于史"的民俗学者的生平。

1929年在河北冀县省立第六师范学校毕业后，

4　中文译文参见《贵州民族大学学报（哲学社会科学版）》2018第1期，第183—199页。

5　赵世瑜，《眼光向下的革命：中国现代民俗学思想史论（1918—1937）》，北京：北京师范大学出版社，1999，第7、148—149、238页；[德]傅玛瑞，《中国民间文学及其记录整理的若干问题》，《北京师范大学学报（社会科学版）》2005年第5期，第57—66页；岳永逸，《忧郁的民俗学》，第36—37页。

6　本章中，未注明出处的引文，均引自四川大学档案馆馆藏干部人事档案，"编号名人–103赵卫邦"。

赵卫邦进入北京大学外国语文学系。1933年北大毕业后，他先后在北京私立八德中学、万字中学、浙江海门私立东山中学、上海市立务本女子中学、山西平遥中学任教。1936年9月，赵卫邦回北平（京）大学文科研究所（史学部）学习。卢沟桥事变后，他转入辅仁大学文科研究所史学部学习。1940年毕业后留校工作，先后任辅仁大学东方人类学博物馆的助理研究员、研究员、讲师。1945年，他指导了李世瑜的本科毕业论文，《秘密道门之研究——附：一贯道实况调查》，成为后者念念不忘的"明师""恩师"。[7]

7 李世瑜，《社会历史学文集》，第1—2、204页。

1948年，赵卫邦被辅仁大学东方人类学博物馆派往西康（西昌），进行少数民族调研，自此未能北归。1950年2月至1952年8月，他任华西大学中国语文系和中国文化研究所教授兼研究员，同年9月兼代理系主任。因为高校撤并，在兼任华西大学中国语文系主任的当月，赵卫邦调任四川大学历史系和图书馆教授，1953年4月后兼任四川大学图书馆馆长。1964年，赵卫邦兼任四川大学新成立的印度研究所（后易名南亚研究所）研究员，直至终老。

在风云变幻的二十世纪前半叶，与同时代人一样，赵卫邦的人生同样瑰异传奇。1932年，他加入了反对帝国主义大同盟。1934年秋，他加入过红卍字会。[8]1943年冬，他加入了国民党。因为从事抗日相关的活动，1944年3月20日，赵卫邦在北京被日本宪兵逮捕，拘留至6月18日才获释放。因

8 在1952年8月9日的"交代材料"中，赵卫邦说红卍字会"乃一封建迷信团体，但系公开性质，曾在伪社会局备案，会长为王正廷"。

为这次被捕，抗战胜利后，赵卫邦先后受到陈立夫（1900—2001）、张厉生（1901—1971）、陈诚（1898—1965）、朱家骅（1893—1963）和蒋介石（1887—1975）等高层政要的接见。1952年10月，由华忱之（1914—2002）介绍，赵卫邦加入中国民主同盟。要提及的是，从1945年起到北京解放，赵卫邦还兼任北京万字初级中学校董并兼任校长，但只是名义上的，不办公、不支薪。

在1949年后层出不穷的政治运动中，也是在对个体系统"档案化"的历程中，"旧"中国过来的知识分子都经历了严厉的自评和他评而"洗心革面"的过程。[9]在背靠背的评价，也是严密求证的"考评"过程中，赵卫邦给昔日的同事、朋友的基本印象是好学、诚厚与正义。

三

对于北大求学期间的赵卫邦，赵景贤有着真切的记忆。赵景贤，即赵希三，1925—1931年在北京大学中文系就读，与赵卫邦是校友、近邻，后来又在辅仁大学共事。1959年10月23日，已经是北京师范专科学校教务主任、预备党员的赵景贤，在《关于赵卫邦同志的情况》一文中，有如下描述：

> 他那时住在北大附近一个公寓里，那个公寓不但离学校近，而且出门就是小饭馆。我吃

9 就这一历程的文学化表述，可参阅杨绛，《洗澡》，北京：人民文学出版社，2013。

饭以后常到他的寓所聊天，渐渐地熟识了。那时，他给我的印象是：朴素、耿直。他的家庭虽也种几十亩地，但他的经济来源不太富裕，衣食都不讲究，待人接物老老实实，绝不夸夸其谈。他经济不富裕，但绝不肯轻易向人借钱。……（辅仁）这一阶段（1942—1947），卫邦同志给我印象是：致力学术、忽视政治，记得他说过："我们的前面只有两条路，一是做学问，二是做事业（按指办学校或搞工商业一类的事），我的性格同前者比较接近。"他不仅是这样想，这样说的，也是这样做的。

或者是因为力求自保，而且明显有着"情绪"，长子赵文朴对自己父亲的评价看似与赵景贤的评价有些相左，实则一致，那就是一心向学的同时也正直爱国。1954年7月3日，赵文朴在《关于我父亲赵卫邦的一些情况》中写道：

（他）曾经想到瑞士某大学留学，后因年龄太大了人家不收，说如果他对人类学（研究民族和风俗）研究有成绩，可以去瑞士大学讲学，因此又想到民族地区去做研究。……（1951年，听说辅仁大学曾向教育部提出让他回辅仁大学作图书馆馆长，华西大学没有答应。）……政治活动方面，只知道在1944年夏初，他被日本人逮捕，在第一监狱押了两个多月，后由学校保释出来。当时他只对我说是因为宣传抗日而被捕。后来，听他的朋友范淑懿[10]谈过，说当时辅仁大学教授们有个团体叫"复社"，反对日本人掠夺中国古物和书籍，并设法鼓动学生到重庆那边去。此事被日本人知道了，所以被捕。……抗日胜利后，曾经兼任过一个杂志《新建设》的编辑工作，时间好像不长，只出了三期就停刊了。

……自私自利，不管家庭，只管自己生活舒适，想往上爬，拼命读书，想当教授，崇拜外国，想到外国留学。

10　范淑懿曾任北京香山慈幼院蒙养园主任，这在方亭《孩子们的乐园——蒙养园》一文中有过提及。参阅：http://blog.sina.com.cn/s/blog_c0e199110101ef8f.html，登录时间：2016年12月23日。

或者是因为长子的"揭发"，在此后赵卫邦自己的坦白材料或组织要求赵卫邦故交提供的证明材料中，有些事情被不同人反复述及。关于赵文朴提到的1951年回辅仁事，赵卫邦在1955年9月1日写的"坦白材料"中，也进行了澄清。他回忆的大致情形是：1951年，陈垣校长曾经来信要他回辅仁担任图书馆馆长。教育部的公函到华西大学时，华西大学校方未与他本人商量就直接回复拒绝，不放人。当时，华西大学的校长方叔轩（1894—1982）还补一公函，言再借聘赵卫邦一年。1952年，院系调整。辅仁已无，赵卫邦就到四川大学了。

关于赵文朴材料中提到的《新建设》这个杂志，赵卫邦在写于1955年8月18日的"坦白材料"中也有提及。只不过刊物的名字不是"新建设"，

11 张怀,字百龄,男,汉族,湖南长沙人,1919年加入新民学会,1920年赴法勤工俭学,1922年结业于巴黎大学医学预科,1923年入比利时马林哲学院学习,获哲学硕士学位,1927年入鲁汶大学教育学院学习,获教育科学博士学位。1928年以后,他先后到英、法、意、德、比、荷、瑞士等国考察教育。1929年回国,先任南京中央大学教授,后任辅仁大学教授、教育学院院长。1946年,张怀任国大代表、国民党北平市党部执行委员、北平市参议会参议员,1947年任国民政府立法委员,1948年赴美考察教育。1950年代,张怀先后任辅仁大学、北京师范大学、内蒙古师范学院教授。1980年,张怀被聘为北京市文史研究馆馆员,1982年转任北京市人民政府参事。

12 "华北文教协会"成立的时间一说是1939年夏。参阅赖晨,《沦陷时期的辅仁大学》,《文史春秋》2012第9期,第32—36页。

而是"新时代"。赵卫邦回忆道:1946—1947年,河北省国民党省党部主任委员刘瑶章(1897—1993)等创办了该杂志,但只出了两期。赵卫邦为该刊写了两篇文章。其中,《民族学和民俗学的意义》发在该刊第一期。大致同期,他加入了"河北省复原委员会文化委员会",同为河北籍的杨堃也是该委员会委员。

赵文朴提及的"复社",其实是"炎社"。这在张怀(1896—1987)所写的关于赵卫邦的材料中有所提及。[11]在1954年11月11日张怀的"坦白"材料《伪华北文教协会》中,张怀提到赵卫邦与该会的关系。1940年,在和沈兼士(1887—1947)、英千里(1900—1969)在辅仁组织的"炎社"的基础之上,张怀参与组织了"华北文化教育协会"。[12]这是国民党的一个外围团体,主任委员是沈兼士。其意在"随时联系文教界人士,唤起民族意识及爱国精神,反对敌伪奴化教育"。1942年,沈兼士前往重庆,张怀代理了主任委员,委员有董洗凡、徐侍峰、英千里、左宗纶、牛继昌等。总干事有葛信益、孙金铭、叶德禄、郝德之等。1944年,该协会被日寇一网打尽,赵卫邦即其中之一。

四

关于赵卫邦是怎样的一个人,张怀有着公允的评价。1954年11月6日,当时在内蒙古师范学院任教的张怀写的题为《赵卫邦》的材料中，有如下文字：

> 我知道的赵卫邦在1941年到1942年时，辅仁大学有一个德国圣言会神父叶德礼，创立了一个所谓"东方博物馆"，搜集了许多关于中国文物衣冠风俗习惯的东西，陈列在一处，标榜研究反动的人类学和民俗学等等。赵卫邦做他的助手。他在1939—1940年，辅仁大学文学院研究所毕业，得到所谓硕士学位，就开始在辅仁担任职务，做人类学博物馆研究员。他和叶德礼，人类学教授雷冕前校务长、社会学及人类学教授兼社会学系主任暨人类学研究所主任，以研究反动的人类学的关系，非常密切，得到他们的支持和提拔。……1946年，继任博物馆研究员。1947年，任雷冕主持的人类学研究所"游牧民族史"一课程，讲授中国史籍中关于游牧民族的记载、经济社会生活及风俗宗教。[13]据我所知，他专心研究科学，不参加反动政治活动，是一个诚厚老实的人。

1959年10月26日，在张怀提供给党组织的《关于赵卫邦的一点材料》中，他再次给予了赵卫邦以肯定，并少了"反动""所谓"等字眼：

> 赵卫邦是私立北京辅仁大学人类学研究所

13　民国三十六年度的《私立北平辅仁大学一览》第138页有载，是年赵卫邦担任人类学讲师，讲授"游牧民族史"，该课程"讲述中国史籍中关于游牧民族之记载，依民族学之观点讨论其经济社会生活及宗教风俗"。参阅北京师范大学档案馆藏：私立北平辅仁大学档案卷753 "辅仁大学一览1926—1951"。

14 艾德，即张怀在
1954 年材料中提及的
叶德礼，这里他使用了
叶德礼本名 Eder 的音
译。"东方民俗学博物
馆"的正式称谓是"东
方人类学博物馆"。

毕业生，专长是民族学。辅仁大学校务长雷冕，德国人，圣言会的神父，又兼任社会学系的主任，讲授民族学。赵卫邦做他的助教多年，并帮助艾德（德国神父）设立人类学中"东方民俗学博物馆"于辅仁大学。[14]有时也帮助雷冕编写民族学讲义，翻译一些人类学的资料，登载在"华裔学志"。……赵卫邦，据我所知，是一个沉默忠厚、努力学习的人，对于民族学很有兴趣，研究也很有成绩，在辅仁大学时，颇得他的师友信任。

对于赵卫邦好学、勤于治学的"学者"评价几乎是一致的。1959年11月10日，在甘肃师范大学地理系任教的王作楫在《赵卫邦的材料》中写道："赵卫邦给我的印象是学者。他的家庭生活较清苦，个人生活极度刻苦朴素，个性耿直，对朋友诚恳，好读书，对历史和民俗学很有研究。在旧知识分子中，赵卫邦是思想比较开明，有正义感的人。"1961年5月17日，已经是中共正式党员的赵景贤，在《关于赵卫邦的材料》中再次肯定道："赵卫邦一向注意学术研究，记得在那时辅大的刊物上赵卫邦发表过几篇文章（用英文写的），内容主要是关于中国风土人情的。"

1941年，李慰祖在燕京大学毕业后，考入辅仁大学读研究生。1942年，基础好且"聪颖好学"的李慰祖，被叶德礼聘为助理员。[15]这样，他在辅仁大学也就与赵卫邦有着共事的经历。有鉴于此，党组织也曾要求他提供关于赵卫邦的材料。

1954年12月15日，通过云南大学人事室，李慰祖提供的赵卫邦的情况大致如下：1. 赵卫邦研究"扶乩""宗教迷信的学说"；2. 赵卫邦"少谈政治，偶尔谈及也不多"，主要是关于他所作研究方面的；3. 赵卫邦去西昌调查是帝国主义的天主教给待遇去的，搜集的资料主要是宗教、民族情况、经济等方面。另外，李慰祖也提及，赵卫邦在1949年后曾经给他写过信，希望介绍其到云大工作，但是自己并未回复。

五

好学的赵卫邦确实铆足劲儿想到国外深造，但时运不济，终至未果。如其长子赵文朴当年写的"情况"所表明的那样，他的家人大抵都知道他的留学梦想。1961年6月11日，刘治武在《赵子凡的一些情况》中写道："据赵琴堂说，赵子凡于1948年春离开北京将出国留学，不知何故未成，后在成都某大学当教授。"

至于未能实现留学梦的原因，赵卫邦曾先后两次提及，并非是年龄问题，而是归因于经济。1952年3月31日，赵卫邦还是华西大学文学院中国语文系的教师，在《华西大学三反学习调查表》中，他填写道："我曾对资本主义国家的学术发生过盲目

15 1942年9月23日，叶德礼写给雷冕的函件全文如下：雷校务长钧鉴：敬启者鄙人拟聘李慰祖君为助理员，每日工作半日。谨述鄙意于左：

一、鄙人原有助理员一人，今已因病辞职。今拟由李君代之。

二、李君系燕京大学社会学系毕业，曾在杨堃教授指导下从事民俗学之研究、毕业，成绩优良，适于任民俗学之工作。

三、李君已考入本校研究所继续其民俗学之研究。此助理员工作因性质及范围均与其研究工作相同，故不但不致影响其课业，且可又裨于其课业。

四、李君聪颖好学，鄙人愿对之施一特别训练。彼之任余之助理员，则接触之机会较多，可随时指导其工作，可使其对于民俗学有深切之了解。此尤非受课所能者。专此敬请裁夺赐覆，并颂公祺 叶德礼谨启。

参阅北京师范大学档案馆藏：私立北平辅仁大学档案卷43"人事类关于聘请教职员名单及聘书底稿1942年"。

崇拜。1947年我曾准备到瑞士去，1948年我曾准备到美国去，所幸因限于经济都没有去成。"1952年8月31日，在长达33页，题名为《我的思想检讨》的手写稿中，赵卫邦再提及此事："抗日战争胜利后，由于文化买办思想的支配，我曾企图到外国去留学。最初，我想到瑞士去，因为我的德文不好，没有去成；后来想到美国去，又因为经济困难没有能去。"

1946年7月2日，可能就是因为准备出国的相关证明材料或参加相关的考试，赵卫邦向辅仁大学校方提出了补发毕业证明书的申请。在这封申请信中，他陈述的理由是参加政府的考试用。原文如下：

> 敬启者，生系民国二十九年六月文科研究所史学部毕业，尚未领证书。兹因将应政府某项考试，敬请发给一毕业证明书。又因该项考试报名期限为本月五日止，务祈于是日以前发下为祷。此上。
>
> 陈校长
>
> 学生 赵卫邦谨呈[16]

16 北京师范大学档案馆藏：私立北平辅仁大学档案卷626 "教学教务类 文、理科研究所，各研究部的历届研究生，请求发给证明书和成绩表的收文与去文（1946.5.1—1949.10.24）"。

事实上，他还有机会去日本的，但不知何故还是放弃了。在1952年8月9日的"交代材料"中，谈及与帝国主义分子的关系时，赵卫邦写道：

德人雷冕（R. Rahmann）系北京辅仁大学人类学教授，并于抗日期间任校务长。当我在辅仁大学文科研究所读书时，他是我的导师。在学问上，我受他的影响很大。我同他并无经济关系，或政治关系，但于1949年夏，他临离开中国返欧洲时，曾由台湾给我写一信（那时我正在西康西昌调查兄弟民族）介绍我到日本名古屋天主教大学中文系去教书。我复信答应了，但考虑结果没有去。

六

在1959年的履历表中，赵卫邦自说："略知亚洲史和图书馆业务"，"解放前撰写关于民俗学论文、史学论文十篇；解放后撰写关于历史、民族学、资产阶级学术批判论文六篇。"就自己的英语水平，他谦逊地说："英语，能看书笔译。"对于自己1949年前撰写的民俗学论文，在1952年四川大学文学院历史系"大专学校教职员简历表"中有更具体的说明："关于民俗学之论文七篇，载辅仁大学《民俗学志》第一至七期（1942—1948），用英文写倮族关于火把节故事，载*Studia Serica*, vol. IX（1950）。"

对于这些既有的研究，"三反"运动中的赵卫邦与同时代的绝大多数知识分子一样，都进行了冠之以"资产阶级"之名的彻底否定，并给自己戴上前文提到的"文化买办"的帽子。在1952年3月31日的《华西大学三反学习调查表》中，赵卫邦写道：

> 我开始受资产阶级思想的影响是北京大学读书的时候，所受的影响主要是"为学术而学术""专家思想"等。我到辅仁大学以后由于那个特殊的环境——直接由帝国主义份子控制

的学校——不但大大助长了我的专家思想，而且更增加了一重"买办性"，使我不自觉地成了一个"文化买办"。我在《民俗学志》（辅仁大学出版）上用英文发表的七八篇文字，就是无可掩饰的铁证。甚而在解放后我还发表过一篇论彝族火把节的文章（*Studia Serica*，第九卷），仍旧是把中国的材料，用英文写出来供给帝国主义国家的学者看。

似乎觉得对自己既往研究表格式定位太过简单，为了表达反思和自我批判的深刻，同年五个月之后的8月31日，在那篇长达33页的《我的思想检讨》手写稿中，赵卫邦对自己下重手的自我解剖，明确分为了四个部分："在北京大学时期""在辅仁大学时期""来华西大学以后"和"最后的结语"。其中，有下述字句：

> 一九三二年，加入了"反对帝国主义大同盟"。……出身于一个没落的地主家庭……经济很困难，负债累累，不能不想到自己的出路问题……很羡慕一部分同学走所谓学术的道路，既没有危险，又可以成名。于是，我也就决定了走这条路。……在一九三六年暑假，我考入了北京大学研究院史学部，初研究中国教育史，继而学做考证。……后即转入辅仁大学的文科研究所。……要在学术上找出路，看燕京大学、辅仁大学都仍留在北京，自己也就不想走了。……我适遇到一批德国和奥国的神父正在做着传播"维也纳"派的民族学的勾当。当时，我感到很高兴，自以为有了门路了。于是，我开始努力钻研这一派学说。那时，我除了受要作专家学者的思想的支配以外，还有盲目崇拜外国人的思想，听说雷冕（辅仁大学民族学教授兼校务长）曾主编过世界性的人类学杂志*Anthropos*，曾在维也纳大学任教，就对他

崇拜起来，以为到外国留学也不过是跟这样的人学。

维也纳派的民族学，完全是反动的：第一，它的背景是天主教，它要民族学为宗教服务，设法造出一种理论，说人类在最原始的时期就是信仰一神教的，企图这样证明天主教是最古的、最合理的宗教；第二，它坚决反对原始共产社会的存在，说人类从最早的时期就有私有财产制度。这个学派的体系很庞大，但只就这两点已经可以看出它是如何的反动了。

我在辅仁大学研究所读书的几年中，慢慢接受了这个学派的学说。毕业后，我仍留在辅仁工作：一方面教书，为它做宣传；另一方面，就按照这个学派的反动理论，在中国书中找材料，写成不通的文章发表。到一九四八年夏，辅仁大学的天主教神父，看我是一个有用的工具，于是派我到西康西昌去做关于少数民族调查工作。

……我先后在辅仁大学出版的《民俗学志》和《华裔学志》上发表过六七篇文章，只从所讨论的题目上，就可以看几篇文的性质来。其中有《扶乩的起源》《中国的推命术》《明代的秘密宗教》等，无非是说明中国人的迷信和愚昧，尤其是因为是英文写的，就完全成了污蔑自己的民族，助长侵略者的威风。

我在西康做调查，也完全是在这个反动学派的支配下工作的。由于受了它的错误的宗教学说的影响，我几乎把全部时间和精力用在搜集关于宗教和神话的资料上。在彝族中，我最注意的是关于"浑铁古子"（译音）的神话。我希望能证明它是彝族中的"至上神"。在僰人中，我特别注意他们的放蛊的传说，以及关于邻族人如何变成兽吃人的故事。这都是绝不可能的事，但我看成了极可宝贵的民族学材料。……所幸我调查的材料没有发表，否则也必然把我们优秀的兄弟民族描写成迷信愚昧，助长侵略者的野心。……事实证明，维也纳派的民族学，完全是无耻的造谣。

……总之，自入辅仁以后，我是一天比一天的堕落，最初只是为自己打算，想往上爬，作专家学者，以后发展到丧失民族立场，在学术上为帝国主义服务，并且加入了国民党，企图骗取地下抗日之名。……

七

在那个特殊的年代，赵卫邦不仅全面否定自己过往的研究，还专门用历史唯物主义的理念，撰文批判过其昔日在北大的师长——胡适——研究歌谣的错误观点和方法。[17]在该文中，赵卫邦将胡适提出的歌谣的比较研究法视为其"资产阶级唯心论思想"的一部分，并强调胡适的资产阶级唯心论思想有改变伟大的五四运动方向的"企图"："他用反动的实用主义与马克思列宁主义相对抗，用点点滴滴的改进观念代替社会革命的理论，在所谓'历史的态度''科学方法'的掩护下，宣传他的唯心论的学术观点和方法。"

在观点上，赵卫邦指出胡适的错误，其一在于文学上"供大家赏玩"的"庸俗的趣味主义"，其二在于对"反封建主义的文学的宝库"的歌谣的

17 赵卫邦，《批判胡适研究歌谣错误的观点与方法》，《四川大学学报（社会科学版）》1955年第2期，第117—122页。

"战斗"的内容"完全避开不谈",片面地强调歌谣在语言、风格上的特点,即麻痹人的空洞的形式主义。在方法上,对于胡适倡导并践行的比较研究法,赵卫邦认为作为其核心的母题理论是错误的。因为"比较研究的一切结论都是由这文词异同的比较得来的",本质上"完全是形式主义的研究""企图用地理的传播的观念代替历史的发展的观念,是资产阶级的学术之走向反动的反科学的道路时的一个总的趋势"。

确实,无论是定格为"文化买办"的自我批判,还是随后对胡适歌谣研究的鞭挞,我们无法也没有资格揣测赵卫邦当年的真实心境。然而,如果我们纵观赵卫邦关于民俗学的研究,就会发现他选取北大《歌谣周刊》作为研究对象,实际上是他持续了十多年的民俗学研究必然有的一个部分,也是他驾轻就熟、游刃有余的部分。只不过因为时局的变化,对胡适的影响和《歌谣周刊》表现出的研究倾向,赵卫邦采取了彻底的否定与批判的态度。

显然,赵卫邦否定的其1950年前学术生活与成绩,也即其民国时期的学术人生,实则与李安宅二十世纪五六十年代对自己民国时期学术生活的否定一样,有迫于形势而不得已的成分。换种视角,这些跨越新、旧社会两个时代的学者,对自己前半生学术否定性的陈述、控诉与投诚,也是"当时一大批学者民族本位、'学术报国'式爱国情结的体现"。[18]

18 王川,《一个人类学家对于自己研究史的讲述》,《中国藏学》2015年第2期,第5—15页。

八

　　回顾1949年以前赵卫邦关于民俗学的研究，我们就会发现他的研究基本上是立足于文献和历史，即他自己所言的"在中国书中找材料"。这既是他学术取向与偏好决定的，也是时局所决定的。在日伪时期的北平，虽然辅仁大学得以沿办，但对一个地地道道的中国人而言，要外出实地调查明显有着诸多难以逾越的障碍。

　　他的《中国近代民俗学研究概况》一文，基本取材于北大《歌谣周刊》和中大的《民俗周刊》。《广东中秋节游戏》是对发表在《民俗周刊》上的关于广东不同民俗资料的再梳理和研究。《秧歌：河北定县乡村戏》一文虽然有些赵卫邦自己的经历与调查，但主要材料是1933年中华平民教育促进会出版的由李景汉（1895—1986）和张世文（1905—1996）编辑的《定县秧歌选》。《扶箕之起源及发展》《中国之推命术》主要是分别在历史文献中耙梳扶箕和推命术的历史。就风俗味浓厚的经典文献，除翻译了明人杨嗣昌（1588—1641）的《武陵竞渡略》之外，他的《明代华北秘密宗教》一文则大抵是对黄育楩（？—1833）《破邪详辩》一书的编译。

　　在1942年赵卫邦撰写《中国近代民俗学研究概况》一文之前，对历史不长的现代学科意义上的中国民俗学运动，已经有多人撰文。诸如：钟敬文《数年来民俗学工作的小结账》（1928）、容肇祖（1897—1994）《北大歌谣研究会及风俗调查会的经过》（1928）、罗绳武（1903—1995）《民俗学之社会史的研究》（1931）、叶德均（1911—1956）《中国民俗学研究的过去及现在》（1931）、娄子匡《中国民俗学运动的昨夜与今晨》

（1933）、张南滨《中国民俗学研究的发展》（1934）、郑师许（1897—1952）《我国民俗学发达史》（1935）、杨堃《民俗学与通俗读物》（1936）、杨成志《民俗学会的经过及其出版物目录一览》（1936）、叶德均《民俗学之史的发展》（1936）、李荣贞《中国民俗学的发展》（1940）等等。

与上述这些梳理大抵是基于《歌谣周刊》和《民俗周刊》一样，先后攻读外国文学、史学，随即又有意识研习人类学、民族学与民俗学的赵卫邦，对抗战前的中国民俗学史的梳理仍然时有新意。站在思想史或者说意识形态的角度，他看到了民俗学运动中的矛盾与纠结。在梳理北大民俗学运动时，他鲜明地指出，五四新文化运动这场"革命性运动"泾渭有别的两条主线，即**"创造新文学和开展造福自由个体的社会改革"**。

与此同时，他明敏地意识到："中国民俗研究的开创者，更注重新文化运动中文学改革的方面，社会问题则留给了专门的社会科学。"然而，"尽管《歌谣周刊》纲领强调对歌谣的文学研究，截至目前大部分文章却都是从社会科学的角度收集研究歌谣的，而不是为了复兴'民族的诗'"。在梳理国立中山大学的民俗学运动时，他先是回顾了厦门大学的民俗学研究，随后还专设了"对西南少数民族的调查"一节。

在《秧歌：河北定县乡村戏》一文中，赵卫邦明确区分了乡村戏、城镇戏与俗曲，并试图揭示三者之间的关系。赵卫邦开门见山地写道：

除了大城市剧场舞台上的戏，还有很多别样的戏种在中国特定的农村地区上演。它们与城里的戏有所不同，在表演技巧和场景上多种多样，且有着浓厚的地方色彩。与"城镇戏"

19 Chao, Wei-pang. "Yang-Ko(秧 歌). The Rural Theatre in Ting-Hsien", *Folklore Studies*, Vol.3, No.1 (1944), p.17.

（city dramas）相对应，我们将之称为"乡村戏"（country dramas）。有些乡村戏是城镇戏地方化的产物，有些则独立起源于本乡本土，而许多城镇戏则由乡村戏发展而来。[19]

在随后的讨论中，赵卫邦把定县的秧歌戏视为乡村戏予以研究，通过乡村戏和俗曲的比较，分析乡村戏的特点。他认为，诸如定县秧歌戏这样的乡村戏并不是城镇戏的"简化版"，在受到一些城镇戏影响的同时，乡村戏还另有来源，即介于"民歌和戏剧之间的中间形态"的俗曲。

二十世纪二三十年代，扶箕在北京、济南等地城乡的同善社、悟善社、红卐字会、救世新教、道院等秘密或半秘密宗教团体中非常盛行，不少精英都纷纷染指其中。正是因为这样的社会事实，更因为在艰难的抗战期间，扶箕在不同阶层一如既往地盛行，许地山对扶箕进行了专项研究。[20]正如下一章分析的那样，与许地山的研究重在类抄古书和定位为"迷信"，尝试"揭秘"，从而"救国"不同，赵卫邦在展开了对扶箕演进的历时性研究的同时，还有着与印欧相类似现象的广博比较，是将扶箕作为人类共有的文化现象和社会事实。

20 许地山，《扶箕迷信底研究》，长沙：商务印书馆，1941。

经过绵密而可信的文献细读，在《扶箕之起源及发展》结尾，赵卫邦谨慎也中肯地总结道：

1."扶箕"大致起源于南宋末期，有扶箕与悬箕两种形式；

2.在扶箕中，箕在后来被棍子代替；

3.扶着箕的扶箕习俗直接起源于请紫姑；

4.请紫姑要借助扫帚或箕；

5."扶箕"起源于用箕请神的仪式；

6.用箕请紫姑的核心是箕卜，这种占卜术在古希腊、苏格兰、印度等地也有；

7.受神灵附体观念的影响，紫姑的故事仅仅是后来才附会到这种占卜仪式上的。

遗憾的是，在其学术生命梅开二度时，晚年的赵卫邦基本不对同仁、学生提起他早年这些可圈可点的民俗学研究。在他的同事和学生心目中，赵卫邦似乎被定格为一个不折不扣的历史学家、民族学家、印度研究专家以及红学专家。在赵卫邦过世之后，四川大学南亚研究所为其编的"文存"只字未提他早年，也正是其创作力旺盛的激情岁月，他这些精心用英文写作或翻译的民俗学著述。[21]

因为语言的关系，尤其是《民俗学志》有限的传播范围，他的这些侧重于史的民俗学研究就整体性地被中国民俗学界忽视、遗忘，隐于书，隐于市，也隐于史。

21　四川大学南亚研究所编，《赵卫邦文存》，成都：四川大学出版社，1989。

2016年12月10日初稿

2020年6月5日终稿

扶箕，小道可观

虽小道，必有可观者焉；致远恐泥，是以君子不为也。

——《论语·子张》

百家方技，或有益，或无益，而其说久行，理难竟废，故次以术数。游艺亦学问之余事，一技入神，器或寓道，故次以艺术。以上二家，皆小道之可观者也。

——（清）纪昀

1928

在燕大宗教学院任教的许地山

元刊本《三教搜神大全》中的紫姑神

一個村莊之死亡禮俗

燕京大學法學院社會學系學士畢業論文

系主任 趙永信

院 長 陳其田 評閱

導 師 楊堃

陳封雄 學號 三六〇三二

民國二十九年五月

陈封雄学士毕业论文封面

平郊村延寿寺中鸡姑塑像。上为手绘图，下为照片
（陈封雄，《一个村庄之死亡礼俗》，第 105 页）

一

　　在十八九年以前，吾家住在上海，有六龄女小儿素死了，我夫妇悲伤之下，上海商科大学某学生藏一箕，说很灵验，且随地可扶。有人带到吾家来试扶一下，安慰安慰我的夫人。那天晚上十一点钟时候，便开始扶箕了，在场黄伯樵，王志华，秦翰才，杨味余和我，轮流来扶，招小素，箕书素，素……问你几岁？箕书6，6。玩了一个黄昏，大家觉得有些奇怪。

　　第二天夜间时局，箕忽风一般的快动。问来者谁？箕书"黄兴"，接下一首五言诗很长，中间几句，约略记得"袁段曹张刘，个个不到头，建设新中国，自有新人物"。

　　记得很清楚的，写这一段时，扶着之一人是伯樵。我也曾几次动过手。初上手，箕决不动，须握住了箕，停半点乃至一点钟，觉得有些疲倦了。箕忽自动，打无数个圆圈，那时候好像另一扶者在用力，其实，到箕大动时，绝对不让任何一人用力。

到第三夜，我乃提出一个难题，我的父亲前三十年我才十七岁时过去的。在场除我和我夫人外，没有知道他的名字的，试请我的父亲临坛，扶者好像是翰才，味余，或是志华，当然都不会知道我父亲的名字的了。到箕大动时，问来者名字，箕书"辉"（先写泽，泽后乃改辉）"林"，经我证明不误后，全场大大称奇。以后问答，却无甚意义。[1]

作为许地山生平"最晚的一个朋友"，黄炎培（1878—1965）1941年5月5日在香港拜访了许地山。他们之间这次会面谈话的主要内容，就是扶箕。许地山给黄炎培讲述自己出版中的《扶箕迷信底研究》，黄炎培则给许地山讲述了上述这段早年因为爱女夭折，他们夫妻连续三晚找人在家中扶箕的亲身经历。

二

扶箕（Coscinomancy）亦称扶乩、扶鸾等。它源远流长，是一种不断演进也至今犹存的人类共有的文化现象。[2]在二十世纪前半叶，在既有传统基础之上，作为对社会巨变或正或反的回应，包括乩手/扶手、乩坛、乩书/鸾书、公开或秘密以设坛扶箕为主要纽带的会社团体、杂志，立与破的论战等，蔚为大观。不仅如此，在五四运动前后的科学

1　黄炎培，《我和许地山先生仅有的关于扶箕一席话》，《国讯》第二九七期（1942），第8页。

2　铂净，《扶乩是什么》，《世界宗教文化》2003年第2期，第40—42页。

救国、教育救国、实业救国诸多思潮与实践中，还有一种声势不小的"灵学救国"。

1917年10月，在上海，包括一些归国的留学生在内，一些社会地位颇高的知识分子，诸如俞复（1866—1931）、陆费逵（1886—1941）、丁福保（1874—1952）等人就发起成立了灵学会。灵学会建立了盛德坛，1918年元月创刊的会刊《灵学丛志》一直出版到1920年。每月十五，在坛长的带领下，坛员（会员）们一道扶箕、叩拜神灵。《灵学丛志》也有近半的篇幅刊载的是扶箕实况、乩文等。[3]在此历史背景下，就不难理解伤痛中的黄炎培夫妇为何找人扶箕，并记忆犹新了。

除灵学会之外，在红卍字会、道院、同善社、悟善社、救世新教等公开或秘密的宗教团体中，扶箕同样盛行。[4]1922年成立的道院，就以扶箕为主要的宗教活动，其神意的展现、教义的宣化以及其他事务的展开都离不开乩训的指示。[5]有意思的是，在道院的扶箕仪式中，基督也参与了进来。

1923年4月17日，齐鲁大学艺术与神学学院的六名成员在道院观摩了扶乩仪式。道院接待室的墙上挂满了字画，都是乩板的作品。这些作品多数署名佛祖，也有一些作品署名基督。是日扶箕时，站在桌子两边的两人握着乩板棍子的两端。旁边站着的人负责将写在沙上的字大声读出。站在对面的小桌旁的人，随时准备将听到的字写在黄表纸上。一开始只是在沙上很慢转圈的乩板，转速日渐加快，

3 相关梳理，可参阅李欣，《五四时期的灵学会：组织、理念与活动》，《自然辩证法》2008年第11期，第95—100页。

4 Chao, Wei-pang. "The Origin and Growth of the Fu Chi", pp.9—11.

5 陈明华，《民国新兴宗教的成长：以世界红卍字会道院为例（1921—1932）》，《历史研究》2009年第6期，第63—78页。

进而一个接一个地写字。握乩板的人不得不用空着的手拿一块木片快速将沙子抹平。[6]

从香港深水埗信善紫阙玄观"吕祖殿"乩坛的布置、扶乩仪式[7]可知，直到二十世纪末，乩坛的这种基本布局、参与人众和仪式过程都基本没有变化。

三

哲学家张东荪（1886—1973）提及，1930年前后，包括彭一湖（1887—1958）、陈博生（1891—1957）这些早年留学日本早稻田大学的新型知识分子、社会精英在内，朋友相聚时，常以鬼为谈助，且"信鬼的亦愈多了"。在早稻田大学攻读经济学时，彭一湖加入了同盟会，并"不相信鬼"。然而，彭一湖亦曾在乩上与亡妻问答，"有许多言语与态度绝对证明是其本人，决非伪造"。[8]

1935年，心理学家黄翼（1903—1944）先后在杭州和厦门看见人们用与扶箕同类的碟仙占卜。[9]事实上，在各阶层、各地盛行的降鸾、扶箕在相当意义上影响到了抗战，并引起国民政府的关注。1939年10月26日，在《内政部礼俗司向国民党五届六次中央会议提出的工作报告稿》中，就有"查禁邪教及神权迷信"部分。[10]随后，各地纷纷制定颁布了相应的规章。1941年8月，湖南省民政厅就颁布《各县加强查禁社会神权迷信办法》等规

6 Drake, F. S. "The Tao Yüan: A New Religious and Spiritualistic Movement", *Chinese Recorder* (March, 1923), p. 139. 转引自 Chao, Wei-pang. "The Origin and Growth of the Fu Chi", p.10.

7 [日]志贺市子，《香港道教与扶乩信仰：历史与认同》"前言"，宋军译，香港：香港中文大学出版社，2013，第 xix-xxiii 页。

8 张东荪，《新有鬼论与新无鬼论》，《东方杂志》第二十七卷第五期（1930），第57页。

9 黄翼，《"碟仙"与相类现象之心理的解释》，《教育杂志》第二十七卷第四期（1937），第179页。

10 中国第二历史档案馆编，《中华民国史档案数据汇编》第五辑第二编《文化》（二），南京：江苏古籍出版社，1994，第542页。

11 转引自杨乔,《抗战时期湖南的"破除迷信运动"》,《求索》2017 年第 2 期,第 174—180 页。

12 傅斯年,《傅斯年全集·第 7 卷》,长沙:湖南教育出版社,2002,第 415 页。

章。[11]1940年4月，在国民参政会第五次大会上，傅斯年（1896—1950）公开陈词，要求政府取缔以扶乩预测国运的道院等"邪教"，并向大会提出了"请严禁邪教，以免摇动抗战心理案"[12]。

虽然没有在家中设乩坛，扶箕承载的**"侥幸心"**和**"运气思想"**依旧弥漫在不少官僚和政客中间。1940年10月25日，在专门给许地山《扶箕迷信底研究》写的序言中，胡愈之（1896—1986）痛心疾首地写道：

> 这种完全不相信自己的"侥幸心"和"运气思想"，在扶箕的迷信中，不过表现得格外明白而已。其实在其他行动中间，也处处流露着。摩登的新官僚和新政客，在他们的公馆或衙门里，虽然并未设起乩坛，摆上香案，但是他们的一切行动，仍然是遵照着大仙的指示来决定的。他们不相信中国，不相信中国人，而只是"碰运气"，以民族的运命来做赌博。比方说，他们天天叫"抗战必胜，建国必成"，他们却并没有按着"必胜""必成"的步骤去做，只是坐在家里等候这大仙指示的应验。这和叶名琛又有什么不同！[13]

13 胡愈之,《运气思想和侥幸心理:〈扶箕迷信底研究〉序》,《野草》第四期(1940),第 4—5 页。

抗战胜利后，民国政府在1946年颁布了法令，禁止在抗战期间大行其道的诸多华北"秘密宗教"。虽然如此，1948年5月9日（四月初一）下午，在北平城宣武门内西的石驸马大街22号，太极神教、一贯道、八方道、混元门、红卍字会、太上门等不同教门组成的佛教研究院（亦名宗教协进会）[14]十多人在聚会之后，专门请职业乩手前来为众人提供扶乩服务。得到允许之后，贺登崧和李世瑜二人在现场观摩了他们聚会和扶乩的全过程，并合影留念。

根据贺登崧的描述，此次扶乩的乩坛布置、人员组成、仪式过程和黄炎培自述的扶箕、齐鲁大学师生在道院看到的扶箕同出一辙，并无大的不同。[15]在贺登崧指导下，二十世纪四十年代长期在北平对一贯道进行局内观察的李世瑜在其研究中指出，一贯道让人崇信的"大部的力量在于一般人所不能了解的'扶乩'"。因此，他详细记述了一贯道"飞鸾宣化"的情况。[16]与一贯道类似，明明圣道也将呼召信众、显露灵迹的扶箕称为"飞乩显化"。1948年，李世瑜数次前往石驸马大街的佛教研究院对明明圣道的"飞乩显化"进行了参与观察。[17]

面对扶箕的盛行，当分处香港和北平两地的许地山、赵卫邦，在抗战正酣的1940年前后不约而同地研究扶箕，试图澄清扶箕源流、本质时，其学术价值、社会意义以及政治意涵也就叠加混融。

14 这个佛教研究院成立于1937年9月，供奉的是无生老母以下几百位神圣仙佛的牌位，院长兼会长是袁仲安，该会并无任何研究，而是众多会道门在"魔道重重"的背景下，借此地此名惨淡经营，请坛、扶箕是其主要活动之一。参阅李世瑜，《社会历史学文集》，第292页。

15 Grootaers, Willem A. "Une séance de spiritisme dans une religion secréte a Péking en 1948", *Mélanges chinois et Bouddhiques*, Vol. 9 (1948-1951), pp. 92-98. 转引自李世瑜，《社会历史学文集》，第120—125页。

16 李世瑜，《现在华北秘密宗教》，成都：华西协和大学中国文化研究所、国立四川大学史学系联合印行，1948，第63—66页。亦可参阅李世瑜，《社会历史学文集》，第154—156页。

17 李世瑜，《社会历史学文集》，第298—299页。

四

　　许地山的扶箕研究偏重于史的梳理。从他摘引编排的132则材料，我们甚至可以说《扶箕迷信底研究》是一册抄录文献典籍的"类书"。该书第三章，许地山尝试对扶箕进行心灵学上的解释，用灵应、灵动，即心理感应等方面的科学知识，揭示扶箕迷信的蛊惑性，戳穿其神秘性。在"结论"部分，许地山更是直接将扶箕在国人中的盛行归结到侥幸心和运气思想两个方面：

18　许地山，《扶箕迷信底研究》，第107页。

　　　　数十年来受过高等教育的人很多，对于事物好像应当持点科学态度，而此中人信扶箕却很不少，可为学术前途发一浩叹。又见赌博的越来越多，便深叹国人的不从事于知识的努力，其原因一大半部分是对于学问没兴趣，对于人事信命运，在信仰上胡乱崇拜。箕仙指示他等机缘，他只好用赌博的行为来等候着，因此养成对于每事都抱一种侥幸心和运气思想。[18]

　　正如胡愈之"序"所言，联系当时灾难重重、水深火热、黑夜漫漫、举步维艰的国运，我们就知道许地山研究扶箕意在警醒世人、"曲线"救国的微言大义。换言之，温厚而刚烈的许地山，基于科学主义的立场，首先将扶箕定格在迷信，他对这一迷信流变的梳理是要劝一讽百，曲终奏"雅"是要为家国分忧。

在相当意义上，其高于一切的忧国忧民的政治情怀，基于科学主义、启蒙主义而对扶箕等"乌烟瘴气"迷信的揭发、批判，不仅得到了胡愈之的认可，茅盾、柳存仁（1917—2009）以及秋远等人都赞誉有加，引以为同道。在肯定许著揭穿扶箕迷信这种"半真半假的骗术"、唤醒国人之重要意义的同时，茅盾还认为许著对国粹种种不正确的论调——非科学的倒退的迷信思想与复古运动——当头棒喝的杀伤力。因此，茅盾称许地山是"学养有素而思想正确的战士"。[19]柳存仁同样盛赞许著振聋发聩的积极作用，"从根本上给乎我们这迷信的和衰弱的民族一帖拯救的兴奋的药剂"；很有见地的第三章"扶箕的心灵学上的解释"写得"最精辟最透彻"，是对扶箕迷信"一针见血的学理上的正误和避谬"。[20]秋远也觉得，许地山对扶箕心灵学上的解释对读者"非常有益"，而全书"处处揭发迷信的不可靠，可以说是非常积极的"。[21]

19　茅盾，《国粹与扶箕的迷信：纪念许地山先生》，《笔谈》第一期（1941），第37—38页。

20　柳存仁，《论许地山的〈扶箕迷信底研究〉》，《大风半月刊》第九十三期（1941），第3141—3143页。

21　秋远，《〈扶箕迷信底研究〉书评》，《萧萧》第一期(1941)，第48页。

五

其实，许地山秉持的科学观是清末以来对扶箕等"迷信"研究的主流。1928年，江绍原出版了《发须爪》，书的副题就是"关于它们的迷信"。[22]江绍原"全由于兴味"的这些研究，得到了"在于求真""不求用而自然有用"的赞

22　江绍原，《发须爪：关于它们的迷信》，上海：开明书店，1928。

23 秉丞，《江绍原君的工作》，《文学周报》第四卷（1928），第107—110页。

24 周作人，《谈龙集》，北京：北京十月文艺出版社，2011，第42、41页。

25 陈大齐，《辟"灵学"》，《新青年》第四卷第五号（1918），第370—385页。

26 玄同，《随感录》，《新青年》第四卷第五号（1918），第456—464页；半农，《随感录》，《新青年》第四卷第五号（1918），第464—468页。

许。[23]在周作人看来，《发须爪》不但阐明了"好些中国礼教之迷信的起源"，有益于学术，还能"给予青年一种重大的暗示，养成明白的头脑，以反抗现代复古的反动"，有着觉世的效力。[24]

1918年，在常设乩坛的灵学会公开出版、发行《灵学丛刊》后不久，同在北京大学的钱玄同、刘半农（1891—1934）和心理学家陈大齐（1886—1983）三人在《新青年》同一期撰文猛烈抨击"灵学"的乖张和荒谬。陈大齐直接将其文章命名为"辟'灵学'"。他认为，灵学会诸君即使没有作伪之意，却有着作伪之实。他直接将扶箕定义为"变态心理现象"，并在中西比较中引入下意识、歇斯底里等观念，对乩动、乩文等进行物理学、生理学和心理学方面的解释，以戳穿扶箕之伪。[25]钱、刘二人则纷纷根据自己的学识，力陈宣扬扶箕的灵学派误导青年的诸多罪状，直接将灵学会视为"最野蛮的邪教"，将灵学会诸君视为"兴妖作怪胡说八道的妖魔"或"妖孽"。[26]

爱憎分明的鲁迅，同样表现出了其愤怒，直骂这是"昏虫捣鬼"。1918年3月10日，在给许寿裳（1883—1948）的信中，鲁迅写道：

> 仆审视现在所出书，无不大害青年，其十恶不赦之思想，令人肉颤。沪上一班昏虫又大捣鬼，至于为徐班侯之灵魂照相，其状乃如鼻烟壶。人事不修，群趋鬼道，所谓国将亡听命

于神哉！[27]

27 鲁迅，《鲁迅全集·11》，北京：人民文学出版社，2005，第360页。

稍晚些时候，陈独秀（1879—1942）对扶箕的批判提到了政治的高度，云：

> 若相信科学是发明真理的指南针，像那和科学相反的鬼神、灵魂、炼丹、符咒、算命、卜卦、扶乩、风水、阴阳五行，都是一派妖言胡说，万万不足相信的。因为新旧两种法子，好像水火冰炭，断然不能相容。[28]

28 陈独秀，《今日中国之政治问题》，《新青年》第五卷第一号（1918），第3页。

作为五四新文化运动的重要领袖，胡适同样将扶乩视为"科学"的反面——"迷信"。1919年3月22日，在少年中国学会的演讲中，胡适首先将诸如上海盛德坛等各地灵异鬼怪迷信的盛行，视为"少年中国"因"正当的方法"的缺失而造成的恶果。[29]1923年，在《国学季刊》的发刊宣言中，他写道："至于那些静坐扶乩，逃向迷信里去自寻安慰的，更不用说了。"[30]同年年底，在为《科学与人生观》一书所写的序中，胡适愤慨地写道："我们试睁开眼看看：这遍地的乩坛道院，这遍地的仙方鬼照相，这样不发达的交通，这样不发达的实业，——我们哪里配排斥科学？"[31]

29 胡适，《胡适文集·12》，北京：北京大学出版社，2013，第503页。

30 胡适，《胡适文集·3》，北京：北京大学出版社，2013，第5页。

31 胡适，《胡适文集·3》，第140页。

差不多二十年后，桥下客和毕业于耶鲁大学

32 桥下客,《碟仙
在一位医者的眼光
下》,《民众医药汇
刊》第二卷(1935),
第25—33页;黄翼,
《"碟仙"与相类现
象之心理的解释》,
第179—183页。

33 徐炳昶,《迷信、
常识、科学》,《民
众周报》第二卷第七
期(1937),第3—6页。

34 徐炳昶,《由论
运命谈到占课》,《民
众周报》第二卷第四
期(1937),第8—9页,
第五期(1937),第7—
9页,第六期(1937),
第1—3页。

35 李世瑜,《社会
历史学文集》,第
305—307页。

36 健碧斑红馆主,
《乩坛黑幕》,《金
刚钻月刊》第一卷
第四期(1933),第
1—6页;离石,《扶
乩与碟仙》,《太平
洋周报》第一卷第
二十三期(1933),
第299—301页;凤茜,
《乩坛内幕(上)》,
《幸福世界》第二卷
第一期(1947),第
40—43页,《乩坛内
幕(下)》,《幸福
世界》第二卷第二期
(1948),第60—63页。

的黄翼对他们经常遇见的碟仙也进行了与陈大齐
"辟"灵学类似的解释,即尝试理性地告诉人们
碟子为何会动、碟子为何转到某个字就停下、碟
仙是否无所不知,以及碟仙、扶箕为何会风行等
问题。[32]1937年,为了启迪民众,将知识分为迷
信、常识和科学三类[33]的徐炳昶(字旭生,1888—
1976),在《民众周报》上撰写了系列文章,说明
运命的不存在和占课的虚假性,包括:含糊其辞使
之言中的高概率;占卜者因生计所迫促生的极强的
察言观色的职业技术;天衣无缝的作假技能。[34]

1946年11月10日,已经研究数年秘密宗教的李
世瑜,在天津《民国日报》发表了《驾乩扶鸾原理
浅测》一文。在该文中,李世瑜采用"**脑波传导学
说**",对驾乩、扶鸾揭秘证伪。[35]与这些"理直气
壮"的声讨不同,在二十世纪三四十年代,还有一
系列以亲历者和局内人的身份,揭秘扶箕的内幕、
黑幕,从经验层面直批扶箕的"迷信"本质。[36]

六

在陈大齐、钱玄同和刘半农攻势凌厉的讨伐之
外,对于扶箕还有另外一种相对平和的声音。1906
年,蔡元培(1868—1940)翻译了日本学者井上圆
了(1858—1919)的《妖怪学》,意在革新国人精
神,尤其是破除迷信。稍晚些,蔡元培更是号召用
美育代宗教。然而,蔡元培对灵学会却温婉不少。

在回复给灵学会会长俞复的信中，蔡元培致谢说收到灵学会馈赠的杂志，并将三册转给了哲学研究所。对于对方希望他撰稿的要求，蔡元培则以"弟于此事素未研究，尚不敢辄加断语，并希见谅"而婉拒。[37]

1897年，严复（1854—1921）翻译了赫胥黎（T. H. Huxley, 1825—1895）的《天演论》，将"物竞天择，适者生存"之进化论这一至今都在影响国人的认知论介绍到中国。或者是看到了灵学会"求科学"的一面，严复数次致函与灵学会讨论，俨然灵学会"会友"。在回俞复的信中，严复赞其"以先觉之资，发起斯事，叙述详慎，不忘增损，入手已自不差，令人景仰无异。杂志十册，分表之交，半日而尽，则可知此事研究，为人人之所赞成明矣"。[38]

在相当意义上，因为开创性工作无章可循而生的内外巨大压力，力倡科学并主持"读音统一会"数年的吴稚晖（1865—1953），1917年同样在盛德坛扶乩问询音韵问题，并得到"亡灵"陆德明、江永、李登的三篇论音韵乩文。吴稚晖扶乩和相应的乩文，均被《灵学丛志》隆重刊出。这引起了巨大的社会反响和好友蔡元培的关心问询。为此，不但吴稚晖自己进行声明、辩白，还促生了前引的陈大齐、钱玄同诸人在倡导科学的阵地《新青年》上刊发的"辟"灵的系列文章。最终，该事件成为中国近现代思想史中科学与灵学论争——科玄之

37 蔡元培，《蔡孑民先生书 正月十五日》，《灵学丛志》第一卷第二期（1918），第4—5页。

38 严复，《严几道先生书 正月十九日》，《灵学丛志》第一卷第二期（1918），第5—6页。

39 王宏超，《人间无师问鬼神：民初国语运动中吴稚晖扶乩问音韵考》，《上海文化》2019年第6期，第64—74页。

争——的标志性事件。[39]

事实上，作为社会实事的灵学会的盛德乩坛，很快就进入到了同期的文学创作中，成为嘲讽和批判的对象。在完成于1925年1月的《高老夫子》中，当贤良女学校的教务长，别号"玉皇香案吏"的万瑶圃在教员预备室见到第一次前去上课的"高老夫子"高尔础时，就邀约他前往盛德坛一道扶乩。对之深恶痛疾的鲁迅，不愠不火、抿嘴一笑，慢慢悠悠也是字斟句酌地写道：

> 他重行拱一拱手，低声说："我们的盛德乩坛天天请仙，兄弟也常常去唱和。础翁也可以光降光降罢。那乩仙，就是蕊珠仙子，从她的语气上看来，似乎是一位谪降红尘的花神。她最爱和名人唱和，也很赞成新党，像础翁这样的学者，她一定大加青眼的，哈哈哈！"[40]

40 鲁迅，《鲁迅全集·2》，北京：人民文学出版社，2005，第80页。

七

客观而言，在救亡图存的大背景下，与科学救国、教育救国一样，灵学救国也是对现实的一种回应。然而，在革命、进化，尤其是求存的语境中，有着神秘色彩、传统色彩浓厚，且以扶箕为主要表征的"灵学"，很容易处于道德上的低点与负面。因此，尽管民国新兴宗教的扶箕，多少有着对过往扶箕教化、劝善功能的继承[41]，但无论是基于文献

41 李光伟，《民国道院扶乩活动辨正》，《安徽史学》2009年第4期，第42—54页。

还是现实，无论是过去还是现在，对于扶箕持平的研究并不多见。

或者是因为身在沦陷区，尽管是用英文写作，赵卫邦的扶箕研究却少了以科学主义、革命主义为前提的价值判断。似乎与世无涉、一心向学的他，仅仅是直面扶箕这一人类共有且源远流长的"社会事实"。受雷冕、叶德礼等人的影响，作为维也纳派民族学的信徒，也深受胡适在歌谣运动初期倡导的比较研究方法的影响，赵卫邦通过远少于许著的篇幅，在古今中外的纵横比较中，力求简要精当地澄清扶箕这一社会事实的起源及其发展。正是在此意义上，赵卫邦明显价值中立、学术中立的扶箕研究，与影响颇大的许著就形成了一种互补关系。

不仅如此，前引的林仰山（F. S. Drake, 1892—1974）等人二十世纪二十年代对道院等不同教派扶箕的记述、顾良对上海三林塘灯节女孩们祭拜紫姑的调查报告[42]等当时学界的实地观察，也是赵卫邦征引的对象。这多少了弥补了许地山研究扶箕"实地的采访"明显不足[43]的遗憾。

清末以来，在跨语际的交流与实践中，"迷信"是一个不断被定义而意涵复杂的新生词汇。其在近现代中国语义演进与相应的宗教实践被革命、规训，反向承载着革命意识形态、现代性诉求，并与现代民族国家的制度性建设形成了一种正反映衬的互文关系。[44]有别于许地山"揭秘"扶箕的科学立场，也顺应二十世纪三十年代以来在社区—功能

42　顾良，《紫姑在三林塘：记邀请坑三姑娘》，《歌谣周刊》二卷第三十七期（1937），第7—8页。

43　秋远，《〈扶箕迷信底研究〉书评》，第46页。

44　Nedostup, Rebecca. *Superstitious Regimes: Religion and the Politics of Chinese Modernity*, Cambridge: Harvard University Asia Center, 2009.

45 岳永逸，《庙宇宗教、四大门与王奶奶：功能论视角下的燕大乡土宗教研究》。

论指引下的黄石、李慰祖、陈永龄等人乡土宗教研究的暗流，[45]赵卫邦抛弃了对扶箕的是非、真假抑或正误的价值判断，更未先入为主地将扶箕定格在"迷信"这一耻辱柱上。反而，赵卫邦将扶箕视为是人类长期共享的一种文化现象。以此为基点，赵卫邦尝试梳理出扶箕在中国的起源及其发展简史。

他认为，在中国扶箕之名，大概始于宋朝，原本叫请紫姑，主要是元宵节时妇女的游戏。那时，在神降临时，仅仅是箕动而已，并不能书写文字。早在南北朝，这一习俗就已见之于文字。就扶箕的由来，赵卫邦推断是源自人类误信箕、帚等物具有法力（magical power）。也即，箕卜是人类普遍的文化现象，并列举了古希腊、印度、苏格兰、北欧以及日本等地的实例[46]，以之和中国的扶箕比较。与柳存仁等认为西洋人的扶箕于己于人、于国于家无害、无伤大雅，是彰显生活品味，与情趣的"游戏"[47]不同。对赵卫邦而言，不同地域、不同时代的扶箕，并无高下优劣之分。

46 Chao, Wei-pang. "The Origin and Growth of the Fu Chi", pp.21-22.

47 柳存仁，《论许地山的〈扶箕迷信底研究〉》，第3142页。

八

焦大卫（D. K. Jordan）和欧大年（D. L. Overmyer）在二十世纪八十年代初关于飞鸾——扶乩——的民族志研究的经验事实，主要来自台湾的奥法堂、慈惠堂和一贯道。在该研究中，这两位

西方学者将中国的扶乩和十六世纪犹太教神秘教
诰书、十八世纪巴黎詹森教派（Jansenist）的降神
会、由瑞典神学家斯威登堡（Emanuel Swedenborg,
1688—1772）引发的十八、十九世纪欧美的降灵运
动、十九世纪法国通灵者类似中国扶乩的占卜，
二十世纪降灵术在欧美盛行以及日本类似的仪式进
行了比较。在指明"中国的扶乩是更大的世界性背
景的一部分"的同时，两人也分析了中西扶箕之间
的差异，或者说中国扶乩的特殊性：

48 [美]焦大卫、欧
大年，《飞鸾：中国
民间教派面面观》，
周育民译，香港：香
港中文大学出版社，
2005，第260页。

首先，较之欧美，因为教派少，中国的扶乩发
展成教派具有更多的可能。其次，中国的扶乩书籍
常被视为经书。十九世纪以降，因为宝卷的失势，
进一步神圣化扶乩书籍有了更多的空间。相反，欧
美的同类书籍常常仅被视为是个人的启迪而非团体
神学或仪式的载体。再次，中西扶乩的启示不乏来
自文化和政治上的大人物，但中国扶乩的启示者常
被视为是来源不一的各种神灵，而西方的降灵被视
为与神无必然联系，仅与人的不灭灵魂相关。[48]

然而，焦大卫和欧大年似乎更强调、更认同中
西扶箕之间的共同性。无论中西，在社会环境急剧
变迁的情况下，传统的信仰在某种程度上失去其威
力时，扶乩才得以兴盛。中国的扶箕，正是"直
到西方的武力严重破坏了中国人的生活才普及开
来"。对于这两位始终以西方同类事象作为参照物
来研究中国扶箕的西方学者而言，在一定意义上，
中西的扶箕都是"**非传统化倾向**的一种反应。它表

明了，投射于人世意义之上的是，人们的心灵将重新确认自身的广度"。[49]

在相当意义上，这一更深刻的认知，是对赵卫邦关于扶箕抛弃道德评判认知的跨世纪回应，也在学理层面间接地肯定了赵卫邦扶箕研究的学术价值。

九

因为有了自己专门的研究，赵卫邦侧重于对许著内容介绍的书评也就中肯到位。不像胡愈之的"序"和茅盾、柳存仁、秋远等人对许著偏重于科学主义和民族大义的赞颂式评述，赵卫邦更加看重许著的学术价值。他率先肯定许著的资料学意义，视该书为关于扶箕的价值非凡的"文献汇编"，并按许著三章的先后顺序，分别对各章的主要内容、观点进行综述和诠释。在介绍许著的第三章时，赵卫邦将许著中原本还相对模糊的一些认知阐释得更加清楚。根据许著，赵卫邦写道：

> 神、仙和鬼，在本质上都是相同的。他们都是精神存在，都可以通过扶箕为人预测某事。这样，有些书里用箕仙来泛指神、仙和鬼，并不对其进行区分。[50]

对如今格外强调中国人精神世界中的神、鬼、

49 [美]焦大卫、欧大年，《飞鸾：中国民间教派面面观》，第261页。

50 "*A Study of the Fu-chi Superstition* by Hsü Ti-Shan, Review by: Chao Wei-pang", *Folklore Studies*, Vol. 3, No. 2 (1944), p.148.

祖先等神灵的差异性认知论[51]而言，赵卫邦反向强调的同一性，或者能更好地诠释差异论者不得不面对，并尽力去解释的神、鬼、祖先等不同神灵之间经常互动转化的矛盾性、混融性。事实上，强调官民、神鬼、男女、阴阳、人神等自然让渡和转化的康笑菲的胡仙研究[52]，已经对上述中国人神灵差异论和王斯福"帝国的隐喻"[53]等认知论，形成了巨大的挑战。[54]当然，这些试图会通的差异论者，更早地炮制出了中国神灵"标准化"抑或"正统化"（Standardizing）的论调。[55]

对许著中有疑义的观点，赵卫邦同样直言不讳。例如，他基本不同意许地山认为扶箕与道教中降笔之间的渊源关系，坚持认为：建立在箕附有法力的观念之上的箕卜，才是扶箕的起源。[56]在读到许著之前，赵卫邦已经根据《民俗周刊》中的材料，详细研究过广东中秋节中的女性、男性和儿童的游戏。[57]再加之其扶箕研究是基于人类共有文化的高度，赵卫邦敏锐地注意到许著中提及的在广东某些地方称紫姑为月姑[58]这样的信息，认为这可以视为中国民俗中箕卜同月亮关系的证据[59]。

与此同时，在其研究中，赵卫邦不局限于陈说，总是有理有据地提出自己的见解，从而澄清事实。关于紫姑即厕神，以及紫姑和箕卜仪式之间的关系，赵卫邦的推断显然也更加合理。他认为，正是因为人们箕卜时要到厕所拿箕或扫帚，才会有

51　Jordan, David K. Gods, Ghosts, and Ancestors: Folk Religion in a Taiwanese Village, Berkeley: Calif, 1972; Wolf, Arthur P.. "Gods, Ghosts, and Ancestors", in Arthur P. Wolf ed. Religion and Ritual in Chinese Society, Stanford: Stanford University Press, 1974, pp.131−182.

52　Kang, Xiaofei. The Cult of the Fox: Power, Gender and Popular Religion in Late Imperial and Modern China, New York: Columbia University Press, 2006.

53　Feuchtwang, Stephan. The Imperial Metaphor: Popular Religion in China, London: Routledge, 1992.

54　岳永逸，《都市中国的乡土音声：民俗、曲艺与心性》，第 197—212 页。

55　Watson, James L.. "Standardizing the Gods: The Promotion of T'ien Hou (Empress of Heaven) Along the South China Coast, 960−1960." In David G. Johnson, Andrew J. Nathan, and Evelyn S. Rawski (eds.), Popular Culture in Late Imperial China, Berkeley: University of California Press, 1985, pp.292−324.

56 "A Study of the Fu-chi Superstition by Hsü Ti-Shan, Review by: Chao Wei-pang", p.144.

57 Chao, Wei-pang. "Games at the Mid-Autumn Festival in Kuangtung", *Folklore Studies*, Vol.3, No.1, 1944, pp. 1-16.

58 许地山，《扶箕迷信底研究》，第15页。

59 "A Study of the Fu-chi Superstition by Hsü Ti-Shan, Review by: Chao Wei-pang", p.145. 根据丁世良、赵放主编的《中国地方志民俗资料汇编》，林继富特意统计了中国各地对紫姑的不同称呼。结果显示，不仅仅是广东，江西、福建、湖南都有将紫姑称为月姑或月姊的传统。然而，在随后的分析中，仅仅根据这些省份邻近荆楚的地理位置，林继富将七姑或月姑信仰视为紫姑转化而来，且归结为与楚文化有关，则明显失之片面。参阅林继富，《紫姑信仰流变研究》，《长江大学学报（社会科学版）》2008年第1期，第7—8页。

附会于其上的传说故事，而非像一些著述认为的那样：人们到厕所请紫姑是因为其死在厕所，才成为厕所之神。对此，赵卫邦写道：

> 请紫姑的核心是箕卜和扫帚卜。在中国农村，因为厕所同时也是堆放垃圾的地方，所以箕，尤其是盛垃圾的撮箕和扫帚常常放在厕所。在占卜之前，人们必须首先到厕所拿取箕或扫帚，而将用来淘米的筲箕或盛饭的饭箕用于占卜，仅仅是后来演变发展的结果。但是，神灵附体的观念非常强大。因此，法力被人格化，并衍生出了厕神紫姑，附着于箕或扫帚了。[60]

换言之，对河北农村生活相当熟悉的赵卫邦而言，在迎紫姑和紫姑传说的关系上，是先有相关的生活、仪式实践，然后才衍生、附会出了种种解释文本——传说。随后，赵卫邦进一步指出，从法力附体（magical power-possession）的占卜到神灵附体（spirit-possession）的占卜的转变，是一个漫长的过程。正是在此过程中，人们才杜撰出了包括苏东坡（1037—1101）记述的何媚，以及世人皆知的汉高祖刘邦（前256或247—前195）宠妃戚夫人（前224—前194）等众多中国厕神——"紫姑"——的因果报应的灵异故事。在将箕或扫帚这样具有法力的灵物拟人化也即神化之后，人格化的灵物也就直接附体上身，成为"箕姑"了。

60 Chao, Wei-pang. "The Origin and Growth of the Fu Chi", p.25.

　　　　十

　　在二十世纪前半叶，对扶箕的呈现以及研究是多角度的。清末民初，《点石斋画报》《小说月报》等报刊上就有不少关于紫姑的图像。1941年，许地山《扶箕迷信底研究》在长沙出版时，扉页的紫姑神就是曾经刊载在《小说月报》上的郑振铎（1898—1958）介绍过的《三教搜神大全》中的图像。[61]与此同时，对乡野实践的仪式，人们也多有记述。

61 郑振铎，《插图之话》，《小说月报》第十八卷第一号（1927），第4页。

　　1935年，陈礼颂（1912—？）记述了他老家潮州妇幼在农历七月十五到八月农闲期间的夜晚，常有的"观神"（亦称"关神"）的习俗。其中，最为常见的是，与日常生活相关的观篮饭姑、筲箕姑和墙脚姑等。[62]观神时，人们要将饭篮、筲箕或墙脚披上头巾、盖上女性的衣裳，放在一张小凳上，众人围坐。然后，让一小孩到露天粪池请大姑、沟渠边请二姑、渍缸脚请三姑，再由两个妇人扶住盖好衣裳的篮饭、筲箕或墙脚，围观的人手拿一炷香，不停摇动，并唱观神歌。

62 陈礼颂，《广东潮州观神》，《社会研究》第一〇〇期（1935），第404—405页。

　　请筲箕姑的歌谣是：

　　　　筲箕沙婆呵，夜昏（今晚）专请阿姑来佚佗（游逛）。阮（我们）有清茶供清茗，清茶

清茗清槟榔。槟榔槟榔槟榔开花会桅，阮箇
（我们的）槟榔唔分停，分阮三姑正是亲。

　　人们反复唱，一直到盖有衣裳的筲箕自动，
然后再与之问答。与此不同，赵卫邦引用的1937
年顾良记述的上海三林塘迎紫姑（坑三姑娘）
则是正月十五姑娘间的"游戏"，且多有乞巧
的意涵。

　　1940年前后，多年生活在大同的司礼义，注意
到了西册田一带小女孩都信仰厕神"毛姑姑"。大
旱之年,女孩们会骑在筲帚上大声喊唱"青铜镜，
扫帚马，请上毛姑，耍一耍"，以此祈雨。此外，
当地对于"毛姑"更常见的信仰是：女孩们在新年
会询问毛姑姑，看她们能否在年内找到丈夫。每逢
此时，女孩们会用纸糊在筲帚和大勺子上，做一个
毛姑姑像。[63]

　　这里，尤其要提及黄石对紫姑的杰出研究。
1931和1933年，黄石先后写了《"迎紫姑"之史的
考察》和《再论紫姑神话——并答娄子匡先生》两
篇文章，研究与扶箕关联紧密的紫姑的神话与迎紫
姑仪式。在两篇围绕同一主题的文章中，黄石"企
图以历史的方法寻究紫姑的传说及紫姑卜的风俗之
源流与转变"。[64]为此，根据对《异苑》《酉阳杂
俎》《东坡集》《梦溪笔谈》和《帝京景物略》等
文献相关记载的细读，黄石相对肯定地梳理出了
迎紫姑以卜的风俗演进史。他也提及了后来赵卫

63　Serruys, Paul. "Children's Riddles and Ditties from the South of Tatung(Shansi)," pp.267–268.

64　黄石，《再论紫姑神话——并答娄子匡先生》，《民众教育季刊》第三卷第一号（1933），第2页。

邦和许地山都注意到的，因为读音相近的问题，"紫""厕""戚""七"相互转化、以讹传讹或者地方化、时代化的问题。

　　重要的是，黄石还注意到了后来的许地山和赵卫邦研究中没有注意到的问题。首先，他从《洞览》《异苑》和苏东坡的《子姑神记》等文献，隐约地在神话帝喾之女婿、紫姑的传说和何媚的故事三者之间勾勒出一条演进的虚线。尽管他一再强调，这三者之间隔着"一条深沟"[65]，"未敢确断，仅作为一个或然的假说提出，以待考证"[66]。

　　同时，对于箕、帚为何会具有赵卫邦所言的法力，以致被人格化、神化，黄石更明确地意识到了彭大翼（1552—1643）编撰的《山堂肆考》宫集卷八"迎紫仙"一条所言的"俗谓正月百草灵，坟帚苇针箕之属皆可卜"潜在的信息。即在古人的观念中，正月的箕、帚等生机勃勃的"百草"原本皆"灵"。正如陆游（1125—1210）《箕卜》首句"孟春百草灵"所言自具法力。黄石强调，这个解答"仍旧是一个迷信观念"。[67]

　　然而，同样引用了陆游《箕卜》诗和范成大（1126—1193）诗句"箕诗落笔惊"的赵卫邦，在其中西比较的"箕卜"一节[68]，却并未解释为何箕、帚等物就被古人认为具有法力。多少有些遗憾的是，许地山和赵卫邦对黄石的紫姑研究关注不够，甚或不在视野之内。

　　顺带提及的是，在1940年前后，法力抑或说灵

65　黄石，《"迎紫姑"之史的考察》，《开展月刊》第十一—十一期合刊（1931），第7页。

66　黄石，《再论紫姑神话——并答娄子匡先生》，第2页。

67　黄石，《"迎紫姑"之史的考察》，第13页。

68　Chao, Wei-pang. "The Origin and Growth of the Fu Chi", pp.20, 21-23.

69 陈封雄,《一个村庄之死亡礼俗》,北平:燕京大学法学院社会学系学士毕业论文,1940,第105页。

70 陈封雄,《一个村庄之死亡礼俗》,第105—106页。

71 陈永龄,《平郊村的庙宇宗教》,北平:燕京大学法学院社会学系学士毕业论文,1941,第43—44、59页。

力强大的箕姑的变体"鸡姑",还出现在平郊村,即前八家村的延寿寺中。在前八家村村民的生活中,鸡姑主要是应对死于难产的产妇、收留孤魂野鬼,即处理具有强力的横死幽灵等污秽。在杨堃的指导下,陈封雄和陈永龄分别对前八家村的死亡礼俗和庙宇宗教的研究,都注意了延寿寺菩萨殿廊下砖制神龛中那位不起眼的鸡姑神。作为陈师曾(1876—1923)的儿子,同样有着绘画禀赋的陈封雄,不仅专门拍了照片,还根据实物手绘了延寿寺中的这位鸡姑神。[69]

陈封雄指出,难产而死的妇女,被视为是因有罪而上天罚之的结果,是不洁的。为了避免污秽祖茔,难产而死的妇女须暂厝,等到本家再丧一人安葬时,顺便将产妇之棺掘出,在祖茔地依序葬之。这种专门针对产妇的二次葬仪,乡民称之为"带灵"。不仅如此,在接三日,丧家要为死亡产妇扎制一个鸡笼焚烧,焚烧了鸡笼,就可以使产妇之魂免入鸡笼。村民相信,鸡姑是阴间专门保佑产妇灵魂的,但其地位低下,故"大庙不收、小庙不留"。[70]陈永龄则指出,鸡姑,或者是"寄孤"。生前为乞丐的他,虽然喜欢参佛修禅,但自知身份低微,遂在庙台即殿廊趺坐。升化后,其塑像也就立在了殿廊下,专司收留孤魂野鬼。因此,凡有应佛事,诸如放焰口等之庙宇,皆供有寄孤神。[71]

当然,说前八家村延寿寺的鸡姑是"箕姑"的变体,仅仅是一种推测。如此推测,因由如下:二者都具有避秽的强大法力；在神灵阶序中的位卑；"箕姑""鸡姑"与"寄孤"音近；主要是女性等弱小群体的守护神。虽然作为地名的前八家村在今天的北京还赫然在目、实实在在，但斗转星移、物是人非，已经完全无法再向当下生活在这个空间的人去求证这一推测了。

十一

如上一章所言，1945年，赵卫邦指导了李世瑜的本科毕业论文，《秘密道门之研究——附：一贯道实况调查》。这让李世瑜受益不少，对赵卫邦终生以"明师""恩师"称之。次年，作为扶箕研究的继续，赵卫邦刊发了他关于中国推命术的研究。[72]1948年，在贺登崧指导下，李世瑜完成的硕士毕业论文，也即被学界称善的《现在华北秘密宗教》。该文就是对其本科毕业论文的进一步拓展。或者是对李世瑜硕士毕业论文的呼应，赵卫邦主要根据黄育楩的《破邪详辩》，译介了明代的华北诸多秘密宗教的概况。[73]1948年，贺登崧对他在北平城看到扶乩描述就参考了赵卫邦的研究。赵卫邦、许地山两人的研究，也是二十世纪晚期焦大卫、欧大年和志贺市子等关于中国扶箕民族志研究的基础。[74]

尽管许地山和赵卫邦的扶箕研究影响非凡，但却还是有着共有的诠释不力的遗珠之憾。两人都注

72 Chao, Wei-pang. "The Chinese Science of Fate-Calculation", *Folklore Studies*, Vol. 5 (1946), pp. 279-315.

73 Chao, Wei-pang. "Secret Religious Societies in North China in the Ming Dynasty", *Folklore Studies*, Vol. 7 (1948), pp. 95-115.

74 [美] 焦大卫、欧大年，《飞鸾：中国民间教派面面观》，第33—36页；[日] 志贺市子，《香港道教与扶乩信仰：历史与认同》，第38—41、175—177页。

75 Ortner, S. B. "On Key Symbols", *American Anthropologist*, 75 (1973), pp.1338–1346.

76 巫鸿，《全球景观中的中国古代艺术》，北京：生活·读书·新知三联书店，2017，第 223 页。

77 赵汀阳，《历史·山水·渔樵》，第 4 页。

78 [美]杜赞奇，《比较视野下的宗教与世俗主义：欧洲、中国及日本》，见曹新宇主编，《新史学（第十卷）：激辩儒教：近世中国的宗教认同》，北京：中华书局，2019，第 238—248 页。

意到了，原初主要是女性参与的迎紫姑和扶箕降笔之间有着质变。可是，对这一质变，两人都未给出一个相对明晰的解释。在相当程度上，二人都忽视了原本可能衍生于"巫术"并自具魔力的汉字的能动性。换言之，在扶箕中，作为华夏文明关键符号（Key Symbols）[75]抑或超级符号（Super Sign）[76]，同时也是行动主体的汉字，扮演了重要的角色。

新近，虽然本意是要阐释中国的历史哲学与历史之间的辩证关系，但赵汀阳关于文字的表述依旧颇值得玩味，云："在文明初期，文字具有神圣性，不可落于亵渎和谎言，文字是最严肃的承诺，立字为据，所以文字是为**精神立法**，写出文字就是承诺了一个世界，落于文字的事情就几乎是道理的化身。"[77]

在其宏阔的研究中，杜赞奇（P. Duara）指出：二十世纪前二十年纷纷成立且影响广泛的道德会、道院、同善社等以扶乩等通灵活动为核，继承了传统中普度/救劫思想和自我道德革新目标的"救世"团体，是对在世界范围内传播的"太过物质主义和暴力化"的西方文明的主动回应。即，试图用东方固有的超越理念，纠正西方物质文明的不足，并杂糅儒、释、道、耶、回诸教，尝试建立宗教的普遍主义（religious universalism）。这使得这些团体不但采取了更自觉的适应态度，还拓展了普世主义的视野（ecumenical vision）。[78]

虽然是典型的微观研究与内部释读，也不同

于杜赞奇在东西比较视野下的外部审视，但王见川同样注意到灵学会、同善社等近代中国扶乩团体慈善与道德教化的"正"面性。不仅如此，王见川还将**"文字性"**列在神奇性、客观性之前，认为这三性是扶乩在近代中国盛行的原因。他将当时的读书人与士绅包括在"民众"之内，不乏洞见地写道：

> 扶乩是那时民众（如读书人、士绅）找到最具宗教神奇性，又与己身特性——重文字有关，且当众展示，最具客观性的方法，来表达自己对宇宙、人生与鬼神的看法与宗教经验。而近代社会的技术发展如通信网络的全面建立、革新，与识字率提高，书信往来变成新的传教方式，更加使这些宗教团体容易传播己教，形成全国网络。印光、同善社、道院等都是在此情况下，逐渐发挥其影响。[79]

十二

尽管同样仅仅是一种推断而且不乏浪漫主义的想象，但文字起源于初民社会的巫术之观念仍然值得足够的重视。陈梦家（1911—1966）独辟蹊径地将汉字的演进分为了文（象形/外物）、名（音读/口耳）和字（形声相益/心官）三个阶段，但他否认汉字在发展中经过八卦、结绳和书契之类

79 王见川，《近代中国扶乩团体的慈善与著书：从〈印光法师文钞〉谈起》，见曹新宇主编，《新史学（第十卷）：激辩儒教：近世中国的宗教认同》，第124页。

80 陈梦家，《中国文字学》，北京：中华书局，2006，第14—29、247—258页。

81 [法]汪德迈，《跨文化中国学》，北京：中国大百科全书出版社，2018，第29—30页。

82 Diringer, David. *The Alphabet: A Key to the History of Mankind*, New York: Philosophical Library, 1948. 转引自王铭铭，《文字的魔力：关于书写的人类学》，《社会学研究》2010年第2期，第50—51页。

83 [英]汤因比等，《艺术的未来》，第3—4页。

的历程。[80]与此大相径庭，法国汉学家汪德迈（L. Vandermeersch, 1928— ）认为，汉字本身就是语言，它是"占卜者所创造"，甲骨文的卜辞是一种"准科学的语言，它与占卜有关，是古人的占卜的记录"，从数字卦到易经八卦是"一个从下层建筑通向上层建筑的重大进程"。[81]

半个多世纪前，迪令格尔（D. Diringer, 1900—1975）也曾指出，包括岩画阶段的偶像绘制、结绳记事以及传递信息过程中的"符"这些人类最原始的文字——胚胎文字，其目的既不在于记载重要事件，也不用来表达观点，而在于交感巫术（sympathetic magic）与仪式方面，是人类赖以与万物沟通并获得生计的工具。然而，书写这些文字的巫师并不以施展书写的技艺来迎合统治者的政治需要，其书写技艺全部与常人的生活相关。[82]

简言之，文字兴发于巫术。而且，在初民社会，作为一种技艺，通常是巫师才掌握的文字，却有着汤因比（A. J. Toynbee, 1889—1975）意义上的高度共享性，是一个群体共享的知识，不存在沟通、理解和交流的障碍。[83]

基于北宋晚期和南宋初、中期"世变与文变"内在互动逻辑的认知，谢聪辉更强调那时道教所开创的"飞鸾"的精英特征。在相当意义上，这暗合了赵卫邦关于扶箕源流、演进的基本认知。谢聪辉指出，当时已经在阡陌市井盛行的扶箕降神，是传统巫觋文化的流衍，是民俗的，也是被朝廷明令禁止和道门大力拒斥与批评的。为此，从"鸾"字既有的神圣属性、帝王属性，从"飞鸾"承旨的翰林学士或其文章和草书字体等意涵，谢聪辉将道教使用的"飞鸾"定义为：

> 指称神灵附于飞动的鸾笔书出天界讯息的方式与意涵，除有意区隔民间传统扶箕降神外，更明显可以看出其转化自对"鸾"字与其相关构词的认知，强调渊源自待命帝旨，可直达天听的翰林学士职能。[84]

显然，无论是谢聪辉界定的因应世变而意在开劫教化的道教之"飞鸾"，还是广义上等同于"扶箕"的"飞鸾"，文字都扮演了重要的角色。在相当意义上，正是因为科举制度的盛行，宋代读书人数量的持续增加，而金榜题名的小概率以及不确定性，使得卜算之风不但在士大夫阶层大为流行，也培育了大量在精英和平民等不同阶层之间游走的卜算术士。[85]

在对扶箕动态的民族志研究中，虽然不是其研究的重点而仅仅是其立论的前提，志贺市子却敏锐地从性别的角度指出：如果不是文字有效地渗入到紫姑信仰及迎紫姑的仪式实践中，可能紫姑信仰会长期停留在女性和孩童的"边缘文化"地位；正是在引入使用文字记录神灵乩式之后，因为乩文的巧妙和书法的精美，男性社会，尤其是知识分子阶

84 谢聪辉，《新天帝之命：玉皇、梓潼与飞鸾》，台北：台湾商务印书馆股份有限公司，2013，第105页。

85 刘祥光，《宋代日常生活的卜算与鬼怪》，台北：政大出版社，2013，第18页。

86 [日]志贺市子，《香港道教与扶乩信仰：历史与认同》，第42、69页。

87 Chau, A. Y. "Actants Amassing (AA): Beyond Collective Effervescence and the Social", in Long, Nicholsa J. and Henrietta L. Moore (eds.), *Sociality: New Directions*, Oxford: Berghahn Books, 2012, pp.133-156; 岳永逸，《朝山》，第213—216页。

88 当然世界语运动本身是一个极其复杂的话题，它本身就是以一种反叛的身姿出现并被引入中国的，有着无政府主义之意识形态的诉求与革命色彩，参阅孟庆澍，《无政府主义与五四新文化》，开封：河南大学出版社，2006，第67—120页。

层，才接纳了扶乩，并最终使得同时在女性和孩童中盛行的这一"边缘文化"进入"将文字神圣化的中国高阶文化之列"；不仅如此，乩文、鸾书的汇集、刊刻和流通，使得扶乩影响到更广泛的地域和各个阶层的人。[86]不但对于特定个体而言，扶乩是其结成群体的社会纽带，扶乩最终也成为中国社会日常生活中一种普遍存在的文化事实，哪怕是隐秘的或半公开的。

显而易见，在扶乩中，汉字绝不仅仅是一种被动的媒介。与乩手等相关的行动主体一样，汉字是扶乩能动的**"掺和者"**（Actants Amassing）。[87]如果放在更长的历史时段，并偏重于扶乩中的关键符号乩文、鸾书，那么在千百年来奉行"万般皆下品唯有读书高"之理念，还上下都敬惜字纸的中国，全民对文字的敬拜与民国时期扶乩回光返照式的大行其道就密不可分。换言之，清末民国扶乩的盛行，是一种对"非传统化倾向"的能动反应，但这种反应是以对作为关键而超级的符号的汉字、诗文的敬意和膜拜为基础的。

十三

经过鸦片战争以来一系列残酷无情的打击之后，在二十世纪初期，汉字及其所代表的传统文化的合法性，受到包括世界语（万国新语）[88]在内的拼音文字及其文化的强烈挑战。具有"革命"意识形态色彩的汉字拉丁化——汉字的存与废——之争论与实践，经久不衰，意涵殊异。章太炎（1869—1936）、吴稚晖、陈独秀、胡适、钱玄同、周作人、沈兼士、刘半农、赵元任、黎锦熙（1890—1978）、林语堂（1895—1976）等弄潮儿，或深或浅地纷纷参与其中。[89]正是在此忧心忡忡而尝试突围、解厄的复杂又矛盾的语境中，"通神明""类万物"且衍生于巫术而具有魔力的文字的敬拜——文字拜物教[90]——之传统的强大惯性，使得扶箕成为对传统之深层皈依和留恋的一种浅吟低唱的回旋式的表现。

龚鹏程认为，包括中国文学在内的中国文化的核心是"文"。何谓"文"？"文"是由文字崇拜、文人阶层、文学艺术等形成的文化状况。[91]在从"文""文字"到"文学"的现代转型之中，有着两代人，甚至是章太炎和周氏兄弟等师生之间的抵牾。然而，无论是偏重"文（字）"的"旧人"，还是倡导、鼓吹、经营"文学"的"新人"，双方与"文字"这个脐带只是依恋程度有别而已。[92]因此，开风气之先的"弄潮儿"群体内部以及个人，都难免会偶尔有着反转。尤其是当把在沙盘中飞速书写的箕书，与书法一样视为是一种能够揣摩、观赏和品鉴且具有神圣性的"文字的艺术"时，这种"小我"在日常生活世界中的偶尔回旋就更在情理之中，是不自觉地对非传统化倾向的一种传统化反应。

89　此类研究很多，诸如：彭春凌，《以"一返方言"抵抗"汉字统一"与"万国新语"——辛亥前章太炎关于语言文字问题的论争》，《近代史研究》2008 年第 2 期，第 65—82 页；《林语堂与现代中国的语文运动》，《中山大学学报（社会科学版）》2013 年第 2 期，第 37—58 页；湛晓白，《拼写方言：民国时期汉字拉丁化运动与国语运动离合》，《学术月刊》2016 年第 11 期，第 164—179 页；《恪守汉字本位与塑造民族文化认同：以近代中国维护汉字论述为中心的考察》，《中国文化研究》2017 年春之卷，第 75—87 页；《二十世纪三十年代汉字拉丁化运动勃兴考述》，《中共党史研究》2018 年第 2 期，第 30—42 页；王东杰，《声入心通：国语运动与现代中国》，北京：北京师范大学出版社，2019，第 222—258 页；陈雪虎，《由过渡而树立：中国现代文论的发生》，北京：北京师范大学出版社，2019，第 179—194 页。关于清末、民国国语运动的发生、演进和行政实践方面的史料，可参阅黎锦熙，《国语运动史纲》，北京：商务印书馆，2011。

90 王铭铭,《文字的魔力:关于书写的人类学》,第60—65页。

91 龚鹏程,《文化符号学:中国社会的肌理与文化法则》"大陆版序",上海:上海人民出版社,2009,第1页。

92 陈雪虎,《理论的位置》,桂林:广西师范大学出版社,2019,第3—29、118—145页;《由过渡而树立:中国现代文论的发生》,第139—177页。

93 王铭铭,《文字的魔力:关于书写的人类学》,第58—59页。

94 Clart, Phillip. "The Ritual Context of Morality Books: A Case-Study of a Taiwanese Spirit-writing Cult", Ph.D. thesis of the University of British Columbia, 1996, pp.15-16.

95 [日]志贺市子,《香港道教与扶乩信仰:历史与认同》,第115页。

96 [日]竹内好,《近代的超克》,李冬木等译,北京:生活·读书·新知三联书店,2016,第119、285—287页。

正如王铭铭指出的那样:对于说明汉字的巫术力量,扶箕具有重要意义,因为扶箕"虽生发于文字高度发达的文明时代,但其中文字的界定,却依旧是巫术时代的神谕"。故而,扶箕及其神谕在明清之后,常常与"地方社会克服天灾人祸等危机及重建秩序的努力相关联"。[93]与之前的扶箕结社主要在于满足个人的欲求、兴趣以及修养不同,十九世纪后期新兴的扶箕结社有了改革的欲求。即,希望通过扶箕,地方精英试图振兴伦理道德,在个人救赎的同时,也应对社会层出不穷的危机与混乱,从而拯救世界。[94]直至二十世纪九十年代,作为一种社会组织、宗教团体、文化次生群体,香港众多以扶箕、乩文为核心的道堂的形成,都是依靠"都市中期望维持中国传统习俗的市民的支持"。[95]

甚或,在一定层面上,作为中国文化内发性发展与自我蜕变的必经阶段与面相,在最深层指向中国文化精血的汉字之扶箕,也可以视为是竹内好(1908—1977)意义上指向传统,但却向内并以抵抗为媒介的"回心型"文化[96]的本土运动、民粹运动。当然,正如左右手互搏、上下牙齿打架,这种指向传统的回心式的内向抵抗是多重的、对峙并交互显现的。诸如:同样由精英阶层主导的灵学会实践的那样,扶箕者自觉给扶箕戴上科学的"徽章",科学主义者则不遗余力地撕去这一被"盗用"的徽章。位"低"者——平民、乡土精英、生活世界中的无助者、迷惘者——对扶箕的依从、盲从；位高且相信其真理在握的科学主义者——舍我其谁而勇往直前、正义凛然的启蒙者、革新者——声色俱厉地对各种扶箕团体、仪式实践的贬斥、明察暗访、批驳和规训。

要提及的是，具有魔力的文字"屈尊"的下沉论——霸凌的男权对弱势群体的高姿态与恩典式的俯就，似乎确实能解释精英阶层的"飞/扶鸾"和"民俗"的扶箕/乩之间分野、必然有的合流，以及"应景式"的重整、调试、复兴与浓烈。然而，黄石、许地山、赵卫邦以及志贺市子等都意识到的在女性和孩童等边缘、弱势群体中盛行的"迎紫姑"仪式难道一直都是低声下气、被动而边缘化的存在？仅仅就是龟缩在院落一角唯唯诺诺的女性的忙里偷闲与放飞自我？抑或少不更事的孩童的"玩家家"？它就没有反向，抑或说逆流而上地对在精英阶层，尤其是在道士、文人士大夫集团内盛行的"飞/扶鸾"产生影响？哪怕是一丝丝灵光乍现的启迪？强势的支配集团就没有主动、有意识地吸收、化用它，进而拓展、夯实自己的话语权、支配权与驭人术？

相较于忧国忧民的许地山早早将扶箕定格在迷信的价值评判和材料罗列，似乎闲云野鹤的赵卫邦明确强调的扶箕源自迎紫姑这一认知同样别有风味、意义非凡。换言之，二十世纪以来集科学与迷信认知于一体并缠斗不休的扶箕，完全有可能存在一度被二分的精英"飞/扶鸾"和民间"扶箕/乩"

180

两者之间的相互咬合的动态演绎和难以厘清的混融性，且都共享着主要在男女老幼朝夕相处的家居空间"迎紫姑"这一有板有眼的"游戏"的底色。

当然，这仅仅是一种不揣浅陋甚或愚妄的猜测。这里仅仅试图指出：对于俄罗斯"套娃"般的扶箕研究，或者存在"自下而上"的另一条路径。尽管无论对于群体内还是群体外而言，"文化"的发明权与主权永远都是一笔糊涂账。

在1980—2015年这三十五年期间，以扶箕为核心创建的香港飞雁洞佛道社，就因时应世、审时度势且与时俱进地发生了从边缘向中心、主流，从"民间"向"制度"的演进。即，从单一的鸾/箕坛到兼备经忏法事（"正宗"道教科仪）服务的扶箕道坛，继而生成为慈善团体属性明显的扶箕道坛，将箕坛、道坛和善堂三合一。而且，不论在哪个阶段，飞雁洞始终是以扶箕（以及卜杯）为核心仪式和行动指针。[97] 虽然当下飞雁洞的形态俨然道教，可以视为是道教成功收编了扶箕，但也完全可以反过来说：扶箕收编了道教，抑或道教成为扶箕的道教。再结合二十世纪中叶以降，台湾箕坛，或情不自禁或身不由己地纷纷给自己穿戴上"儒宗神教"的衣冠，展开着相应的言、行实践[98]，我们的揣测、反思，或者不无道理。

97 Luo, Dan. "History and Transmission of Daoist Spiritwriting Altars in Hong Kong: A Case Study of Fei Ngan Tung Buddhism and Daoism Society", Ph.D. thesis of The Chinese University of Hong Kong, 2015.

98 [德]柯若朴，《孔子与灵媒："民间儒教"是否存在？》，见曹新宇主编，《新史学（第十卷）：激辩儒教：近世中国的宗教认同》，第3—31页。

十四

无论东西还是古今，因为个体命运以及社会历史演进的"不定性"（contingency），包括扶箕、星占（相）学、八字算命、风水堪舆等在内的"预占"的技术、学问——命学[99]，是人类共有的文化遗产，甚至在相当长的历史时期在不同地域社会中，有着不可替代的地位。即使在当下，处于显性位置的"预判"，尤其是风险评估、可行性报告、国际形势、股市行情以及天气、灾害的预测等，因为有着科学主义、权威专家和新生的"大数据"的加持，而有着实证、合情、合法、合理的地位。换言之，无论穿着哪种马甲，"预测"无处不在，无时不在。

正是因为如此，在历史悠久、积淀深厚的传统"命学"必然会被边缘化而旁落失势的近代中国，诸如竭力倡导西学、科学与理性的严复、吴宓（1894—1978）等转型中的启蒙知识分子（当然是相对保守的），其琐碎的日常生活中同样习惯性地与传统命学、命理握手言和。严复不仅研习《易经》、探究命理，还经常为家人或自己占卜算卦。在1911年2月9日（正月十一）到9月29日（八月初八）期间，专记卜算事的日记有18天之多，内容涉及生老病死、升官发财、婚姻生育、风水出行等日常生活的方方面面。[100]在遭逢国恨家难、个人心绪难平并面临抉择时，吴宓同样为自己卜卦，以求心

99 李帆、[德] 朗宓榭，《近代中国知识转型视野下的"命学"》，《社会科学》2012 年 第 6 期，第 147 页。

100 王栻主编，《严复集·第 5 册 著译、日记、附录》，北京：中华书局，1986，第 1506—1511 页。

101 吴宓，《吴宓日记·第六册（1936—1938）》，北京：生活·读书·新知三联书店，1998，第179页；《吴宓日记·第七册（1939—1940）》，北京：生活·读书·新知三联书店，1998，第10页；《吴宓日记·第十册（1946—1948）》，北京：生活·读书·新知三联书店，1999，第81页。

102 钱穆，《八十忆双亲·师友杂忆合刊》，北京：九州出版社，2011，第208页。

103 李安宅，《仪礼与礼记之社会学的研究》，上海：商务印书馆，1931，第70页。

安。[101]在西南联大文学院要从蒙自迁回昆明时，逻辑学家沈有鼎（1908—1989）也曾为一同留恋蒙自美景而短暂逗留的吴宓、钱穆（1895—1990）等人"占易"。根据卜占的"不出门庭凶"的结果，众人在吴宓的统一指挥下，有序外出躲避空袭，连续经旬。[102]

《礼记·王制》云："假于鬼神时日卜筮以疑众，杀！"这句话的大义是说鬼神卜筮是个人自用，或为民上者用的，他们尽量借以愚畏百姓，在下头则不准谣言惑众。1931年，在释读这句古话时，李安宅进一步指出：在理性政论代替了神秘政论的时代，"知识分子纵然用法律来禁止，无知识的群众依然坚守固有的民风而不歇——就像现在国法禁止迷信之祀，而同时悟善社等团体依然盛行，大委员官僚们也要以个人资格到里面焚焚香扶扶乩一样"。[103]

如此，在一个新旧杂糅、混融而社会更替演化、万象纷呈也是万般艰难的"蜕化"的时代，就不难理解灵学会声势浩大地以"科学"的名义隆重登场，也不难理解严复与灵学会之间的"暧昧"和扶箕在民国社会各阶层不绝如缕的生命力。

与前引的杜赞奇认为同善社等"救世"团体自觉修正西方暴力化的物质文明而追求宗教的普遍/世主义不同，德国汉学家朗宓榭（M. Lackner）更注重作为这些救世团体核心的扶箕等技术/艺之合理性的层面。同样是在世界主义的视域中，朗宓榭将包括扶箕在内，这些以各种名义和方式或长或短存在的诸多形态的"预占"，温柔地命名为"另类的科学""复数意义上的科学"（sciences）与"小道"[104]，并尝试诠释出其大道理。朗宓榭指出，在歌德时代，至少对歌德本人而言，"迷信是充满动力的、大举措的、进步的、自然的一个载体"。然而，在欧洲，历经基督教和启蒙运动之后，迷信的"意义已经被掏空，成为批判的话语，随着语境的变化，可以用来指责任何不受欢迎的观点与实践"。[105]

在波澜壮阔的近、现代中国，十九世纪晚期以来长期追赶西方、现代化以及科技的自我革新抑或说自我"矮化"的行动诗学，和在此诗学指导下的多样、多元的运动，尤其是层出不穷的"革命"运动，更是强化了意义被掏空的外来语——"迷信"这一批判话语。其威力与火力，使之天然具有了革命性。毫无疑问，无论过去还是现在，迷信这个"自以为是"的霸凌话语的先声夺人，无助于对扶箕等预占日常实践的理性审视。

十五

二十世纪八九十年代，在中国大陆文化热，尤其是传统文化热兴起的潮流中，占卜及其相关的知识系统事实上扮演了中国文化认同一个"新模块"的角色。[106]如今，在非遗运动的推行过程中，各种

104 [德] 朗宓榭，《朗宓榭汉学文集》，上海：复旦大学出版社，2013，第263—271页；《小道有理：中西比较新视域》，金雯、王红妍译，北京：生活·读书·新知三联书店，2018，第1—31、49—83页。

105 [德] 朗宓榭，《小道有理：中西比较新视域》，第26—27页。

106 [德] 朗宓榭，《朗宓榭汉学文集》，第272—291页。

107 杜树海,《民间信仰的社会功能:广西壮族地区J县扶贫活动的文献和田野考察》,《宗教学研究》2013年第3期,第207—214页。

108 Chao, Wei-pang. "The Origin and Growth of the Fu Chi", p.11, 21.

109 参阅 Kang, Xiaofei. "In the Name of Buddha: The Cult of the Fox at A Sacred Site in Contemporary Northern Shaanxi",《民俗曲艺》第138期(2002),第67—107页; Chau, A. Y.. " 'Superstition Specialist Households'? The Household Idiom in Chinese Religious Practices",《民俗曲艺》第153期(2006),第157—202页; 吴重庆,《孙村的路:后革命时代的人鬼神》,北京:法律出版社,2014,第68—96页。

110 [德] 乌尔利希·贝克,《风险社会:通往另一个现代的路上》,汪浩译,台北:巨流图书公司,2004。

111 岳永逸,《以无形入有间:民俗学跨界行脚》,第204—206页。

形态的乡土宗教因主动或被动添加的非遗标签,俨然有了些新的生机。

在海外华人世界,如焦大卫、欧大年、志贺市子、柯若朴(P. A. Clart)和罗丹等人的民族志研究所示,虽然有着"儒宗神教""道坛/堂"等不同称号,扶箕至今都光明正大地长盛不衰。在大陆,情形明显有着不同。但是,毫不讳言,扶箕仍然在相当的范围内井然有序地实践着。[107]扶箕核心所在的神人之间"灵力的交会"(contact of the spirit force)[108],即通灵抑或说灵附、"待人而灵",仍然是大陆乡土宗教普遍的社会事实[109]。因为快速变化的信息社会与科技社会的"风险社会"(Riskogesellschaft)[110]之本质,伴随机会增多而风险倍增的世人之安全感反而降低,都市社会有形、无形之机制的设立,更是以"不可信任"为基石[111]。这使得侥幸心理和运气思想依旧大行其道,使得李一、王林这样各种神通的"大师—术士"此消彼长,层出不穷。

在此语境下,无论是基于学术认知还是社会改良,重温前人关于扶箕的种种认知和研究也就有了不言而喻的重要性。在《阅微草堂笔记》卷四中,才子更是"著书者"的大学士纪昀(1724—1805)曾写道:

> 大抵幻术多手法捷巧,惟扶乩一事,则确有所凭附,然皆灵鬼之能文者耳。所称某神某

仙，固属假托，即自称某代某人者，叩以本集中诗文，亦多云年远忘记，不能答也。其扶乩之人，遇能书者，则书工，遇能诗者，即诗工，遇全不能诗能书者，则虽成篇而迟钝。……盖亦借人之精神，始能运动。所谓鬼不自灵，待人而灵也。著龟本枯草朽甲，而能知吉凶，亦待人而灵耳。[112]

112 （清）纪晓岚，《阅微草堂笔记》，上海：启智书局，1933，第78—79页。

其实，《论语·子张》早就有言：

> 虽小道，必有可观者焉；致远恐泥，是以君子不为也。[113]

113 杨伯峻译注，《论语译注》，北京：中华书局，2017，第282页。

2019年6月16日，在微信朋友圈看到拙文《谚语研究的形态学及生态学》[114]之后，在陕北做过多年田野、现今执教剑桥大学的周越（A. Y. Chau）兄留言说，陕北谚语他喜欢"上有千千万，下有毛毛钱"，最棒的则是：

114 岳永逸，《谚语研究的形态学及生态学：兼评薛诚之的〈谚语研究〉》，《民族文学研究》2019年第2期，第54-72页。

> 人凭神，神凭人！

2018年5月1日初稿
2020年6月10日终稿
2021年1月1日再改

呱啦，狼 / 狐精怪

一个故事或明或暗地蕴含某些实用的东西。这实用有时可以是一个道德教训，另一情形则是实用性咨询，再一种则以谚语或格言呈现。……　故事不耗散自己，故事保持并凝聚活力，时过境迁仍能发挥其潜力。

——[德]本雅明
（W. Benjamin）

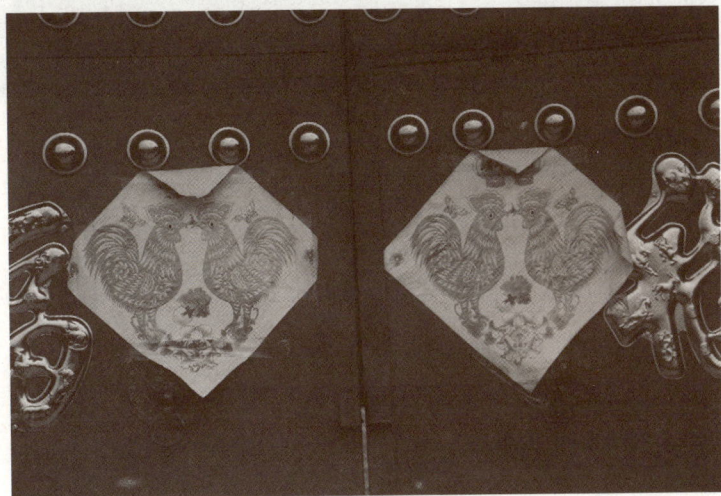

西册田村家户院门的门饰
（岳永逸摄于 8 月 24 日）

2015

2015

8月24日，学生们在养老洼和村民"呱啦"
（岳永逸摄）

8月25日，学生们在大王村和村民"呱啦"
（岳永逸摄）

2015

一

　　有五个女儿的老妇人去地里送饭，路上遇到狼
精。狼精让老妇人歇息，并假借给她捉虱子而吃掉
老妇人。妆扮成老妇人模样的狼精，去了老妇人
家里，分别喊五个女儿给它开门。老大、老二、
老三、老四认出了狼精，都没有开门。但是，最小
的女儿上当了，给狼精开了门。睡觉时，狼精吃掉
了小女儿。其他几个女儿发现异常，假借上厕所逃
出，爬上了树。狼精出来看到后，要求上树。大女
儿用绳子拉狼精上树，在半空中松手，将它摔死。
之后，狼精的尸体变成白菜，被货郎换走，并在路
上骂货郎。到了客店，货郎让人把狼精变的白菜煮
了，结果变成了一锅红汤。[1]

　　这个狼精故事是1941年1月23日，司礼义从西

1　Serruys, Paul.
"Fifteen Popular
Tales: From the South
of Tatung (Shansi),"
pp.210–217. 亦可参阅
本章附录。

册田村年仅12岁（虚岁）的徐继茂那里采集到的。同日，司礼义还从徐继茂口中采录到关于小伙伴绰号的三则顺口溜。[2]西册田村位于桑干河畔。当时，一边传教一边从事民俗学研究的司礼义，还分别从西则田、瞳堡收集到两则相类的"妖精故事"，并在同一篇文章中进行了详细而广泛的纵深比较。

狼精故事在山西有着广泛的流布。二十世纪七八十年代出生的人，幼年时就经常听长辈讲类似的故事。本章作者之一，赵雪萍，出生在山西文水。在她小时候，外婆就给她讲狼精故事，使之有自我保护的意识。留存在其记忆中的外婆所讲的狼精故事，大致与七十多年前司礼义记述的故事雷同，也是五个女儿，最后狼精变成了白菜。不同的是：

1.母亲不是去送饭，而是去外婆家。

2.其他孩子发现狼精后，要求上厕所，狼精怕孩子们逃跑，用绳子拴住每个孩子，然后才让他们出去上厕所。

3.当狼精拿着绳子出去时，孩子们把它吊起来了。

4.孩子们把狼精摔在粪堆上，摔死后变成了一棵大白菜。

5.没有煮红汤的情节。

在山西榆次，这类故事中孩子的数量由五个变

2 Serruys, Paul. "Children's Riddles and Ditties from the South of Tatung (Shansi)," p.261.

成了两个，动物精怪由狼精变为狐精，少了精怪被摔死变成白菜的情节，寻求的帮助对象由人（买卖人）变成了棒槌、牛粪、针、火。显然，狼精故事在山西不同地区有着诸多变异，但具体的流变如何？是否符合已经通行的"老虎外婆"型故事的母题、情节？

在山西，狼/狐精怪故事的情节大体如下：1. 狼、狐狸、老鼠及其他精怪等，变成人形，欺骗并吃掉孩子的母亲；2. 精怪再变成孩子母亲的模样，试图欺骗并吃掉孩子；3. 年长孩子识破诡计；4. 精怪得到惩罚。由于狼和狐狸是山西常见的精怪，狐狸出现得甚至更多些，因此该类故事也就统称为狼/狐精怪故事。很明显，狼/狐精怪故事与众所周知的"狼外婆"和"小红帽"故事[3]属于同一故事类型，都属于AT（Aarne-Thompson）分类法中333C"老虎外婆"型，以及艾伯华《中国民间故事类型》中"老虎外婆（老虎与孩子们）型"。在AT分类法的框架下，顾希佳还注意到了狼外婆型故事的中国古代文本。诸如：明代唐胄（1471—1539）《正德琼台志》卷四二中的《老妪食孩》，清代黄之隽（1668—1748）的《虎媪传》等。[4]

相较而言，山西的狼/狐精怪故事与"狼外婆"或"小红帽"型故事有着明显的不同：1. 外出的是孩子的母亲，而非小红帽（孩子）；2. 狼变形的人往往是孩子的母亲，并非外婆。有鉴于此，本章将山西的"狼外婆"故事统称为狼/狐精怪故事。

3 [德]格林兄弟，《格林童话全集：儿童和家庭故事》，魏以新译，北京：人民文学出版社，1997，第99—102页。

4 顾希佳，《中国古代民间故事类型》，杭州：浙江大学出版社，2014，第41页。

因为奥兰丝汀（C. Orenstein）的杰出研究，小红帽故事再次强力进入中国成人的世界，并成为认知西方世界百年演进的一个窗口。2018年6月1日，或者正是受到该书的影响，当然也是作为儿童节的礼物，杨焄不厌其烦也是清晰地回溯了"小红帽"这一故事在近现代中国的传播以及本土化历程。[5] 反之，国内对"聊斋"等精怪故事的影视演绎，基本立足于儿女情长，陷于琐屑与市侩，有着娱乐至死的忠贞和执着。当然，因应对民俗"语境化"认知论的总体转型，包括口传故事在内的民间文艺学的研究出现了回到"日常生活"和回到"事实"本身的努力。不仅如此，还有人认真比较过中西童话中老年妇女形象的不同文化意蕴。[6]

整体而言，此类的深度研究并不多见，而且语境化的口传故事研究常又陷于"小地方与大社会"的文化语义学的阐释窘境，过分倚重语境而轻文本，或将语境狭隘化，为语境而语境。因为力求辨析出文本的"真意"，口传文学的文化内蕴、外在的附属功能成为研究的重中之重，而其文学性、想象性与传承传播者精神契合的情感性、心灵图景和把酒话桑麻式的闲暇愉悦之美感都无足轻重。

如同当年司礼义研究大同城南15则民间故事那样，在一个特定地域范围内，将某类故事的文本细读和宏观比较相结合的研究也就付之阙如。这是本研究通过文本细读，比较研究山西狼/狐精怪故事的原因所在。

5　杨焄，《"小红帽"译介撷琐》，《文汇报·文汇学人》2018年6月1日第4—7版。

6　王庆，《魔法·女巫·老太婆》，《读书》2014年第12期，第75—80页。

二

　　根据现有的出版物（包括内部资料），尤其是二十世纪八十年代的民间文学三套集成普查的成果，从中国国家图书馆、中国民间文艺家协会、文化部民族民间文艺发展中心等部门的收藏，我们一共查阅到山西境内的32则狼/狐精怪故事。这些故事主要来自"中国民间故事集成"山西省各县市卷、《中国民间故事集成·山西卷》、民间故事专辑《山西晚报》增刊以及司礼义当年的采录。这些故事散布于除太原、吕梁和运城三市之外的山西全境（详见下文山西狼/狐精怪故事分布图）。显然，这并非意味着狼/狐精怪故事在上述三地没有流传。

　　如前文所述，自幼在吕梁文水长大的赵雪萍小时候就亲耳听外婆讲过类似的故事，而司礼义当年在大同南部收集到的狼精故事也并未出现在大同县的民间文学三套集成的普查卷本[7]之中。这两个事例说明，哪怕是由政府牵头组织的史无前例的全国性民间文学普查，挂一漏万仍然是常态。因此，利用已有的文本作为资料进行研究明显有着局限，并亟须进一步完善和充实。换言之，意在向司礼义、钟敬文等前贤和民间文学集成普查工作者致敬的本章，仅仅是一个阶段性的成果。

　　这32则狼/狐精怪故事，来源信息如下：

7　可参阅大同县民间文学三套集成编辑委员会，《大同县三部集成》（内部资料），1991。

大同市2则

1.大同县，《妖精》，见司礼义《民间故事十五则》
（1946：210—217）。

2.灵丘县，《门环环货郎哥与老狼精》，见《灵丘民间故事歌
谣谚语集成（上册）》（1990：369—374）。

朔州市1则

3.怀仁县，《门关关、草垫垫、铁圪瘩》，见《中国民间故事
集成·山西卷》"故事·幻想故事"（1983）。

忻州市6则

4.代县，《狐狸精》，见《代县民间文学集成》（1987：317—
318）。

5.代县，《智除狐狸精》，见《代县民间文学集成》
（1987：325—327）。

6.原平县，《门环与插关》，见《原平民间文学集成（上）》
（1987：338—341）。

7.原平县，《老鼠精》，见《中国民间故事集成·山西卷》
"鬼狐精怪故事"（1987：380—384）。

8.静乐县，《狐精的故事（一）》，见《静乐民间文学集成》
（1986：187—190）。

9.五寨县，《二姐妹智斗女鬼》，见《五寨民间文学集成》
（1987：71—72）。

阳泉市3则

10.阳泉矿区，《二妮儿与狼精的故事》，见《阳泉矿区民间

文学集成》（1988：167—170）。

11.阳泉市区，《狐狸精背姑娘》，见《阳泉市城区民间文学
集成》（1988：479—481）。

12.盂县，《铁兰兰智擒狐狸精》，见《盂县民间故事集成》
（1988：68—69）。

晋中市8则

13.榆次，《狐精婆的传说》，见《榆次民间故事集成》
（1990：202—204）。

14.榆次，《狐精婆》，见《榆次民间故事集成》
（1990：205—206）。

15.榆次，《成精狐只》，见《榆次民间故事集成》
（1990：199—201）。

16.太谷县，《聪明的门关关》，见《太谷民间故事集成》
"鬼狐精怪故事"（1991：193—197）。

17.平遥县，《狐贼》，见《平遥民间故事集成》"鬼狐精怪
故事"（1988：121—125）。

18.介休市，《计杀狐狸精》，见《介休民间故事集成》"动
物故事"（1991：151—155）。

19.榆社县，《狐狸精》，见《榆社民间故事集成》"神话部
分"（1989：23—26）。

20.和顺县，《切吃鬼》，见《和顺民间故事集成》"鬼灵故
事"（1991：58—59）。

临汾市6则

21.临汾市区，《姊妹除妖》，见《尧都故事》第四辑

（1989：174—178）。

22.曲沃县，《智斗狼精》，见《曲沃民间文学三套集成》（1987：84—85）。

23.汾西县，《妖精》，见《汾西民间故事集成》（1988：239—241）。

24.浮山县，《狼怪》，见《浮山民间故事集成》（1987：492—493）。

25.翼城县，《狐狸和老婆婆》，见《翼城民间文学三套集成》（1987：130—131）。

26.洪洞县，《老妖婆》，见民间故事专辑《山西晚报》增刊（1981：33—36）。

长治市4则

27.长治县，《狼婆子》，见《长治县民间故事集成》"幻想故事"（1988：140—143）。

28.壶关县，《狼婆》，见《壶关民间故事集成》"动物故事"（1987：256—257）。

29.武乡县，《门关关智斗狐狸精》，见《武乡民间文学集成》（1988：185—187）。

30.黎城县，《瘦小智擒猫狐精》，见《黎城民间故事集成》"机智人的故事"（1987：302—303）。

晋城市2则

31.晋城市郊区，《狼婆》，见《晋城市郊区民间故事集成》"动物故事"（1987：336—342）。

32.高平县，《狼婆》，见《高平县民间故事集成》"动植物传说"（1987）。

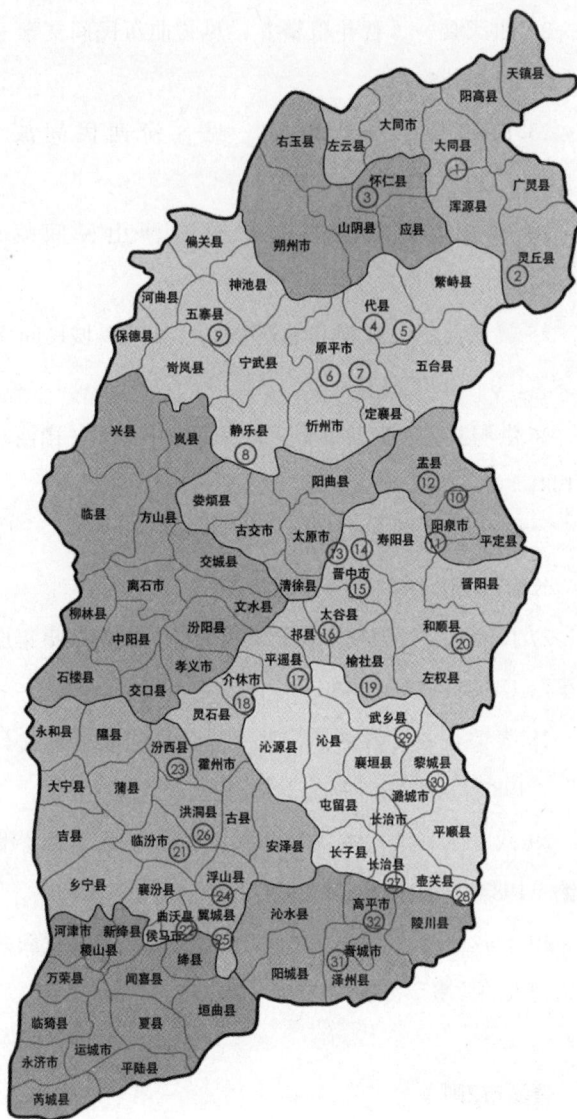

山西狼／狐精怪故事分布图
（图中数字分别对应上文 32 则故事的编号）

三

按照情节、精怪变形角色、故事结局和前情、开门者、被吃掉的孩子等，可以对这32则狼/狐精怪故事进行分类。

1.根据故事情节，可分为两类：

（1）"纵狼入室"型：精怪吃掉母亲后来敲门，共28则。另外，故事3没有交代母亲是否被吃，只是强调狼变成舅舅来到了三个孩子家。

（2）"误入狼穴"型：人被骗去狼窝，共3则，即故事6、11、22。

欧洲小红帽故事与中国狼外婆故事最主要的区别在于：前者是"误入狼穴"型，后者则是"纵狼入室"型。[8] 在一定意义上，误入狼穴认可、鼓励的是探险、冒险与求新，在相当意义上属于进取攻击型。"纵狼入室"隐喻的是陌生的他者——"狼"对于我群体——"室"的危险、威胁，认可的是小心谨慎、稳妥与防卫，乃保守防御型。

山西此类故事的流传，暗示了传统求稳妥的保守防御型家庭观念的盛行。这或者也是中庸、平和、包容、务本的中华文化在家庭层面的体现，是作为支配性意识形态的儒家观念经过千百年教化、渗透而沉淀在千家万户日常生活的结果，而且成为

8　程诺，《"狼外婆"在异质文化环境中的"中断"与"绵延"：以图画书〈狼婆婆〉为中心》，《作家》2012年第2期，第107—110页。

了一种群体心性与习性。在相当意义上，考虑到给孩子的取名，开门者及被吃者等诸多元素，"把外祸排斥于门外，给自己营造一个没有异常情况介入而相对平安稳定的生活空间是中国人传统的伦理家庭特点"[9]。毫无疑问，让孩子一个人深入隐藏着重重危险的大山，并不符合中国传统的主流教育理念。作为孝道的经典表述，"父母在，不远游"[10]，同时也指向了儿女满堂、子孙绕膝和养儿防老的保守的养育观、幸福观。

如今，挂锁、寄名等很多针对孩童的传统仪礼[11]在整体性地衰减。但是，为了孩子健康平安地成长，当然也是因为计划生育政策造成的数十年"金贵"的独生子女的整体性社会事实，想方设法将小孩子、子女保护起来，甚至过度呵护，仍然是主流的育儿观。如今，在大城小镇，最常见的是，几个大人围绕一个孩子转。怕孩子"跌倒"受伤、失误，大人亦步亦趋，对生活琐事包办代替，却不担心遏制孩子的好奇心、创造力与行动力，更不用说健康成长不可少的身心训练、挫折和磨难。

9　胡芸，《多民族狼外婆故事母题浅议》，《忻州师范学院学报》2002 年 第 2 期，第 34—38 页。

10　杨伯峻译注，《论语译注》，第 56 页。

11　岳永逸，《行好：乡土的逻辑与庙会》，第 160—163 页；《人生仪礼：中国人的一生》，北京：光明日报出版社，2015，第 47—71 页。

2.按照狼/狐精怪变形的角色，可分为三类：

（1）狼/狐精怪变成妈妈，共24则。

（2）狼/狐精怪变成舅舅，共4则，即故事3、7、11、22。

（3）先后变过两个人，共4则，又可分为两种情况：

① 先变成舅舅，被识别出后又变成妈妈，其余情节类似，即故事5。

② 先是变成妈妈，被杀后变成白菜，白菜又变成男人（货郎）媳妇，即故事2、17、18。这3则故事都伴随有后续故事。有的故事在结尾处还加入了其他动物的传说。故事18结尾就说明了臭虫、虱子、狗蝇、跳蚤的来历。

在这些故事中，狼/狐精怪并没有变成过孩子外婆，更多的是变成了孩子的妈妈。从这些故事的题目，我们就能看出与狼外婆或老虎外婆型故事之间的这一区别。在我们搜集的这32则故事中，没有以狼外婆命名的，但是有以狼婆婆/狼婆子来命名的。这或者是因为在故事情节的发展中，孩子的母亲在半路上遇到狼或狐狸变成的老婆婆而命名的。这迥然有别于小红帽故事中，狼吃掉小红帽的外婆后直接变成其外婆，躺在床上等待小红帽的到来。

3.按照故事结果，可分为五类：

（1）狼/狐精怪被打死了，除了一害。有一特例：故事14在情节上多了一层，即狐精第一天吃了老大后并未被打死，而是在第二天要吃老二时，被老二寻求的棒槌、牛粪、针、火等救助物打死。这似乎是司礼义当年记录的妖精1和妖精2两则故事的融合。不同点在于：故事14中孩子的数量是两个并非五个，求助者是小孩子而非老婆婆，得到的救助物也不尽相同。

（2）狼/狐精怪被打死后，变成了一棵白菜，被人换走或拿走，然后被切或被煮，如故事1。也有成为白菜风物传说的，如故

（3）被打死后变成白菜，继续变为人形作恶，然后被彻底打死。例如，故事2、17就引出臭虫、虱子、狗蝇、跳蚤的来历。

（4）被打死后变成其他植物：

① 红眼圪针。先是变成白菜，被煮后变成黑水，倒了黑水的地上长出一种植物，即红眼圪针，然后被烧，如故事8。

② 萝卜，如故事10。

③ 红眼芥子菜，如故事16。

（5）在故事的结尾加了神话，主人公无家可归，赤脚大仙将其带到天上，给王母娘娘当了仙女，如故事26。

对于民众的传承实态而言，在学者这里泾渭分明的故事、传说、神话常常是交融错杂，你中有我，我中有你，相互转化，并借助对方的力量来扩展自己发展的空间。这样，也就形成了特定地域民众自己心知肚明的文体学和形态学。[12]在民众的日常生活及其叙事学中，不同体裁、形态的结合也就更充分地体现了地方的风物习俗，反映其情感、想象和对一些事物的解释。在狼/狐精怪故事中，民众将狼/狐精怪与白菜、萝卜以及一些动物的来历联系在一起，加强了故事的生活性、亲切感、可信性和趣味性，也便于对儿童进行教导。在洪洞流传的此类故事，即故事26中，就加入了神话传说。

12　早在1924年，参与北大歌谣运动的傅振伦（1906—1999）就清楚地注意到在其家乡，河北新河县，乡亲们有别于研究者的分类学。为此，他列举了下述对照表：

俗名	学名	俗名	学名
差儿	有寓意之长语	数落嘴儿	无寓意之语（短者）
坎儿	歇后语/喻语	绞嘴的话	急口令
谜儿	谜说	但掌儿	无寓意之语（不甚长，亦不甚短）
俗话（或实话）	谚语		

新近，前文提及的西村真志叶对北京远郊燕家台村"拉家"的深入研究，就是再次试图澄清有别于学者体裁学的民众体裁学。在其田野现场，东北的徐家屯，祝秀丽同样精辟地指出：不是别的，就是"行为"本身，铸就了口承故事文本边界的松散结构和粘连形态等特质。分别参阅傅振伦，《歌谣杂说》，《歌谣周刊》第六十八号（1924），第1—2版；祝秀丽，《村落故事讲述活动研究：以辽宁省辽中县徐家屯村为个案》，北京：中国社会科学出版社，2013，第119—145页。

这从侧面反映出在洪洞，赤脚大仙、王母娘娘的信仰曾经盛行。

4.按照故事的前情介绍，分为两类：

（1）去外婆家（或从娘家返回）：这包括故事2、5、6、7、8、10、11、12、13、14、15、16、17、18、19、20、21、22、23、24、27、28、29、30、31、32。

（2）其他：

① 去集市买布，即故事9。

② 去地里送饭，即故事1。

③ 上山打柴，即故事4。

④ 去舅舅家，即故事25。

⑤ 去看大女儿，即故事26。

⑥ 未交代，即故事3。

显而易见，去外婆家（回娘家）是此类故事的主要前情。尽管前文指明了狼/狐精怪故事与狼外婆、小红帽故事中、西这两类故事明显的不同，但是对于去外婆家这一情节设置而言，却十分一致。事实上，这也与千百年来农耕文明的生活实态相符。"从夫居"的婚姻形态，使得回娘家是外嫁女儿主要的社交活动之一。这样，去外婆家看庙戏、给外婆祝寿等故事的发展就合情合理，进而使得故事易于流传。从其他几个为数不多的去向中，我们还可以看出当时、当地人们生产生活的常见形态。比如，下地干活、上山砍柴、走亲戚、赶集等等。

5.按照不同的开门者，可分为四类：

（1）孩子们一起开门：包括故事2、8、12、15、16、17、18、19、24、27、28、30。

（2）最小的孩子开门：包括故事1、6、9、20、21、25、26、31。

（3）最大的孩子开门：包括故事10、23、29、32。

（4）未做交代：如故事5。

6.按照被吃掉的孩子，可分为三类：

（1）最小的孩子被吃掉：如故事1、4、6、8、9、12、13、15、16、17、18、19、20、21、23、24、25、26、27、29、31、32。

（2）最大的孩子被吃掉：如故事2、10、28。

（3）都未被吃掉：如故事3、30。

综合开门者和被吃者，中西此类故事又一个不同点是：群体遇险与孤身遇险。在群体遇险的中国故事中，面对突如其来的事件，年长的孩子与年幼的孩子所做出的反应也不相同。通常而言，年长的孩子比年幼的孩子更加冷静、机智，显示出了"成熟"的优势。这与许多西方民间故事中的"幼子幸运定律"[13]正好相反。从开门者分类中可以看出，

13 程诺，《"狼外婆"在异质文化环境中的"中断"与"绵延"：以图画书〈狼婆婆〉为中心》。

最大的孩子开门少于最小的孩子给狼/狐精怪开门，而被吃掉者也往往是最小的孩子。

需要注意的是，群体一起开门是狼/狐精怪故事的主流，但它往往伴随着对狼/狐精怪两到三次的考验，然后才是大家一起开门。考验的过程在展现狼/狐精怪狡猾多端的同时，也显示了较大孩子的机智。这暗示出孩子所面对的来自外界、他者的危险与诱惑之大，不仅是年幼者，大、小孩子常会一起上当受骗而开门。

其实，虽然是"童话"式的，甚至是诗性与唯美的，但这也是中国文化趋于稳当、保守、经验的"老龄化"的隐晦表现：**在父母等长辈眼中，孩子永远都是孩子，是长不大的、不成熟的、会上当受骗的，因此是需要接受长者的教诲、训示、经验，以及安排、庇护和加持的。**

在考验过程中所使用的方法，也体现出故事对儿童的教育功能。如孩子们通过对比母亲与狼/狐精怪的声音、体貌、穿着等，来识别母亲的真伪。这些提示，都是在教育儿童如何识破坏人的伪装。结合狼/狐精怪的种种骗术，故事反复地（两到三次）渲染这种欺骗与识别，目的就是要通过这些来告诫孩子不要轻信陌生人，要有自我防备、保护意识，提醒他们时时保持警惕。从多数被吃者是最小孩子这一后果，故事让孩子们，特别是年幼者，深深感知其严重性，进而汲取经验教训。

四

在狼/狐精怪故事中，动物、孩子、植物、食物、日常用品、韵语以及获救方式等都是构成故事的不同的核心要素。正是这些要素不同的排列组合与互动，才构成了一个个精彩、鲜活的口传故事。那么，这些核心要素组成怎样？在32则故事中，又是一种怎样的分布呢？

（一）动物

1.主角

（1）狼：包括故事1、2、3、6、10、22、24、27、28、31、32。

（2）狐狸：包括故事4、5、8、11、12、13、14、15、16、17、18、19、25、29。

（3）老鼠：即故事7。

（4）鬼怪：包括故事9、20、21、23、26、30。在故事30中，猫狐精有可能是指狼。在文水县，方言将狼称为"麻狐""猫狐"。由于尚不确定在当地猫狐精指什么，因此将之归在了此类。

可见，在山西的狼/狐精怪故事中，作为主角的动物狼和狐狸的数量大体相当，而其他诸如老鼠及鬼怪等作为主角的故事则较少。这也是本章将这类故事统称为狼/狐精怪故事的因由所在。要特别指明的是，在原平县同一地区，出现了动物主角不同，情节也不同的情况。原平县的2则故事，故事6是狼入人屋，故事7则是人误入鼠穴。后者在这32则故事中也并非个案，它与在阳泉市城区、曲沃县所流传的此类故事，共同构成一类，即"误入狼穴"型。

就上述这些故事中的动物主角而言，爱德华·泰勒在《原始文化》中所言的万物有灵观（Animism）贯穿始终，狼精、狐精、鼠精等，不一而足。特别是结合某些地区故事结尾出现的这些精怪被打死后变成大白菜，大白菜又变成人形继续作恶等，都反映出有灵的人、动物、植物之间互换变形的观念。这其实是对大自然的拟人化，使得大自然与人一样，有形体、有思想、有灵魂，从而衍生出被敬畏和膜拜的神灵。这与故事中反复提到的一个情节互相验证，即孩子假借上厕所逃跑，狼/狐精怪不同意，让他们在炕上、窗户、地下等来解决。孩子们一致回答炕上有炕神爷、窗户有窗神爷、地上有土地爷等，从而借用这些无处不在的神明得以逃脱。

2. 配角

（1）协助人类逃脱的动物：鸡（故事12、16、18、26）、猫（故事2、6）、狗（故事10）、喜鹊（故事8）。

（2）故事结尾提及的动物：臭虫、虱子、狗蝇、跳蚤。在故事17中：狐狸精被压得碎肉横飞，鲜血四溅。据说，这血溅到墙上就是臭虫，溅到人身上就是虱子，溅到狗身上就狗蝇，溅到猫身上就是跳蚤。

故事中的这些动物配角明显分为了两类：友善和有害。在乡土中国，鸡、猫、狗是随处可见且性温顺的家养动物。喜鹊虽非家养，在民间叙事与日常表达中，却是喜闻乐见的"吉祥鸟"。"喜鹊闹梅""喜上眉梢"不仅是年画惯有的主题，也是文人画常见的题材。在民间故事中，尤其是与七夕相关联的牛郎织女故事中，"鹊桥"更是家喻户晓。相反，虱子、跳蚤等让人不得安宁的害虫，在过去卫生条件相对差些的农村更是比比皆是。小孩更是容易遭受攻击的对象。

显然，狼/狐精怪故事的日常讲述，影响着孩童对身边习见活物的好坏类型的认知与分类。

（二）孩子

1. 数量与性别

（1）一个孩子：故事11、22。

（2）两个孩子：

①两个女儿：故事6、10、13、15、29、32。

②一男一女：故事12、26、30。

③未说明性别：故事2、5、14、28。

（3）三个孩子：

① 三个女儿：故事3、8、9、18、20、21、25。

② 二女一男：故事17、24、27。

③ 未说明性别：故事4。

（4）四个孩子：

① 四个女儿：故事19、31。

② 未说明性别：故事16、23。

（5）五个女儿：故事1。

2. 名字

（1）与门有关的工具名，如铁关关、门栓栓、苕帚把等，如故事2、5、6、8、12、13、15、16、17、21、23、24、26、29。

（2）其他工具，铛儿、碟儿、煎饼盖儿、油圪嚓儿等，如故事31。

（3）按胖瘦取名，瘦儿、胖儿等，如故事28、30、32。

（4）人名，小英、铃铃等，如故事3、27。

（5）没名（或直呼大妮/二妮），如故事1、4、9、10、11、14、18、19、20、25。

从故事中孩子的数量而言，二至三个孩子的家庭明显是主流。这多少与学术世界建构出来的代表中国文化特征的"多子"的大家庭之**学术事实**有着出入。而且，故事中二至三个孩子的多数家庭，还是女孩偏多。作为**故事事实**，女孩偏多或者一方面表达了女孩更须呵护的养育观，另一方面也传递着男权社会中根深蒂固的对女孩"大门不出二门不迈"而严加看管的女性观。

大人给孩子起的名字大多与门相关。这或许不是巧合。以中国民居常见的门闩作为故事主人公的名字，正是为了强调并提醒孩子们从小就认识这些关门锁户的用具，知晓其功能，明白其用法，强化防范意识。这也反映出此类故事在民间育儿习俗中的教育功用，即灌输"看家护宅"的安居观念，培养孩子树立以封闭型家族亲情关系为本位的民俗意识[14]、空间意识和身体意识。在相当意义上，这也解释了为什么中国的狼外婆故事是"纵狼入室"型。

这一观念在故事中还体现为母亲外出前对孩子们的嘱托：关好门、锁好门、看好门、不要随便开门，以及让年长的孩子照顾年幼的孩子，或者是年幼聪明的孩子照顾年长呆傻的姐姐等。至今，反向

14 江帆，《藏不住的尾巴——"狼外婆"故事解析》，见刘守华主编，《中国民间故事类型研究》，武汉：华中师范大学出版社，2002，第105—113页。

的日常言语及其实践则是，出于惩戒，甚至是最严厉的惩罚，父母等长辈经常会对孩子说："你再不听话，我就把你**关到门外**去！"就是在目前禁止体罚的学校教育中，将上课不认真的孩子关在教室门外或站在教室门边，还是并非个别现象。更不用说，在强调"师门"的成人世界，"破门"事件的频频发生。[15]

15 岳永逸，《以无形入有间：民俗学跨界行脚》，第225—227页。

五

（三）植物

1.树（帮助人类逃脱的主要工具）

（1）花椒树：故事1。

（2）枣树：故事6、8、19。

（3）梨树：故事10。

（4）槐树：故事13。

（5）椿树：故事21、24、26。

（6）杨树：故事29。

（7）未提及树名：故事2、5、9、15、16、20、23、25、27、28、30、32。

2.精怪变成的植物

（1）白菜：故事1、2、8、17、18、21、23、31。

（2）（红心）萝卜：故事10。

（3）红眼芥子菜：故事16。

（4）红眼圪针：故事8。

3. 用来代替被吃孩子尸体的植物（其他孩子通常问狼/狐精怪："妈妈，吃啥哩？"）

（1）豆：故事1、2、4、5、9、30。

（2）柿子：故事10。

（3）枣：故事16、23。

（4）胡萝卜：故事21、24、25。

（四）食物

1.植物部分提及的有萝卜、豆子、白菜、枣、柿子等。

2.干馍馍：如故事26、27、28、31、32。

3.猪蹄：如故事2。

4.油糕：如故事12、13、14、16、18。

5.河捞：如故事11。

6.油和醋（酱）：如故事6、8、19。

（五）日常用品

1.用来代替被吃孩子尸体的事物

（1）顶针儿：故事6、14、19。

（2）手镯：故事8、15、18。

（3）戒指：故事15、19。

（4）金钗：故事17、18。

（5）耳环：故事23。

2. 狼/狐精怪尾巴的替代品

（1）鸡毛掸子：故事32。

（2）麻：故事7、28、30。

（3）笤帚：故事11。

3. 其他用品

（1）绳子（或裤带）：故事1、2、5、6、8、9、10、13、15、17、18、19、20、21、23、25、26、27、29、30、32。绳子又分为铁绳和草绳，往往获救者得到铁绳，狼/狐精怪得到的是草绳，所以被摔死。

（2）油毡：故事3。

（3）耳沿子：故事7。

（4）枕头：故事11、22。枕头也分为铜枕头、铁枕头、木枕头，这三者是其他狼/狐精怪在杀人时用以区分它们同类和人类的标志物。

（5）针：故事14。

（6）火疙瘩：故事23。

（7）簸箕（笸箩）：故事24、31。

（8）油锅：故事25、30。

（9）斧头：故事24。

民间故事不仅有着丰富的想象，它同时也是对一个地方民众日常生活的整体性呈现。狼/狐精怪故事这些经常出现的植物、食物与日常物件，不仅充分展现了童话故事能让孩童多识鸟兽草木之名的教育功效，也可以让他者从中窥见山西的自然物产、社会生活风貌和与自然一体的万物有灵的精神世界。诸如：房前屋后的枣树、梨树等果树；菜园子中的白菜、萝卜等菜蔬；耳沿子、枕头、簸篮、锅、斧头、油毡等家用物什；馍馍、油糕、河捞、醋等饮食；大绿裤、白布衫、蓝补丁、黑布头罩、手镯、戒指、耳环、金钗等服饰；以及在山西出门主要靠腿行走的出行方式（仅有一个地区提到过坐船过河，但过河后仍然步行）；等等。

其中，用来替代被吃掉孩子尸体的东西或事物，在反映当地的植物或人造物的同时，还用以说明年长孩子的机警与细心。此外，通过对吃小孩这一残忍行为的描摹，强化了民间故事在娱乐审美的同时兼具的成人社会的"意识形态"属性，和民间故事多少都有的警戒意味与教化功能。

六

（六）韵语

32则故事中，共有13则故事出现了韵语。诸如：

东股风，西股风，给咱刮来大绿裤，白布衫，鼻梁洼上点个朱色点，头上别个红线针。南风刮来蓝补丁，北风刮来白补

丁。（故事2）

东风来，西风来，给俺刮着件黑布袄儿蓝布裙来。东风来，西风来，快给俺刮着一片片荞麦皮来。（故事13）

东风风来，西风风来，给俺刮着块荞麦皮皮。东风风来，西风风来，给咱刮块黑布头罩来。东风风来，西风风来，把俺照她姊妹俩说的人来安排。东风刮来猪肉味，西风刮来羊肉味，南风刮来马肉味，北风刮来牛肉味。（故事15）

东风刮，西风刮，快给我刮成黑头发。东风刮，西风停，把我的麻子快刮平。东风刮，西风搅，把我的脚儿快变小。（故事21）

收罢秋、按罢菜，摊上煎饼瞧奶奶。东风儿，西风儿，甜来麦花儿。（故事32）

有柴放上半炉炉，没柴放上一炉炉；有米下上半锅锅，没米下上一锅锅。（故事23）

东家一点油油，西家一点醋醋，抹一抹，上一上。东家一把斧子，西家一把刀子，砍一砍，上一上。（故事8）

金指甲银指甲，一挤一个黑虼塔。东家房里一碗油，西家房里一碗酱，上一上，扛一扛。（故事19）

金指甲银指甲，一切一个黑疙瘩。东风来，西风来，给我吹个黑疙瘩来。东风来，西风来，给我吹块补丁来。（故事30）

这些韵语充分展现出山西方言，尤其是育儿方言的特点：叠字。如东风风、西风风、油油、炉炉、锅锅、醋醋等。或许，正是这一方言形式构成了山西民歌特有的风范。从这些俗语中，我们还可以看出民众的服饰饮食以及生活中的某个细节，如颠倒话："有柴放上半炉炉，没柴放上一炉炉；有米下上半锅锅，没米下上一锅锅。"这正是我们日常生活中常见的语言"失误"。将此用在故事中，既增加了故事中的生活情节，还增添了趣味性。当然，它并非仅仅是语言失误，还有小民百姓苦中作乐的达观和不得不不时面对的严酷生活真实的投影。

至于，为什么用东西南北风，或许也是对自然物、自然现象的一种崇拜吧！韵语中不时出现的手绢、黑布袄儿、蓝布裙以及小脚等，也反映了在相当长的时期人们共享的审美心理与情态。

（七）获救方式

1. 假借上厕所逃上树，用绳子拉狼/狐精怪上树，半空中松手，将它们摔死。这是32则故事中最常见的获救方式。

2. 向村民求助：如故事4、12、28。

3. 向上天（神仙、某些物品）求助：如故事8、17、18、23、26等。

4. 遇到货郎（或拾粪小子/男人）的帮忙：如故事11。

要说明的是，从上文可知，在故事中，树和绳子是人类逃脱的主要工具。这也说明当时人们居住的房屋主要是平房，厕所在门外院子里，有的还有后院。在这32则故事中，有20则故事都使用了假借上厕所逃脱这一情节。其余故事未做详细的说明，仅强调上了树这一结果。此外，32则故事中，只有晋城市郊区的《狼婆》这一则故事，即故事31说明是楼房。

在故事中，货郎的出现分为不同情况。有的是帮助人类逃脱，如在故事11，即在阳泉市城区流传的故事《狐狸精背姑娘》中，卖草的人将妇女夹进草捆，送回村子。有的则出现在故事的结尾，给故事一个交代或推进故事情节的发展而引出新故事。故事1、2、8、17、18、23、31都是如此。

这里，仍然显示出狼/狐精怪故事与狼外婆、小红帽故事的区别：儿童的自救与他救。相较于小红帽在狼肚子里被猎人拯救，在山西流传的狼/狐精怪故事中，孩子们大多是处于自救状态。如上文所述，故事的结尾大部分是孩子们逃上树，再欺骗狼/狐精怪上树，最后将狼/狐精怪在半空中扔下摔死。只有几个地区流传的故事中显示出孩子们向村民或神灵求助，但这也仅仅是孩子们已经自己逃离出来后才发出的求助。在相当意义上，这也是温柔敦厚、先礼后兵、置之死地而后生并勇于担责的中华人文精神的折射。

与此同时，作为救助者之一出现的货郎，从侧面反映出当时社会经商的状况。除行商之外，结合故事前情介绍中提到的去外婆家看庙戏，以及上集市买东西，都从侧面说明当地曾经有过的交易习俗。

七

狼外婆或老虎外婆故事，是民间文艺学经常探讨的对象。钟敬文、艾伯华和丁乃通（1915—1989）都有过各自的梳理。

1931年，钟敬文就已经发表了他整理出来的50多个中国民间故事形式。其中，他归结为"老虎母亲（或外婆）型"故事的母题如下：

（1）一妇人，有两儿女（或一儿一女）。

（2）一天，母亲外出，有老虎（狼或野人，或其他猛兽）幻形为他们的母亲（或外婆、叔婆）来到家里。

（3）夜里老虎吃小妹，声为其姐姐所闻，惧而逸去。

（4）老虎寻觅（或追赶）其姐，但卒失败（有的已尽于

16　钟敬文，《钟敬文文集·民间文艺卷》，合肥：安徽教育出版社，2002，第627页。要指明的是，在该书同页，钟敬文还归纳有"老虎精型"故事，即："老婆子（或女子），以将被吃于某兽或妖怪而哭；种种过路的人或物精，许贡献其所有物或自身以助之；某兽或妖精来，遇埋伏，卒毙命或受伤。"虽然都有老虎"吃"人的母题，但此类明显有别于老虎外婆型故事。后来，他还专门研究过此类型故事，参阅钟敬文，《老虎与老婆儿故事考察》，《民间月刊》二卷一号（1932），第5—16页。另外，因为毗邻，1920年代中后期，在河北流传的"大黑狼的故事"对山西狼/狐精怪故事的研究有着重要的参考价值，参阅谷万川，《大黑狼的故事》，上海：亚东图书馆，1929，第1—18页。

此，有的则下接卖货郎得七个女儿的情节）。[16]

在本章的32则山西狼/狐精怪故事中，上述母题均有体现，只是个别细节上有所不同。比如，孩子的数量由一个到五个不等，两到三个孩子的家庭居多，且在整体上女孩多于男孩。

第二个不同是，山西的所有此类故事中没有出现过老虎。正如这32则故事所显示，常见的是狼、狐狸以及一些鬼怪。对于狼和狐狸，人们的看法也不尽相同。通常，人们对狼是憎恶，对狐狸则是敬畏。正如李慰祖《四大门》、康笑菲"胡仙"研究呈现的那样，胡仙信仰源远流长，密布乡野，在华北更是普遍。如果在地里劳作偶遇狐狸，人们会在狐狸出现的方向拜一拜。赵雪萍的母亲、外婆以及一些其他的长辈都说过类似的事情。或许，从理性而言，这与进村的狐狸较少攻击人，而狼则会同时攻击人畜有关。

第三个不同是故事的结尾。山西的此类故事中较多出现变成白菜这一情节，然后引出货郎的登场，没有上述母题（4）所言的货郎得七个女儿的情节。

在某种意义上，艾伯华的中国民间故事类型的研究得益于钟敬文的先期研究。钟敬文命名的"老虎母亲（或外婆）型"，艾伯华称之为"老虎外婆（老虎和孩子们）"，其母题如下：

（1）一个多子女的母亲离家看望亲戚。

（2）她关照孩子们，不要让不认识的人

进家门。

（3）半路上她遇见了一个向她详细询问的女人。

（4）这是个动物妖精，它狼吞虎咽地把她吃了。

（5）这只动物得到了孩子们的允许，进了家门。

（6）为了不露尾巴，它坐在一只桶上；孩子们感到惊奇。

（7）晚上它让最小的一个孩子睡在它的身边。

（8）它把小孩子吃了。

（9）姐姐听见声音，问妈妈在吃什么东西。

（10）她看见一个小孩子的手指头，发觉来者不是妈妈。

（11）她和其他孩子们假装要解手，逃出来爬到树上。

（12）那只动物也跑了出来。

（13）孩子们喊救命。

（14）动物听从孩子们的建议往身上抹油，这样就上不了树。

（15）孩子们把那只动物吊在树的半腰上。[17]

17 [德]艾伯华，《中国民间故事类型》，第 19 页。

除母题（6）（13）（14）（15）不同外，狼/狐精怪故事涵盖了其他所有母题。另外，母题

（2）仅出现在16个区县的文本中。下面就4个不同的母题一一进行比较说明。

母题（6）在狼/狐精怪故事中均无出现，但有掩饰尾巴的类似情节。如：在狐精进门前，孩子们问后面拖着什么，狐狸精回答一缕麻团（代县）、团爷（外公）的皮袄（静乐县）；睡觉时小的摸不到老大，摸到尾巴（灵丘县）；睡觉时小儿子发现/摸到尾巴，狼精回答是笤帚（长治县）、一扎麻（壶关县）；睡觉时老大觉得娘反常，伸手去娘被子摸，摸到狐狸的尾巴（武乡县）；睡觉时大的摸到尾巴，狼精回答是一些麻（黎城县）、鸡毛掸子（高平县）。在其他县区的24则故事中，没有出现尾巴的母题。

母题（13）在狼/狐精怪故事中并不明显，仅有个别地区出现类似情节：向他人求助。如：第二天，狐精离开，老大老二找不到弟弟，发现了白骨，向邻村人求助（代县）；假借上厕所，拴上绳子去外面，把绳子系在鸡上，向邻居求助（盂县）；假借上厕所，逃出爬上大树，向村民求助（壶关县）；老大悄悄逃出上树后，喊人一起把动物打死（榆次）。其他24个县区的故事均无呼救的情节出现。

当然，山西狼/狐精怪故事中有替代的情节，即在假借上厕所逃出后，向上天、向神灵求助。诸如：上了枣树后又向天呼救，得到铁绳、铁筐上了天（静乐县）；将拴着他的绳子拴在石头上，向天祈祷得到铁绳上了天（平遥县）；将拴着他的绳子拴在鸡上，向上天祈祷得到铁索上了天（介休县）；割断拴着他的绳子，向老天祈祷得到绳子上了树（汾西县）；向椿树爷爷祈祷得到簸箕上了树（浮山县）；将拴着他的绳子拴在鸡上，向赤脚大仙祈祷得到筐子上了天（洪洞县）。

母题（14）在狼/狐精怪故事中，有明显的不同。首先，动物并未听从孩子们的建议往身上抹油，而是听从孩子们的建议往树上抹油和山西特产——醋。例如：

> 抹点油，上一上；抹点蜡，上一上。（灵丘县）
> 东家一碗油，西家一碗醋，抹一抹，上一上。（原平县）
> 东家一点油油，西家一点醋醋，抹一抹，上一上。（静乐县）
> 东家房里一碗油，西家房里一碗酱，上一上，扛一扛。
（榆社县）

其他县区的故事中没有类似情节。其次，在狼/狐精怪故事中，大多是精怪听取了孩子的建议：用绳子拴住自己，孩子们用力将其拉到半空中，然后松手，将之摔死。[见下文与母题（15）的比较]再次，替代情节：精怪上不了天，如静乐县、平遥县、介休县、洪洞县。最后，替代情节：精怪上不了楼，如晋城市郊区。

母题（15）在山西流传的此类故事中并未出现。而是出现替代情节，包括：

①将动物拉到半空中，然后松手，将其摔死。如：大同县、灵丘县、原平县、五寨县、阳泉矿区、榆次、太谷县、榆社县、临汾市区、长治县、武乡县、晋城市郊区、高平县。

②将动物拉到半空中，然后松手，将其摔到茅坑。如：代县。

③将动物拉到半空中，然后松手，将其摔到油锅里。如：和顺县、翼城县、黎城县。

④将动物拉到半空中，然后松手，斧头掉下去砸死。如：浮山县。

⑤用其他东西碾死。如：怀仁县。

⑥模仿孩子向上天祈求，得到草绳摔死。如：介休县、静乐县、平遥县。

⑦模仿孩子向上天祈求，得到火球烧死。如：汾西县、洪洞县。

此外，山西流传的此类故事，其结尾处还有不少的增添。这包括：

①动物尸体变成了白菜，与货郎交换，最后被货郎煮了一锅红汤。如：大同县。

②动物尸体变成了白菜，与货郎交换，白菜后又变成货郎的媳妇，继续作恶，最后被货郎杀死。如：灵丘县。

③动物尸体变成了白菜，被货郎拔走，煮了一锅黑汤，倒在地上，长出了红眼圪针，被货郎拿斧子砍倒，用火烧成灰。如：静乐县。

④摔死动物的地方长出白菜，拾粪的小子拿走，白菜变成红眼媳妇，继续作恶，最后被男人杀死。引入臭虫、虱子、狗蝇、跳蚤的来历。如：平遥县。

⑤埋动物尸体的地方长出一棵白菜，路过的男人拔走，白菜变成红眼媳妇，继续作恶，最后被男人杀死。如：介休县。

⑥动物尸体变成了白菜，引出白菜被吃的传说。如：临汾市区。

⑦动物尸体变成了白菜，或埋动物尸体的地方长出一棵白菜，路过的买卖人将其挖走/换给货郎，回家切了白菜，流了一案板血，扔到茅坑。如：汾西县、晋城市郊区。

⑧摔死动物的地里，长出了红心萝卜。如：阳泉矿区。

⑨动物尸体污染的土地上长出了一片人们厌恶的"红眼芥子菜"。如：太谷县。

⑩加入了神话：活着的孩子无家可归，赤脚大仙将其带到天上，给王母娘娘当了仙女。如：洪洞县。

八

与钟敬文、艾伯华相较，掌握了更多资料的丁乃通，对该类故事梳理更为详尽。他归纳的民间故事333C"老虎外婆"的母题如下：

这个吃人的妖怪常常是（但不全是）老虎精，它自称是孩子们的亲戚（通常是外祖母）。

1. ［母亲和孩子们］

（a）母亲离家时嘱咐孩子们（通常是两个或三个孩子）看家，在她回家以前不要随便开门

（b）母亲在路上遇到妖怪，并且被它吃了

2. ［女妖进门］

（a）女妖通常是狼或老虎，来到这一家，自称是他们的母亲、外祖母或其他亲戚，叫孩子们开门

（b）有时，孩子们问问题，女妖使用诡计骗了他们。通常都是他们并不多疑，就打开了门

或其他的发展：

（c）孩子们去看他们的外婆，在路上遇见了女妖，假说是他们的外婆，他们就跟着它到它的家里去了

（d）孩子们在家里感到孤单，寻找或大声叫唤外婆，女妖扮成外婆来了

3．[女妖在屋里]一旦进到屋里

（a）女妖奇怪的容貌、形状等被一个或两个大孩子注意到

（b）女妖怕亮光

（c）坐在敞口的篓子、坛子或大桶上，它的尾巴常常弄出格拉拉的声音。它催着孩子们赶快上床睡觉，在床上它吃了

（d）一个或更多的孩子

（d1）或是它上了孩子的当吃了自己的小仔儿（或是一条狗）[18]

（e）它没有吃小孩

4．[幸存者惧极而逃]没有死的孩子

（a）在黑暗中听到格吱格吱咬嚼的声音

（b）向假外婆要一点它吃的，却得到自己同胞的被吃剩下的身体的一部分，通常是手指

（c）发现了另一些可怕的事

（d）她得到许可离了屋子，但是

（e）往往是用绳子一类的东西绑着她的身体，后来她又解开绳子绕在另外的东西上

（f）然后逃到一个高的地方去，例如一棵大树或院子里，或邻居的家里

5．[惩罚女妖]当女妖发现受了骗，就去寻找，找到了逃跑的孩子。但是这些孩子

（a）说得它用绳子绑着自己的身体，然

18 作者将这一情节单列为327B型"矮子和巨人"。参阅[美]丁乃通，《中国民间故事类型索引》，郑建威、李倞、商孟可、段宝林译，武汉：华中师范大学出版社，2008，第61页。

225

后让孩子往树上拉，孩子拉到一半的时候，把它一再地摔到地上

（b）扔尖利的或很重的东西打它

（c）浇石灰水/盐水或滚热的油或水在它身上或嘴里

（d）告诉妖怪说要打雷了，说服它藏到柜子或箱子里去。然后钻了洞往里浇开水[19]

（e）用别的方法伤害它，或杀死它

其他结尾：

（f）孩子呼唤别人帮助，他们救了她

（g）妖怪找不到或抓不着孩子就算了，或者自己死了[20]

经比较可以看出：母题1在狼/狐精怪故事中几乎均有体现。

母题2中的（a）则有所不同，流布山西的此类故事中妖怪通常是狼/狐精怪或直接就是女鬼而非老虎。而且，妖怪所变之人也往往是孩子们的母亲而且非外祖母。如前文的分析，在"纵狼入室"型故事中，有一则是变成孩子们的舅舅，即来自怀仁县的故事3；有三则"误入狼穴"型的故事，均为变成孩子们的舅舅，即分别来自原平县、阳泉市城区、曲沃县的故事7、11、22。母题2中的（b）在狼/狐精怪故事中也是主要情节，除去三则"误入狼穴"型的故事，29则"纵狼入室"型故事中仅8则故事没有提问题的情节。

19　作者将这一情节单列为1148型"吃人女妖怕雷死于沸水中"。参阅［美］丁乃通，《中国民间故事类型索引》，第228页。

20　［美］丁乃通，《中国民间故事类型索引》，第64—65页。

母题2中的（c）则类似于山西"误入狼穴"型的故事。其不同之处在于：山西的此类故事中，孩子或成人往往是被妖怪所变的舅舅上门哄骗出去而"误入狼穴"，并非（c）项中孩子们去看望外婆，在路上碰到了女妖。基于此点，我们同样可以看到山西此类故事与狼外婆和小红帽故事的不同。

对于母题2中的（d），山西此类故事中并没有出现。但是，在山西民间流传的为了阻止儿童大喊大叫（或是在晚上不能安静睡觉）而所使用的吓唬方式中，确实有这样的说法。赵雪萍小时候就曾有过这样的经历。晚上睡觉与姐妹兴致勃勃地聊天时，她外婆就会告诫她们：再不停止，狼就会被引来并趴在窗户上。当时，在吕梁山区的村子里确实偶尔还会看到狐狸，晚上也时不时会听到狼嚎。

在狼/狐精怪故事中，母题3中的（a）往往出现在狼/狐精怪进门之前较大孩子对它的考验而非进门后。（b）则往往出现在晚上睡下后，狼/狐精怪吃掉了其中一个孩子往地上扔骨头。听到声音后，其他孩子问是什么东西。此时，狼/狐精怪用一系列日常事物来哄骗其他孩子。孩子们要求点灯帮忙捡起事物，狼/狐精怪为防止孩子们发现而阻止点灯。（c）所言的"坐在敞口的篓子、坛子或大桶上，它的尾巴常常弄出格拉拉的声音"并未出现在狼/狐精怪故事中。并且，在山西的此类故事中，以"胖的挨娘睡，瘦的挨墙睡"这一情节替代了催促孩子们上床睡觉。（d）几乎完全相同。（e）在狼/狐精怪故事中仅有两则显示孩子没有被吃掉，即分别来自怀仁县、黎城县的故事3和30。（d1）出现在"误入狼穴"型的狼/狐精怪故事中。其中，狼/狐精怪的诡计被识破，反而让妇女将计就计杀死了其他狼/狐精怪并逃跑。

母题4在狼/狐精怪故事中几乎完全涵盖，仅有两处不同，即狼

/狐精怪故事中加入了孩子们假借上厕所逃离的情节。另外，除了逃到树上，狼/狐精怪故事用逃到天上替代了逃到邻居家中。

在母题5中，（d）并未出现，仅在曲沃县《智斗狼精》，即故事22中有类似情节：小狼精中计，去窖里拿萝卜，妇女盖住窖口，闷死了小狼精。（g）从未出现过。反之，在狼/狐精怪类故事中，狼/狐精怪最后都得到了应有的惩罚。

在狼/狐精怪故事中，母题5中的（a）（b）（c）（e）（f）均有不同频次的体现，如下：

（a）：大同县、灵丘县、代县、原平县、五寨县、阳泉矿区、榆次、太谷县、平遥县、介休县、榆社县、临汾市区、长治县、武乡县、晋城市郊区、高平县。

（b）：盂县、浮山县。

（c）：阳泉市城区、和顺县、翼城县、黎城县。

（e）：怀仁县、静乐县、汾西县、洪洞县。

（f）：壶关县。

最后，在狼/狐精怪故事中，有部分故事会在结尾处进行扩展。比如，出现货郎，将故事继续向前推进，如故事1、2、17和18。有的则与传说相结合，用以解释某种动物或植物，如故事10、16、17和21。有的则与神话相结合，让故事有一个美好的结局，如来自洪洞县的故事26。

九

通过按照情节、精怪变形角色、故事结局和前情、开门者和被吃掉的孩子对狼/狐精怪故事的分类，通过对构成故事的动物、孩子、植物、食物、日常用品、韵语以及获救方式等核心要素或者说角色、功能的分析，通过与狼外婆、小红帽故事的比较，民间故事传衍的内在动力与外在动力似乎有了些眉目。

其内在动力，是故事本身在何种意义上与人们身心的社会化成长相吻合。一旦契合了人们的心性，哪怕是有变异，一个故事也会被不断地传讲下去。直到今日，当我们教育小孩学会自我保护时，我们仍在使用类似的故事。如现在都市家庭普遍用来教育儿童，多数孩子也喜欢看的"巧虎"[21]中，有一期的主题就是学会自我保护：不给陌生人开门、不接受陌生人的玩具、不跟陌生人走等等。毫不奇怪，故事中的陌生人形象就是一只穿了人的衣服的大灰狼——披着人皮的狼。

故事传承的内在动力引出了故事传承和变异的外在动力。即，因为讲述者个人的生活经验、表达能力、讲述时空、环境和听者等多种因素导致的对故事的"为我所用"的变动，以及故事流传到其他地区，与当地的社会经济环境、生活习俗、方言土语等地方表达自然结合所形成的变异。这些涉及雅柯布森（R. Jakobson，1896—1982）所归纳的言语交际的六个基本要素：说话者（addresser）、受话者（addressee）、语境（context）、内容（message）、触媒（context）和代码（code）。[22]事实上，口承故事的讲述，不仅是参与诸方审时度

21 《乐智小天地快乐版》第 11 期，北京：中国福利会出版社，2013，第 36—39 页。

22 [俄]雅柯布森，《雅柯布森文集》，钱军编译，长沙：湖南教育出版社，2001，第 52—53 页。

势、心思缜密也细腻投入的真情"表演",不仅是具有鲜明表演性和行动性的"事件",如本书首章所言,它更是无始无终与无限延展的,更是一个"无边界的动态连续体"。

因此,在祈祷和平、反对暴力的总体语境中,曾在中国大地源远流传的狼/狐精怪故事的"血腥"结局,整体性地被今天巧虎中的"狼外婆"所取代。如"巧虎"展示的那样,披着人皮的狼,只是被严实地拒绝在"门"外,没有了挑战、冒险和直面危险的残酷与获胜后的快感。在相当意义上,这也暗合了今天不少在蜜罐子中成长起来的中国独生子女——"小皇帝/小公主"——独立生活能力差、抗压能力弱的基本事实。[23]因为在对人整个一生很关键的童年时期,孩童的身心就少了面对苦难和残酷的"戏仿",更不要说让身心俱疲的真实磨炼。

或者,在格林童话大行其道的当下,狼/狐精怪故事这样土产的"中国故事"有继续"呱啦"的必要。[24]

2015年12月初稿

2020年6月15日终稿

23 当然,这是一个非常复杂的社会事实。计划生育政策影响下的中国数代独生子女群体养育、成长的复杂性、多面性,可参阅景军主编,《喂养中国小皇帝:食物、儿童和社会变迁》,钱霖亮、李胜等译,上海:华东师范大学出版社,2017。

24 在此意义上,一苇、严优分别用心"讲述"的中国童话故事与神话故事就意义非凡。参阅一苇,《中国故事》,北京:中信出版社,2017;严优,《诸神纪》,北京:北京大学出版社,2017。两书的相关评述,可参阅岳永逸,《以无形入有间:民俗学跨界行脚》,第52—60、303—304页。

230

附：司礼义记录的徐继茂讲述的"狼精故事"

一个老人养活五个女子。这个老人送饭去啦，妖精叫这个老人：

"大嫂，大嫂歇凉（乘凉）来吧！"

"我不去，我赶紧送饭去呀！"

"大嫂，大嫂，看您头上那个虱子，您过来，让我给您挤一挤。"

这老人过去啦，她把这老人吃啦！后来，她又到这五个女子的家里，说："大女子，大女子，你给妈开门吧！"

"你不是我妈，我妈左胳膝补的是蓝布的，右胳膝补的是白布的。"

"二女，二女，你给妈开门吧！"

"你不是我妈，我妈左胳膝补的是蓝布的，右胳膝补的是白布的。"

"三女，三女，你给妈开门吧！"

"你不是我妈，我妈左胳膝补的是蓝布的，右胳膝补的是白布的。"

"四女，四女，你给妈开门吧！"

"我妈左胳膝补的是蓝布的，右胳膝补的是白布的。"

"五女，五女，你给妈开门吧！"

五女下地给她"妈"开门去了，开开门子，这妖精进去啦。到了黑夜，妖精说："肉的肉的挨娘睡，瘦的瘦的挨窗睡。"

她睡下觉了，就吃这个五女子。她正吃得了，这个大女问她妈："妈，吃啥了？"

"你舅舅给我两大豆。"

大女子说："妈，妈，妈，我觉屙啦！"

231

妖精说："迎窗子走，有窗神。迎门走，有门神。"

二女也说："妈，妈，妈，我觉尿啦！"

妖精说："迎窗子走，有窗神。迎门走，有门神。"

三女也说："妈，妈，妈，我觉屙啦！"

妖精说："迎窗子走，有窗神。迎门走，有门神。"

四女也说："妈，妈，妈，我觉屙啦！"

妖精说："迎窗子走，有窗神。迎门走，有门神。"

后来，这妖精把五女子吃啦。

院子有一苗花椒树，（四个女子已爬到树上）妖精出去啦，问："大女，大女，你咋上去啦？"

"我登上个叉（儿）上去啦。"

"二女，二女，你咋上去来？"

"我姐姐拿裹脚绳上吊上去啦。"

"三女，三女，你咋上去来？"

"我姐姐拿裹脚绳上吊上去啦。"

"四女，四女，你咋上去来？"

"我姐姐拿裹脚绳上吊上去啦。"

"大女，大女，你吊吊妈！"

大女吊了，吊半截子了，大女子一放，跌下子啦，就跌死了！跌死，变了一苗大白菜。大女子换了线了。大女问担子商换了线啦。担子担上走了。

这一苗白菜说："担得你那高，磨断腰；担得低，磨断你那胳膝。"走了一路，骂了一路。后来，到街掌柜的家，担子说："给咱们煮煮这一苗白菜。"后儿（来），这街掌柜把这苗白菜放锅子，就是个煮。煮你妈呢，"咕嘟，嘟嘟嘟，屁膛骨。"一看煮熟了，揭开锅盖熬了一锅红汤。

（赵雪萍译）

伍

杂吧地儿，一种方法

谢公时，兵厮逋亡，多近窜南塘下诸舫中。或欲求一时搜索，谢公不许，云："若不容置此辈，何以为京都？"

——（南朝·宋）刘义庆

作为景观复制的"天桥",其西侧是天桥演艺中心
（岳永逸摄于9月7日）

2018

作为文化符号被展示的"老天桥"
（岳永逸摄于 9 月 7 日）

2018

一

在新农村建设、乡村城镇化过程之中，"社区营造"之理念也随之回流中国。在文化保护的问题上，强调空间、呼吁居民抑或民众享有知情权甚或参与权的社区（community）保护大有后来居上之势。正如人文区位学（Human Ecology）强调的那样，空间、人口和文化是一个社区的三个基本要素。无论有形还是无形，文化均非外在于人，而是与特定的人群捆绑一体。这个特定的人群又始终是生活在具有反向支配力的特定时空。换言之，民俗、非遗以及传统文化的社区保护，不仅是要关注似乎外在于人的文化，更要关注与人和特定时空——村庄或街巷胡同——一体的文化。因应时间维度的"遗产"，空间再次高调回归人们的视野。时空一体、人物互动互现、惯习与文化弥漫而个性独特、有内在逻辑、韧性十足的"场域"（field）[1]、"地方"（place）[2]重要莫名。

1 ［法］布迪厄、［美］华康德，《实践与反思：反思社会学导引》，李猛、李康译，北京：中央编译出版社，1998，第131—156页。

2 ［美］段义孚，《经验透视中的空间和地方》，潘桂成译，台北："国立"编译馆，1998。

237

在此语境下，似乎逆现代性而动，指向过去、远方之"乡愁"的"故乡""家乡"与"乡土"，更加强调的是文化与人的土地性，是乡景、乡邻、乡音、乡情、乡韵的五合一。与此不同，浓缩、凝聚"城愁"的大城小镇之"老街"，守望的则是街坊可以踟蹰而行、游湖浪荡、气定神闲的"慢"城古韵。究竟何为老街？

　　作为一个场域与地方，老街是居住者创造、拥有、享用、消费（过）和传衍的一种物理空间、社会空间与文化空间，是人情味、生活气息浓厚，让人心暖的某座城市的标志性存在。对长短不一的居住者而言，随着岁月的流逝，人的挪移、空间的变形，老街会漫不经心地转型为一种情感性的存在，是印象也是愿景，温馨而感伤。对于短暂置身其中的游客抑或过客而言，自带"光晕"（Aura）的老街有着让其过目不忘、记忆深刻的魅力。对于不一定身临其境的他者而言，通过不同媒介获得了老街的相关信息之后，老街就成为其心向往之的所在。进而，通过老街，在水一方、海市蜃楼般的一座城市，对于远方的他者也有了别具一格的意义。

　　无论是作为具体时空还是一缕情思，家长里短、人情世故等浓厚的生活气息都与"老街"唇齿相依，如影随形。在人们的记忆或愿景之中，老街是发小放心打闹追逐，街坊邻居互帮互助，叫卖吆喝声此起彼伏，不疾不徐的货郎定点定时游走的地方。它留存并显现在个体的感官感觉世界中。如同乡愁一样，作为"城愁"的核心，温馨、慢节奏与人情，是指向过去抑或理想的老街的基本组分。换言之，老街首先是人们能够存身生活，具有安全感，回想起具有幸福感的地方，至少是不时心之所系、割舍不下而让人"念想"的地方。对于一座历史悠久的城市而言，老街所指向的空间和在该空间的生活方式、日常生活本身，既是群体心性、社会事实，也是一种理想型的人生图景与文化形态。

简言之，在人与之或长或短互动的架构关系中，老街如近在咫尺的"家"，如画中清爽的山涧小庙，同时兼具地方（place）的安全与稳定和空间（space）的敞阔与自由。[3]

3 ［美］段义孚,《经验透视中的空间和地方》, 第 1 页。

然而，当人们在念想、叙说老街时，理想型的老街并不一定就是指向过去。反之，它完全可能是针对当下的一种批判性的存在，是观察、理解当下世界的一种认知论与方法论。尤其是在新近自上而下、强力规划的对老街 "历史文化街区化"的运动式治理过程中，老街原有的居民——原住民/坐地户——基本处于缺位的状态。他者强调、看重并试图在此留住、堆砌的不少文化符号，成为支配居民挪移（拆迁抑或腾退）的工具。"老街"始终秉持的人情（味）和以人为本的理念，反而在街区化的实践中成为自以为为民服务的施政者、改造者的硬骨头、拦路虎。在乡野，与都市的"历史文化街区"同步的则是"历史文化名村——古村落"，或变脸的"生态博物馆（ecomuseum）"[4]。

4 钟经伟,《中国民族地区生态博物馆研究》, 上海: 复旦大学博士学位论文, 2008。

二

正是这种 "老街—城愁"的长期存在，随着近代以来北京的巨大转型，在日新月异，既不知今夕是何夕，也不知明日是何番风景的快速巨变中，北京城本身也有了浓厚的"老街"意味，被人反复以不同的方式叙写。

除至今被反复重印的陈师曾的《北京风俗图》[5]和不时都会被热炒的洋人拍摄或绘制的旧京风貌之外，陶亢德（1908—1983）编辑的《北平一顾》、萧乾（1910—1999）的《北京城杂忆》、王世襄（1914—2009）的《忆往说趣》、林海音（1918—2001）的《城南旧事》、北岛的《城门开》、维一的《我在故宫看大门》和刘心武的《钟鼓楼》等文学创作，都是如此。

同样，王军《城记》《采访本上的城市》《拾年》和《历史的峡口》系列著述对大历史、大变迁之下大北京持续而微细的"笔录"、对北京宿命的幽思，季剑青《重写旧京》对厚重民国北京不同文类的辨析，杨青青对当下北京胡同空心化日常生活的民族志细描[6]，谢一谊对近些年来十里河和潘家园两个新生市场民俗艺术"市场化乡愁"的洞察[7]，王雅宏对散布当下北京的素食主义者日常实践的呈现[8]，周柯含对夕阳西下时北京广场舞大妈身体战术的释读[9]，莫不如是。

这些不同文类背后都有着对作为"老街"之北京——理想化北京——的眷恋与深情厚谊，有着著者对北京挥之不去的其乐融融的乌托邦梦想，有着著者心痒痒的异托邦式的踌躇满志和壮怀激烈。与此同时，在北京城上演的如蝼蚁般的个体生命史，

5 对于周作人而言，陈师曾悉心绘制的这些风俗画不但有着学问和艺术的价值，还有着"社会的意义"。参阅周作人，《鲁迅的故家》，第251页。

6 Yang, Qingqing. *Space Modernization and Social Interaction: A Comparative Study of Living Space in Beijing*, Foreign Language Teaching and Research Publishing Co., Ltd and Springer-Verlag Berlin Heidelberg, 2015.

7 Hsieh, I-Yi. "Marketing Nostalgia: Beijing Folk Arts in the Age of Heritage Construction", PH.D. Dissertation, New York University, 2016.

8 Wang, Yahong. "Vegetarians in Modern Beijing: Food, Identity and Body Techniques in Everyday Experience", PH.D. Dissertation, University of Glasgow, 2019.

9 周柯含，《夕阳下的狂欢：日常生活中的广场舞》，北京：中国人民大学博士学位论文，2020。

10 如：信修明，《老太监的回忆》，北京：北京燕山出版社，1992；Li, Zhisui. *The Private Life of Chairman Mao: The Memory of Mao's Personal Physician*, London: Random House, 1994；定宜庄，《老北京人的口述历史》，北京：中国社会科学出版社，2009。

11 Lowe, H.Y. *The Adventures of Wu: The Life Cycle of a Peking Man*, Princeton: Princeton University Press, 1983.

12 关庚，《我的上世纪：一个北京平民的私人生活绘本》，北京：中国青年出版社，2007。

13 岳永逸，《朝山》，第253—285页。方维规新近的研究表明，在后殖民主义的话语体系中，强调多元、混生与认同的"杂合"衍生成为一套毁誉参半的认知论和方法论。与之不同，这里基于中华本土的空间事实、历史事实、社会事实、文化事实和心理事实而捕捉到的"杂吧/合性"更在意、强调的是与空间、文化、社会互文互现的人之根性的"杂合"。换言之，

以及将之视为"真实"的大小口述史[10]，同样占有重要的学术地位。

二十世纪四十年代，在北京作为千年帝都终结的语境下，罗信耀撰写了传记色彩浓厚的《吴氏经历：一个北京人的生命周期》，试图通过个人的生命史来展现被终结的帝都日常。[11]异曲同工的是，七十多年后，面对北京向国际化大都市的华丽转身，关庚同样试图通过其家族三代人的"流年留影"，再现二十世纪北京的风俗、人物、自然景观和人文建筑的诸多变迁，图文并茂地记述着他自己的"老街"北京。[12]

或直接或间接，或感性或理性，这些叙写回望、回味的都是似乎一去不复返的北京。在一定意义上，将"旧"京与"新"京对立起来。至少，旧京成为新京的参照，新京有着无处不在的旧京的阴影。其实，无论有多少帝王将相、皇族贵胄、文人雅士、名伶俳优、大德高僧在此风流、点染，因农耕文明而生的"流体"北京，始终都有着浓厚的乡土性、**杂吧性**，抑或说杂合性（hybridity）。[13]由于国际化的追求，这种乡土性、杂吧性可能在城市外在景观上在不停地退缩，可在理念、气韵上却难以挥之即去，反而甚至变形为现代性的诸多面孔，散布新京的大小角落。

在相当意义上，无论是一度的放以及倡导，还是当下的收与治理，城中村以及私搭乱建，无奇不有、琳琅满目又良莠不齐的巨型批发市场，都是

杂吧性以现代性的名义，在官民合力之下的强势回归。跨越边界的"浙江村"[14]、群众演员扎堆的杨宋镇[15]、拾荒部落占据的六环外的冷水村[16]和流动人口聚居而地下诊所遍布的鼓村[17]等，作为近四十年来突飞猛进且不容置疑的现代性、全球化支配下的这些北京城内外"飞来峰"般的城中村或城郊村，很快也就成为兼具乡愁与城愁的另一种"老街"。

如今，哈尔滨的道外、上海的城隍庙和田子坊、南京的夫子庙、开封的相国寺、成都的宽窄巷子、西安的湘子庙和骡马市等，都是海内外知名度很高的"老街"。在北京，当进入这个巨大城市的内部，让人们念念不忘的老街更是多多。地处内城的东安市场、西安市场、荷花市场，前门外的大栅栏、天桥、八大胡同，等等。毫无疑问，在这众多被人念想的老街中，被老北京人惯称为"杂吧地儿"的天桥，更是别具一格，五味杂陈。[18]

老天桥，它没有黄发垂髫的怡然自得，却有"体面人"对之的鄙夷，有下等阶层的生计无着、平地抠饼、等米下锅的艰辛，有假货、旧货，有下处、鸡毛小店，有乞丐、缝穷妇，有光膀子的耍把式卖艺，等等。人生的悲剧反串为喜剧的黑色幽默、冷笑话，在老天桥随处可见、日日可见。尽管如此，杂吧地儿天桥却让人念想，甚至魂牵梦绕，以致一个多世纪来始终在不停地被叠写、刷新，如奇幻、曼妙无比却瞬间即逝、荡然无存的沙画。

遗憾的是，经过不停的刷新，如今朝夕在天桥

杂吧/合，不但内化于人，而且境由心生，有着穿越时空与不同文明形态的恒定性。汪曾祺笔下美国伊利诺伊州林肯墓前被游人和膜拜者摸得锃亮的林肯塑像的鼻子（求好运）、捷克布拉格城中被摸得锃亮的卡夫卡塑像的鸡鸡（求子）、北京城东岳庙与四川梓潼大庙中的被摸得锃亮的文昌坐骑（求病愈）等，都是这种作为人之根性且外现为地景、社会纹理、文化情趣与梦想的"杂合"的例证。分别参阅方维规，《历史的概念向量》，第300—322页；汪曾祺，《旅途杂记》，杭州：浙江文艺出版社，2020，第142—143页。

14 项飙，《跨越边界的社区：北京"浙江村"的生活史（修订版）》，北京：生活·读书·新知三联书店，2018。

15 刘娟，《北京群众演员研究》，北京：北京师范大学硕士学位论文，2013。

16 胡嘉明、张劼颖，《废品生活：垃圾的经济、社群与空间》，香港：香港中文大学出版社，2016。

这个空间存身的人及其生活不再是文化，更不要说杂吧地儿天桥曾经具有的北京市井文化、"东方的文化和中国人民杰出的智慧"的典型性、象征性与标志性[19]。尤为关键的是，如同被强制节育的人体，天桥这块多年被誉为"民间艺术摇篮"的沃土、母体，已经被绝育，不再具有生产文化、艺术的生殖能力。

三

鉴于一战后到中国的日本游客日渐增多，与鲁迅、周作人都交好的日本人丸山昏迷（1895—1924）[20]为其同胞编写的"指南书"《北京》，在1921年出版。虽然篇幅不长，甚至仅仅是一个词条，然而"天桥"却以"天桥市场"之名，在这本颇受欢迎的导览书中占有了一席之地。原文如下：

> 天桥市场位于前门大街南端，天坛以北，日本人都知道琉璃厂的古董店很多，而天桥市场除北京当地人之外知道的人不多。这个市场都是露天经营，古董、日用品、寝具、服装类等物品廉价出售是这里的特征，在这里往往可以发现珍奇物品。这类露天经营的景象是中日风俗研究的一个特色。[21]

丸山的写作、介绍，开启了日本人对天桥的关

17 刘奕伶，《疫情与人情：一个京郊流动人口聚居村的医疗实践》，北京：北京师范大学硕士学位论文，2019。

18 参阅：张次溪，《人民首都的天桥》，北京：修绠堂书店，1951；成善卿，《天桥史话》，北京：生活·读书·新知三联书店，1990。

19 李景汉，《人民首都的天桥·李序》，见张次溪，《人民首都的天桥》，第1—11页。

20 唐政，《鲁迅与日本友人三题》，《鲁迅研究月刊》1998年第5期，第56—60页。

21 [日]丸山昏迷，《北京》，卢茂君译，北京：北京联合出版公司，2016，第98—99页。

注，也是日本人对北京进行文学想象进而欲实现其文化殖民的一个转折点。[22] 正如丸山不长的文字点明的那样，无论在中国还是日本，城市中的露天经营既是一种社会现实，也是一种历史记忆，更是一道东方本土主义的人文地景，是中日共有的"风俗"。因为有着东京浅草[23]的参照，明治维新后"亚洲救世主"情结日渐浓厚的日本文人关于天桥的写作，很快经历了将天桥和浅草类比，强调其平民性，到污名、抹黑天桥的质变。然而，这个看似是被文化殖民主义逻辑支配而将天桥定义为"文明的'耻部'"，并非全然是王升远强调的在东方主义射程之内殖民逻辑的"双重战胜"。

正如王升远意识到的那样，日本文人无论是否到过天桥，其写作大抵是以张次溪（1909—1968）的天桥书写，尤其是《天桥一览》[24]为向导、为底色。在那时北京城的现实地景中，天桥的脏、穷、乱、俗，甚至"邪""贱"，确实是其一种真实的状态。不仅仅是诸如张次溪这样有心文人的记述与写作，民国以来，政府主导下对天桥一带香厂"模范市区"的规划、建设，城南游艺园、新世界等大型前卫的购物、休闲、娱乐中心入驻天桥，模范厕所的修建和北平城女招待在天桥一带饭馆的率先出现等，都是试图改变天桥作为"贫民窟""红灯区"，尤其是"杂吧地儿"的政治努力、资本实践和文化试验。

1950年代初期，地处天桥的龙须沟换颜的成

22 王升远，《文化殖民与都市空间：侵华战争时期日本文化人的"北平体验"》，北京：生活·读书·新知三联书店，2017，第140—167页。

23 [日] 芳賀登，《東京の下町の文化－浅草を中心として》，《都市問題研究》40.1 (1988)，pp.80-92；[日] 権田保之助，《娯楽地『浅草』の研究》，《権田保之助著作集 第4卷》，东京：学術出版会，2010，第174—223页。

24 张次溪，《天桥一览》，北平：中华印书局，1936。

功，对天桥一带八大胡同、四霸天、会道门的清理，都是新北京、新社会、新中国建设卓有成效的标志性成果。包括老舍（1899—1966）殚精竭虑的话剧《龙须沟》在内，这些标志性成果实际上延续与强化的是本土精英对可以反复试验、不停刷新而成本相对低廉的杂吧地儿天桥的基本定位。换言之，对本土高度认同西方文明标准并试图奋起直追的精英而言，人欲横流的旧京"下半身"——杂吧地儿天桥[25]，一直都是传统的"耻部"，是不同时期精英都试图割舍却又难以割舍还反复再生的"阑尾"。

25 岳永逸，《老北京杂吧地：天桥的记忆与诠释》。

有些不同的是，民国北京对天桥的"平民"定位，多少延续了北京城这个肌体内在的演进、生长逻辑，顺应了既有的"城脉"。因为既有的权力格局、交通条件，清末以来的天桥是穷人、落魄者扎堆的地方。吃喝拉撒睡玩、满足人最低生存需求的物什，在尔虞我诈、真假参半、欺行霸市、弱肉强食与江湖义气、相互砥砺、抱团取暖、互帮互助中应有尽有。穷人可以短暂地游荡到大栅栏、东单西单甚或紫禁城，但他们明白自己的归宿在天桥。作为北平这个大市场的一端，天桥以最低成本养活着与之相依为命的一群群市井小民。蹦蹦戏、估衣、大力丸、瞪眼儿食、骂街的、乞讨的、耍把式卖艺的、鸡毛小店、倒卧儿等，使天桥如一张五彩斑斓的拼图，如熙熙攘攘还叮当作响的风中拼盘。

打破城墙区隔的城与乡，在北京城艰难而曲折的"现代化"演进历程中，天桥犹如京城具有强大吞吐能力的胃抑或储存物品的小阁楼、循环再生的垃圾回收站。[26] 无论将之比附为胃、阁楼还是垃圾回收站，"开放"而敞阔的市场始终是天桥的底色。哪怕买卖不一定公平，还有欺行霸市、规范与越轨手挽手等常态，作为市场的天桥却为各色人等，尤其是"低端人口"之生计提供了可能性。即使这种可能性仅仅昙花一现，甚至是镜花水月。

改革开放后，迎合众多健在的中老年平民的"天桥"情结，天桥市场的营业，天桥乐茶园率先的股份制运营、天桥乃民间艺术摇篮之命名，重建老天桥此起彼伏的呼声等，都有将天桥老街化、文化化、符号化进而资本化、产业化的内在诉求。显然，观演一体、任心随性、舒展欲望、夸饰下半身，时时洋溢着末世狂欢之歇斯底里的天桥，与规范化、绅士化、西方化也即文明化之都市化的主潮背道而驰。即使想保留一丝丝杂吧地儿老天桥的气息，也只能远离中心，位居地理意义上的城市边缘。

对于孕育了老街坊念念不忘的天桥文化、天桥特质的都市空间杂吧地儿天桥而言，已经处于城市中心地带的它，只能东单西单化、大栅栏化，必须要浅草化，要穿西装打领带，进而要百老汇（Broadway）化。"耻部"的残酷美学与穷乐活的贫民性、阿Q胜利法，只能也必须遮掩、驱离和阉割。这就出现了一种对杂吧地儿天桥悖论的政治诗

26 董玥，《民国北京城：历史与怀旧》，北京：生活·读书·新知三联书店，2014，第175—215页。

学——土得掉渣儿，洋得冒尖儿！

在老天桥地界上重建老天桥之不可能性，促生了二十世纪和二十一世纪之交北京城三环沿线内外诸多"类天桥"的出现。2000年，依托已经声名鹊起的东南三环潘家园旧货市场，欲再现"原汁原味"老天桥的"华声天桥民俗文化城"隆重开业。不但云集了各色旧货一古玩，相声、中幡、掼跤等与老天桥有关无关的艺人，纷纷在此现身，耍把势卖艺。2001年，厂甸庙会重开后，老天桥的表演成为每届庙会组织者必然首先要邀请的对象。同样，地坛庙会、龙潭湖庙会等众多的庙会都争相以老天桥艺人的表演为特色。在北三环，目前已经被腾挪却存活了数十年的金五星批发市场（城），虽然没有强调"老天桥"这一文化符号，其五行八作、天南地北的各色人等、各色物品纷纷汇聚在此，这些都为不同阶层的人的生计提供了可能。

不断拓展的北京城，依然显现出其抚育众生的博大、厚道与慈祥。

四

随着北京城像摊煎饼一样地持续外扩，三环沿线原本有着杂吧地儿意味的大小"天桥"抑或说"类天桥"市场，尤其是大型且鱼龙混杂的综合性批发市场（城），只能同节律地被远迁。这正如近四十年来扎堆的北京的哥的"聚居"地的撤退、外移。伴随生活成本的提高，家在远郊区的的哥们在北京城的租住地从三环边挪移到四环边，再到五环边，直至很多的哥不辞劳苦地直接回远郊的家。

没有必要为不断膨胀的"核心区"有形杂吧地儿的被改造、

驱离和阉割焦虑。因为无论采取哪种手段，酒神精神与日神精神同在、善恶并存、美丑混融的人之杂吧性，抑或说主体性永远难以根除，无处不在。作为旧京"人力车夫"[27]的延展与变体，今日北京的哥虽然也是在消费肉身，但较其"骆驼祥子"[28]等前辈，则明显豁达、开朗，有着更多、更强支配自己感官世界的能力、意愿。以主人翁的姿态和责任感，的哥乐观地建构着他们自己的感官北京，并同样在北京奥运会中与其他人众一道，扮演了"形象大使"的角色。

　　堵在北京城任何一座高架桥或某个角落，的哥当然会对食物、空气、教育、医疗、月供（份儿钱）等高谈阔论，但也完全可能心安理得地沉醉在马三立、单田芳、田连元或他们喜欢的任何一位艺人以及节目主持人依托声音建构的传统性浓厚的"古典"世界中。妲己、东汉、三国、隋唐、包公、民国、袁世凯、张作霖，……一切远去的东西，似乎一直萦绕在其身边。用着智能手机、吹着空调、嘻哈骂娘聊天侃大山的他们，对乘客眉飞色舞地说着"哪吒城""四九城"的他们，似乎与以高架桥、高楼、拥堵为基本表征的今日北京关系不大，自得其乐地沉浸在其迷离的感官世界之中，流连忘返。如李伟建和武宾合作的相声《出租司机》那样，这些生活实景被艺术标准化后，更多表达的是一种哈哈一笑的空洞的娱乐美学，少了挣扎的厚重，少了哀而不伤的矜持。

27　Strand, D. *Rickshaw Beijing: City People and Politics in the 1920s*, Berkeley: University of California Press, 1989; 岳永逸，《都市中国的乡土音声：民俗、曲艺与心性》，第93—109页；王升远，《文化殖民与都市空间：侵华战争时期日本文化人的"北平体验"》，第168—198页。

28　老舍，《骆驼祥子》，北京：人民文学出版社，1979。

2005年金秋，香山红叶节期间，人们能在香山脚下听到失明的乞讨者用大喇叭唱"铁门啊铁窗啊铁锁链"的高亢；能听见卖锅摊贩的"单口"："不省油不省盐，咱这锅就不收钱"；也能听到卖刀具小贩唾沫横飞地"吆喝"："走过路过，不要错过！大家看，大家买。切得多，就像北大清华的博士多！切得烂，好像美国在伊拉克扔炸弹……"

同样，直到如今，密布京城的不少酒店，为了生意兴隆，得到客人的青睐而财源滚滚，不但要求俊俏的服务员给客人端酒，还要求服务员定期创作以更新"端酒词"。这些充满才情、智慧，不时插科打诨又朗朗上口的吉祥话，见招拆招，眼到嘴到、口到心到，声到情道。其化腐朽为神奇的野气、地气与阿谀且不带脏字的缠斗，俨然当年在大街小巷游走、耍牛胯骨的数来宝的强势回归。诸如：

夕阳无限好，老人是块宝，给您端杯酒，祝您身体好！

第一杯祝您万事吉祥，万事如意，万事多赚人民币；第二杯祝您好事成双，出门风光，钞票直往兜里装；第三杯，一杯金二杯银，三杯才喝出个聚宝盆！

头发一边倒，钱财不会少；头发往前趴，事业顶呱呱；头发根根站，好运常相伴；头发两边分，喝酒一定深！

戴眼镜学问高，喝酒肯定有绝招！

感情深，一口闷；感情浅，舔一舔；感情厚，喝不够；感情薄，喝不着；感情铁，喝出血！

金杯银杯世界杯，不如一起干一杯。

巴什拉（G. Bachelard）有言："不管我们是谁，我们所有人都有一个私密的博物馆……人的幸福本身就是阴影中的一束微光。"[29]在今日外观豪奢、霸气逼人的北京，这些古老帝都之市井常见的方式——大小不同空间的聆听、叫卖、让人亢奋的祝福抑或喃喃自语，携带着不同个体的隐秘、欲望，穿过耳膜，直击心田。对感官世界的全方位包裹、抚慰，使在"快城"北京中奔波的芸芸众生有了丝丝喘息，有了巴什拉所言的"一束微光"。

拉图尔（B. Latour）强调，人与物之间不仅是互为主体的关系，二者还有着互为物体的本体关系。[30]谢一谊对于效仿老天桥的潘家园和十里河两个"旧货"市场，尤其是对相对新生的"文玩核桃"的深度观察，就深受拉图尔认知论的影响。在其长时段的民族志研究中，谢一谊描述出了在快速国际化、都市化、资本化与市场化的当代北京，文玩核桃者等对旧京有着一定文化认同和怀旧的"类中产者"，也是"北京老大爷"哺育出的"类北京老大爷"——北京老大噎——的群像。在车水马龙、高楼林立的今日北京，这些"北京老大噎"执着地建构出了指向旧京的感官世界。通过长期的揉搓、抚摸、聆听、赏玩、评说，人与核桃之间形成的一体感，似乎是有意抵抗"现代北京"的旧京象征与实践。[31]

换言之，对当下在京城生活的相当一批市民而言，如同数十年前的玩票、提笼架鸟、品茗听曲儿、玩鼻烟壶、斗蛐蛐、养鸽子、逛琉璃厂、上妙

29 [法]加斯东·巴什拉，《梦想的权利》，顾嘉琛、杜小真译，上海：华东师范大学出版社，2013，第39、41页。

30 Latour, Bruno. "On Interobjectivity," *Mind, Culture, and Activity*, Vol.3, No.4 (1996), pp. 228-245.

31 Hsieh, I-Yi (谢一谊). "Nuts: Beijing Folk Art Connoisseurship in the Age of Marketization", *Asian Anthropology*, Vol.15, No.1 (2016), pp.52-67；《北京老大噎与文玩核桃：后社会主义的市场民俗志》，《当代中国研究通讯》第28期（2017），第2—6页。

32 关于八角鼓票房之人、事、物、情、声、韵的集中呈现，可以参阅该群体从1998年以来自办季刊，《八角鼓讯》。对于该群体在京城的传承演进，可参阅崔蕴华，《说唱、唱本与票房：北京民间说唱研究》，北京：商务印书馆，2017，第243—284页；谢磊，《闲暇、生计与文化：北京八角鼓票房流变》，《满族研究》2016年第1期，第107—114页。关于当代北京评书书场形成的"音声北京"的观察与思考，可参阅杨旭东，《当代北京评书书场研究》，北京：民族出版社，2013。

33 祝鹏程，《文体的社会建构：以"十七年"（1949—1966）的相声为考察对象》，北京：中国社会科学出版社，2018。

34 陈涌泉口述，蒋慧明整理，《清门后人：相声名家陈涌泉艺术自传》，北京：文物出版社，2011。

35 张青仁，《行香走会：北京香会的谱系与生态》；岳永逸，《朝山》，第61—122页。

峰山等，在双手拥抱新北京带来的红利、便利，并力求改变自己经济收入、生活水准的同时，人们又不自觉地在对"物"的把玩、经营而与物互现、互感的过程之中，建构着现代北京的"传统性"，稀释、解构着新北京的"现代性"。

五

尽管大音渐稀，这种对传统性坚守的执着，在八角鼓子弟票房的勉力坚守中，同样有着鲜明的体现。[32]当然，相对文玩核桃者这些"北京老大噎"而言，强调自己子弟属性抑或身份的八角鼓票友，有着其不言而喻的典雅属性，抑或他们格外珍视的"皇族—旗人"之正统性。这种对典雅"回旋式"的强调和追寻，也出现在始终闹热的相声界。在二十世纪五十年代，其表现是似乎"现代"的由俗变雅，而主动服务于政治的自我蜕变。[33]近十多年来，则是反向回归传统的"清门儿"之自我归类。[34]同样，当京城一角的某个子弟票房可能正在演唱《大过会》时，因为非遗运动的助力，众声喧哗的金顶妙峰山不时也有了锣鼓的回响、笼幌的摆动、大红大紫身躯的扭动，烧香磕头者络绎不绝。纠缠一处的"皇会"与非遗在金顶上下、四九城内外举案齐眉，相互唱和，一往情深。[35]

《大过会》唱演的是昔日京城诸多会档在妙峰山等"三山五顶"庙会期间，前往行香走会而要练各种技艺的情形，是多年传承的行香走会这一仪式化行为的音声呈现。因此，在流传过程中，子弟票房中传唱的《大过会》有着多个版本、多种异文。[36]由于不同的时代背景与规范，这种绵延不绝的音声化呈现的"大过会"，为改革开放后京城内外各会档的重整，提供了相当的基础。也即，在身体北京、行为北京、景观北京，也即可视北京的身后，还存在着一个不绝如缕的可听的"**音声北京**"。

36 岳永逸主编，《中国节日志·妙峰山庙会》，北京：光明日报出版社，2014，第125—134 页。

当然，这个音声北京远远不只是近些年来反复被高调宣扬的街头巷尾的"吆喝"。音声北京始终与身体北京、行为北京、景观北京互为表里。不仅如此，因为只需人体和空气就能产生、传播与传承而具有的不可摧毁性，无论是素朴的日常交际抑或审美的艺术表达，音声北京甚至能更多、更好地承载北京的记忆与屐痕，从而延续北京城这座老旧帝都的香火。于是，无论从哪个角度而言，要了解、知悉一座城市，也就有了屏息聆听、甚至"伏地"侧耳倾听的必要。

正是因为有了这些小而微的气息与声色，今日亮丽的物化北京、都市北京，或隐或现地延续着、弥漫着、飘荡着旧京的文脉，气若游丝，袅袅不绝。

六

何以让"土得掉渣儿，洋得冒尖儿"不是一种悖论，而是有着可能？

　　将原本"平铺直叙"且参差错落、横七竖八、一点也不规整的胡同，修建成有22栋楼房，122个楼门的天桥小区，显然是二十一世纪初一个标志性的"惠民"工程。因为这一工程，2000年前后福长街一带大小胡同的"贫民窟"风光荡然无存。通过建筑的整容改观，传统意义上狭义的老天桥已经完全都市化、街区化。在外观上，天桥小区甚至比被很多建筑专家、规划设计师染指的菊儿胡同[37]更加高大上，至少宏伟。

　　这种改变使得央视拍摄与老天桥相关的专题片要取昔日街景时，除了从老的影像资料中剪辑、拼贴之外，只能扛着摄像机到永安路北侧尚未改造、拆迁、腾退的留学路、大喇叭、赵锥子胡同一带取景。当然，在这片待腾退、外表安宁的"棚户区"，依然有着鲜花、绿叶，有在秋风中轻轻摇曳的鸟笼、饱满的葫芦，有声、光、影编织的情趣、惬意与梦幻，有老街、慢城的余荫，有着"下里巴人"任性的倔强和一丝不苟的匠心。

　　对天桥小区的整改，人们没有忘记利用腾挪出来的空间，同步建造文化广场，修建大剧场、大厦。除原本附属于城南游艺园的四面钟突兀地耸立在广场东端外，老天桥不同时期的撂地艺人，说相声的"穷不怕"朱少文、拉洋片的"大金牙"焦金池、说数来宝的"曹麻子"曹德魁、耍中幡的王小辫、掼跤的沈三、顶宝塔碗的程傻子、砸石头的常

37　吴良镛，《菊儿胡同试验的几个理论性问题》，《建筑学报》1991年第12期，第2—12页。

傻子和"赛活驴",都以雕塑的方式固化在了这个存在多种可能性的露天"剧场"。

作为一个没有关隘、四面敞视的"空的空间"（the Empty Space）[38]，天桥文化广场多少延续了杂吧地儿天桥撂地卖艺的旧意，虽然没有人能在此摆摊设点，招揽生意。在这个专家称是、游客不时驻足的文化广场修建好的当时，昔日目睹过这些撂地艺人的老街坊们只是摇头叹息。包括这些"平地抠饼"的艺人在内，天桥各色人等生活的艰辛、恣睢、惨烈完全被坚挺的雕塑荡涤得干干净净，只有了被表现的唯美、轻松和轻浮。然而，随着老街坊的凋零，这种后现代口味的现代艺术对前现代生计的揶揄、嘲弄、戏仿，已经实实在在地成为现在和将来的他者的天桥之景。

38 ［英］彼得·布鲁克，《空的空间》，耿一伟译，台北：时报文化，2008。

对老天桥改造标志成果之一的天桥剧场
（岳永逸摄于 2018 年 9 月 7 日）

39 赵方忠，《"天桥"即将复兴》，《投资北京》2012年第8期，第72—75页。

40 马英等编，《演绎老天桥：2013八校联合毕业设计作品》，北京：中国建筑工业出版社，2013。

41 蔡加琪，《京城门脸大栅栏：老街的工具化与主客让渡》，北京：北京师范大学硕士学位论文，2018。更多关于当下大栅栏实况的研究以及对源远流长的"社区"一词的经验式反动，可参阅《国际社会科学杂志》2019年第1期上的系列文章，包括：《老旧街区的社区建设》《老旧街区邻里关系的空间转向：以大栅栏为例》《空间中的行动：大栅栏院落空间与社会关系的调整》《城市社区自组织培育历程研究：以大栅栏街道培育社区自组织为例》《老旧街区中的积极分子：以大栅栏BS社区为例》和《大栅栏手工艺发展的现状与前景文化创意的视角》。

对于雄心勃勃的管理经营者和想扬名立万的规划设计者[39]而言，高楼林立的天桥小区和这个敞阔的广场，仍然无法与定调为国际化大都市的北京城的大气、豪气与洋气相匹配。作为一个被定格在必须改造与改变，而且也始终在改造、改变和规训的"老街"，不少青年学子也纷纷参与到对天桥规划设计的行列中来。[40]天桥必须更加强有力地成为他者的。工具理性和功利主义支配的必然结果，是剥离原有的互现的主客体，并将客体工具化、符号化。大栅栏的改造与保护同样如此。然而，与将大栅栏定格为"精品商业街"并要打造成历史文化街区和北京城的金名片不同[41]，原本就是穷人穷乐活的天桥的娱乐色彩被凸显了出来。天桥必须走出其露天撂地和低矮的小戏院子之"痼疾"与阴影，而成为"首都核心的演艺区"，成为想象中八方来朝，万国来贺，来演、来观的"世界的舞台"。

于是，八竿子打不着的太平洋另一端的百老汇成为了"新"天桥理想的样板。管理者、设计者和经营者，急不可耐地要将天桥妆扮成东方的百老汇，而低姿态地高攀，与百老汇"联姻"。[42]豪华的天桥剧场、天桥艺术中心、大厦迅速拔地而起，纷纷开门接客。国内外的音乐剧、歌剧、舞剧、话剧、儿童剧纷纷被邀请前来献身卖艺。[43]与国家大剧院一样，这里的门票是昂贵的。说话、演戏、唱歌、跳舞的艺术家们是外来的，观众也基本是外来的。演者演完就走，观者看完就走。

全然没有昔日杂吧地儿天桥演观一体，早不见晚见、低头不见抬头见的街坊邻里之"熟人"关系。

因为一纸昂贵且绝不向市井小民低头的门票，为之腾挪出空间的天桥"土著"，基本被冷漠地阻隔在有摄像头监控、外来他者进进出出的透明玻璃门和大小闸机之外。在天桥地界的大剧场，像一根强行嵌入老天桥这个原本生殖力强的肉身的巨大钉子，在将老天桥的平民性用现代都市的傲慢、繁丽、排场与洋气羞辱之后，彻底粉碎踏平，终止完全绝育。

2005年前后，让郭德纲一夜成名、坐地升空的天桥乐茶园原本是老天桥具有标志性的小戏院子，天乐戏院。在郭德纲走红之后，天桥乐茶园很快成为"德云社"的主场。天桥乐茶园墙体上原本有的诸多老天桥艺人的图示，旋即大抵换成了郭德纲本人及其搭档、徒众的巨幅照片，傲慢地迎对路人。天桥乐茶园也易名为德云社。在快速崛起的大剧场的俯视与逼视下，德云社巨大的牌匾特意涂染成了醒目的大红色。然而，在大剧场的伟岸面前，主要以传统色彩浓厚的"天桥相声"著称于世的"德云社"三个不小的红字，依旧土气、低矮、憋屈，有着强出头的猥琐、疲软。

更为关键的是，虽然是一朵"恶之花"，杂吧地儿天桥长期都有着文化自生的能力，犹如一只营养不良、瘦不拉几，却下蛋多多的老母鸡。至今，

42　郑洁，《天桥演艺区联手百老汇剧院》，《北京商报》，2011 年 2 月 28 日第 A05 版。

43　胡兆燕，《"音乐剧之王"为"中国百老汇"揭幕》，《中国财经报》，2015 年 6 月 25 日第 007 版。

被称颂的人民艺术家"云游客"连阔如（1903—1971）、马三立（1914—2003）、侯宝林（1917—1993）、新凤霞（1927—1998）等，都有着杂吧地儿天桥的滋养、哺育。无论人们去不去天桥，说到北京的市井文化、平民文化，人们自然会想到无奇不有的老天桥。也因此，在二十世纪后半叶，老天桥才有了"民间艺术（家）摇篮"的钦赐牌匾。然而，大剧场入住的天桥，始终不断被改造、规整的天桥，其自身却不再具备文化繁殖能力，俨然先天的不孕不育患者。

大剧场的建设与运营，至少在形式上，进而在舆论上给人以首都文化创新区、国际文化交流展示区的印象。然而，何以让天桥成为优秀传统文化的示范区，成为公共文化服务的引领区，从而实现"接地气""聚人气"的惠民目标，依然是一个问题，是一道让人头痛的巨大难题！

与大剧场的建设配套，在北京城中轴线上原有的相应位置，天桥那座曾经存在过的桥，作为景观被修建起来了。作为仅具展示意义的景观，桥下弄了一小池水的天桥，自然不能触碰通行。如果愿意，凭吊和追忆也只能按照在桥南侧树立的两通洁白的"御制"石碑之碑文从上到下地有序进行。朱国良（1912—2006）老人记忆中的，在桥头招兵的小白旗布景，招兵时"当兵吧，当兵吧，当兵吃馍呀！"的音声[44]，遥远得如一个无法感知的神话，演绎、证实着缪勒（M. Müller, 1823—1900）

44　岳永逸，《老北京杂吧地：天桥的记忆与诠释》，第208页。

的"语言疾病说"[45]，抑或是柳田国男曾感叹过的"不可捉摸的梦话"[46]。

七

天桥这座桥的复建，为当下"洋得冒尖儿"的今之天桥，添加了一点"土"味。当然，这是带有"皇气"自上而下的土味。与此不同，遵循当下时髦的城市记忆之影视形象建构的常规套路[47]，2018年建成开馆的"天桥印象博物馆"则多少有些自下而上地为今之天桥增加土气的意味。它借用电子技术，竭力将杂吧地儿天桥"土"味还原、活化。规划设计者知道，所谓的杂吧地儿天桥也只能以这种方式留些许香火了。因此，说是印象，但并不轻盈，反而厚重，沧桑，还不乏悲壮，因而同样有了些说不清道不明的难言之隐、之痛。

正如印象博物馆宣传册页声明的那样，博物馆"以彰显与传承天桥地域优秀文化为核心，以天桥历史文化发展传承为线索，通过现代展陈手段和高科技互动项目，全面展示天桥地区的历史沿革、景观风貌及悠久的历史文脉"。自然而然，博物馆重点展示在今天看来与老天桥有关的各种重要人物、历史故事、文化遗存。展柜里既有张次溪的天桥著作，墙上也同时悬挂有林白水（1874—1926）、邵飘萍（1886—1926）、名妓赛金花以及诸多当年撂地卖艺、小吃摊、估衣铺等街景旧照。博物馆展厅

45 [德]麦克斯·缪勒，《比较神话学》，金泽译，上海：上海文艺出版社，1989。

46 [日]柳田国男，《海上之路》，史歌译，北京：北京师范大学出版社，2018，第87页。

47 陶赋雯，《城市记忆与影视形象建构：以"文化南京"城市形象为例》，《中国图书评论》2018年第3期，第36—44页。

的空间分布体现了历史与现实并重的原则，分为了序厅、天子之桥、文化之桥、百姓之桥、复兴之桥五个板块。而且，按照总体规划与布局，人们还会在此配套开设天桥文化讲堂、老舍读书会、文创产品设计与研发、天桥艺人技艺表演、非遗互动体验、公共阅读空间及文化传播，以此实现服务市民的公益文化传播、提升天桥演艺区文化配套升级，创新公益博物馆与市场化文创品牌运营的可持续发展。

这些理念都是完美的！然而，如同当下众多的博物馆一样，在经营实践上，尽管增添了不少参观者可以体验的互动环节，主动前来的参观者却不多。毫无疑问，设计经营者故意在掩饰、混淆老街和博物馆之间的本质差别。

老街是潜意识中让人生根的地方，感到那就是"家"之所在。而作为文明的衍生物，当下盛行的博物馆不仅仅是文明的集中呈现，也许还是"文明的陵墓"。因为它拥有与陵墓一样的恢宏建筑、尊贵地位，并受到严密保护，且独处于与日常生活区隔的公共空间中。[48]因此，源生于对过去崇拜的博物馆，"只反映出一个思想习惯，与人把地方识觉为生根的、神圣的和不可亵渎的所在恰巧相反"，仅仅是一个被迁徙移植的物体的组合，[49]甚至仅仅是"请注意，值得观看"等一大堆指示标记，展框越来越精美，里面的内容则越来越苍白[50]。这些物体可能珍贵、奇特，却完全撕裂了其原本有的我群

48 [法] 雷吉斯·德布雷，《图像的生与死》，黄迅余、黄建华译，上海：华东师范大学出版社，2014，第6页。

49 [美] 段义孚，《经验透视中的空间和地方》，第187页。

50 [法] 雷吉斯·德布雷，《图像的生与死》，第121页。

与地方两位一体的情感意涵。换言之，陈列在博物馆中的孤零零的物之影像性大于确实性，而且还要使之有着教导性。[51]这既难以感染作为他者的参观者，也使得"土著"对之天然有着距离感、陌生感。

51 [美]段义孚,《经验透视中的空间和地方》，第188页。

自然而然，在天桥印象博物馆门口坐了半天的我，目睹了不少问路的长者。他们更热衷的是正在举办的书画展，丝毫没有进印象博物馆一游、一观的冲动。主要展现老天桥这个文化符号的博物馆，依然远离当下在京城过日子的人们。天桥印象博物馆之"印象"命名，未强调展示的东西一定是真实的，它仅仅是印象。这种印象既针对过去，也针对复兴的当下和不确定的未来。而天桥印象博物馆的选址"天桥艺术中心下沉广场"之"下沉"犹如老天桥现状的隐喻，浓缩着新、老天桥之间所有的恩怨情仇。

在商务印书馆2016年出版的《现代汉语词典》第7版中，仍然没有"下沉"这个词。《说文解字》中，以"丅"之形出现的"下"与"上/上"相对，指"底也"；"沉"的解释是："陵上滈水也。"段玉裁《说文解字注》进一步解释到："谓陵上雨积停潦也。……一曰浊黕也。黑部曰。黕，滓垢也。"将《说文解字》中"下"与"沉"两字的释文以及段玉裁的注解合在一起，"下沉"的意思大抵是：底部沉积的滓垢，或沉积在底的滓垢。早已经频频出现在现代口语和书面语中的"下沉"与"上升"相对，指竖直向下的运动。对主要呈现杂吧地儿天桥的印象博物馆而言，无论是"下沉"的滓垢之古义还是向下之今义，明显都吻合作为事实或符号的老天桥的现状。

在定位为现代的、国际的、典雅的天桥艺术中心运营数年后，老天桥荣幸地在其地下分得呈现自我的空间，逼仄而阴暗，如弃妇。就二者的关系而言，新型的天桥艺术中心原本依托于老天桥而生，至少在言语和空间层面如此。也即，杂吧地儿天桥是母体，天桥艺术中心是其次生物、衍生物，抑或寄生物，虽然基因明显突变。然而，通过层层专家论证、建筑规划师的设计、各种匠人技工的努力，最终以宏伟建筑景观呈现出来的二者之关系发生了反转：老天桥在下沉，只能在地下，终将成为过去，灰飞烟灭；由老天桥孵化出来的天桥艺术中心则阳光灿烂，必须在地上，并全方位覆盖、碾压老天桥；通过这种"弑父/母"式的建筑语言，高耸的天桥艺术中心，深情地拥抱着蓝天白云。

然而，在弑父之后，张扬的天桥艺术中心似乎并没有"西方"百老汇人流如潮的热闹、火红。于是，它又不得不低头忏悔，凭吊其出身"卑微"的生身父母，在"下沉"的一角设置祭坛，重新认亲、祭祖、归宗。显然，貌似孝顺的反哺，其实是为了敲骨吸髓，自我壮大。即，实现所谓化蛹为蝶的"配套升级"。这或者是新、老天桥凤凰涅槃的必由之路。

通过各色人等的合力，以简洁而繁杂、直白而隐晦的建筑语言，在杂吧地儿天桥这个天幕地席的巨大舞台，成功地上演了一出今日北京版的悲喜剧"俄狄浦斯王"。当然，这出继续在演绎的悲喜剧之主角"俄狄浦斯王"——天桥艺术中心、天桥剧场这些大剧场——依然坚挺，并未放逐自己，也没有首先服务于当下在天桥地界生活的"土著"的情怀。洋得冒尖儿的它们，有更高远的梦想：拥抱世界、成为世界的王，成为效百老汇之颦的东施。

杂吧性无处不在，卡夫卡也具有了保佑生育的福报功能（2017年9月18日，岳永逸摄于布拉格）

八

　　无论从哪个层面而言，与二十一世纪以来京城众多如雨后春笋般呈蓬勃之势的博物馆一样，天桥印象博物馆都是现代的、洋气的。它同样也有着所有博物馆的通病：

　　1.按照某种标准抑或居支配地位的意识形态，将已经远离人们视域而僵死、垂死或者活态的东西装进大小的玻璃匣子，方方正正地贴在墙上，投影在屏幕上。
　　2.在如此标准化、格式化、程式化和空洞化之后，又环绕、粉饰以各种镜头、灯光和闸口，将之珍宝化、神圣化与神秘化。
　　3.对于所展示物品全无体认或潜意识认同的他者而言，设计的动手动脚的互动环节，游戏化着原本有的生活，完全无法抵达人与物之间曾经有也应该有的互为主体、互为物体之循环再生的良性关系。

　　这种困境，让对这几十年天桥演进熟悉而在博物馆临时充当解说员的义工深感苦恼。原本想展示的个性、特性、厚重，对多数没有探知欲的他者和没有朝圣者般虔诚的游客而言，没有社区居民深度参与的博物馆成为了双重的撒谎者。
　　骨子里就像殖民者对待被殖民者一样，这些高调宣称要保护老天桥文化的上位者，以自己熟练操演的"普通话"之普适性，常常任性地低估、蔑视"每个人特有的声音"。其真实目的，正是通过其所宣扬的学习、了解、尊重，进而保护的积极姿态，来服务、强化其已经有的优越地位、身份。自然而然，老天桥的民与俗都仅仅是其冰冷的、强制性的且必须教化改造的工作对象，而非能互相示好、致意和交心的情感对象。

在服务于民的口号与策略下，老天桥也就一本正经地被具有支配权的上位者文化化、文明化、旅游化与产业化。在强制性的将老天桥当作商品、产品而生产/消耗、变卖/吞噬、消费/咀嚼——隐晦的食人主义——的过程中，天桥大小的十字路口也就布满了各式各样通往"文化"的路标、箭头。虽然天桥被抽空、一无所有，表现得却是空对空、以空证空的应有尽有，完全与专制的"全景敞视主义"水乳交融，天衣无缝。

一种声音的博物馆所张扬的艺术与文化、历史与文物，正在全面地哺育着伪文艺"青年"。在此意义上，作为现代性的标配，新兴与新型的博物馆，同样有着在现代性历程中精英们始终试图摒弃的老天桥的杂吧性抑或说杂合性。换言之，巧妙也悄无声息吞噬人之灵魂、鉴别力的博物馆，同样在将人庸俗化、市侩化，以文化的名义将人变得没有文化，更不知文化为何物。如同人头攒动的图书大厦，不时拥挤的博物馆成为了今日北京一种时尚，消费着时间、金钱、地位以及泛滥成灾、装腔作势的品味。

对这种低俗、庸俗、媚俗却认真的文化消费主义与娱乐主义，张柠有一幅不留情面也痛心疾首的素描：

> 大厅的顶是玻璃的，四壁刻满了浮雕，一束强光从上面投射下来，那么高的穹顶，给人一种教堂一样庄严的感觉。环绕大厅四周的电梯载满了人，缓缓地上下移动。几千人集中在一起，人头攒动，像一个盛大的庙会。大家都默默无语，但这里并不寂静，众多急促的呼吸汇集在一起，产生了一种奇怪的喧嚣声。大厅中央，人们一堆一堆地在那种宝塔一样的柱子周围，低头忙碌。那些柱子是由书籍码放起来的。在购书中心的

"神殿"里，人们安静地围在那些书塔周围，默默地翻阅，有的嘴唇还微微翕动，仿佛在祷告似的。他们间或彼此交换一下眼神。然后，有人拿起其中的一本，留下钞票，欣喜地离开这个盛大的仪式，把位置让给等在身后的其他人，消失在嘈杂的人流中。行色匆匆的人们，离开购书中心，赶往下一个购物天堂，去参加另一类商品的消费仪式。[52]

52 张柠，《想象的衰变：欠发达国家精神现象解析》，福州：福建教育出版社，2008，第257—258页。

九

在西方，地铁早已经是生活中常见的事物。这对于一直奋起直追，在物质、技术层面师法西方的中国而言，地铁也就成为一个拿得出台面的现代性国际大都市的标配。借北京奥运会的春风，北京的地铁，日新月异，成几何级数地增长。方便人们出行，以任何一个点为中心，方圆数百米就有地铁站的地铁网，成为大力宣传的"新北京"、地下北京的蓝图。这一振奋人心的地下北京之伟大工程的稳步推进，将谢阁兰（V. Segalen, 1878—1919）想象中的勒内·莱斯出入北京内外城的秘密通道[53]，变为了事实，也是对谢阁兰这个西方人对有层层叠叠城墙阻隔而内外城交通不便的旧京嘲讽的嘲讽。

53 [法]谢阁兰，《勒内·莱斯》，梅斌译，北京：生活·读书·新知三联书店，1991。

继续在延伸和加密的地铁强力地改变着、刷新着北京人——在北京谋生者——的日常面孔。

然而，虽然如蛛网的地铁已经形成，但北京

的交通状况并未得到根本的缓解。上下班的拥堵继续是常态。北京城也坐实了"堵城"的英名。与此同时，"廉价"乘坐地铁的人们，也在以不同的方式把地铁变成自己的。在乘坐未分段计价且均价三元的数年，为了降低成本，在物流员、快递小哥、聪明的小商小贩中，通常有人常住地铁，将大小包裹、货物从一个出口/进口安然地送到另一个进口/出口。在相当意义上，这延续了当年在老天桥讨生活的人的生存智慧与策略，是一种有效地对地铁高效、优质的利用与合法、合情与合理的占有。在相当意义上，这使现代化的地铁猛然间有了杂吧地儿的属性。

当然，管理经营者是不会允许这种现象长时间存在的。他们会精心而又迅速地塞堵住包括乞讨在内的每一个"非法"占有——占小便宜——的动作。以分段限时计费的方式，对地铁化公为私的"小农"式占有很快消散。不久之后，一小簇人采取了另一种方式将地铁占为己有。这种方式迥然有别于小农或小市民经济学的精明算计与市侩主义，而是都市化的、文明的，被视为与现代性、国际性大都市相匹配。在上下班摩肩接踵的高峰期，当百分之九十九的乘客都忙着拨弄手机、划拉屏幕，或者旁若无人地对着屏幕高声海聊时，地铁上出现了稀稀拉拉的读书人。

在那样拥挤的地铁，这些陆续现身，专注读书的人成为了一道靓丽的风景。正如拍摄者朱利伟所做的那样：不做个有心人，不坚持不懈地努力去扫描，这些必然会率先与勤奋、品味、高雅、心静捆绑一处的

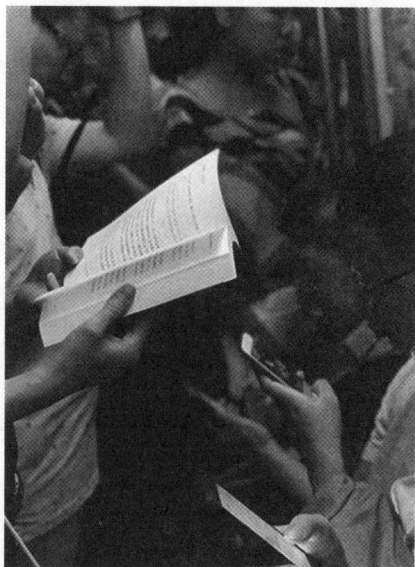

身影，只能擦肩而过。[54]以四两拨千斤的方式，地铁上稀有的读书人，与手机控的低头族、拇指族、游戏族、追星追剧族之间产生了巨大的张力。作为当下北京城的稀有物类，因为朱利伟持之以恒拍摄和记述的集中呈现，很快被大小媒体高调宣扬、提倡的地铁读书人如一道划空而来的光。[55]这道光让读书人自己，也让管理经营者，让地下北京、现代北京、蛛网般的地铁北京风情万种，风光无限！

在伦敦、东京、香港、台北、巴黎，地铁、火车上读书是相当一部分人的日常，因此没有舆论媒体大幅度的报道，也没有大惊小怪的热议。物以稀为贵！在2018年盛夏的北京，地铁上的读书人必然会成为一个"美丽北京"的代名词。毫无疑问，

54 朱利伟，《北京地铁上的读书人：挤到无法呼吸，也要有精神角落》，2018 年 7 月 18 日澎湃新闻，参阅网页 https://news.sina.com.cn/o/2018—07—18/doc—ihfnsvza0158290.shtml。登录时间：2018 年 9 月 10 日。

55 王钟的，《读书人一直都在 只是恰巧你没发现》，《中国青年报》，2018 年 8 月 14 日第 009 版。

真正在地铁上习惯性读书，到现在都少有发声的行动主体被客体化、对象化甚至物化、展品化，是无辜的。但是，对于对他们一厢情愿、一往情深的旁观者而言，他们无疑被同时赋予了传统和现代的双重意涵：乡下人的厚道、勤奋与坚韧；城里人的典雅、个性与洒脱。然而，无论旁观者、颂扬者将多少美德添加在这些确实值得尊敬与可圈可点的身影之上，或是偏向于其中的哪一种美德，他们都忽略了一个基本事实：那就是这些读书人以自己的方式，宣示着对之或长或短存身的地铁空间的占有。他们之所以如此，是因为不得不如此，也只能如此！

无论地上与地下，北京是拥挤的。对包括乘客在内，管理经营者批评并巧妙遏制的占小便宜的地铁运货者以及乞讨者、媒体热议并张扬的地铁读书人，两者与飞驰的地铁这一空间之间的关系并无本质的不同：占有！用他们自己理解也可能的方式占有和使用。也即，每个人习以为常的"我的地盘我做主"。毫无疑问，在蓝天白云下，无论是开着卡迪拉克，还是肩挑背磨，如果一个商贩能在同样的单位时空获得他梦寐以求的利润，他应该不会终日如夜行者潜伏地铁不出。同样，如果一个人不需往返奔波数小时的劳累，而是"当下"拥有一张窗明几净的书案，他也断然不会日复一日地在地铁上读书"充电"，成为被他者发现、加持抑或"扶贫"的客体。

连同读书人在内，地铁上的这些少数异类与绝大多数手机控一道，共同形塑着地铁、地下北京和今日北京的"杂吧地儿"属性——杂吧性。

十

"杂吧地儿"是旧京土语。它多年都专指前门外那个叫做天桥的地方。旧京的意义就在于它能容许老天桥这样的地方发生、发展，从而开放式地为各色人等提供生存的契机，为参差不齐的芸芸众生提供表达自己、完成自己的可能，不论是轰轰烈烈、红红火火，还是凄惨悲壮、不值一哂。如果注意到晚清时期散布在大栅栏一带的"**堂子**"和参与、混迹其中各色人等的交互感染性，[56]即长期被遮蔽的大栅栏的复杂性、杂合性，那么今天这个被高调宣扬和保护的世界闻名的历史文化街区，实则也是一块与老天桥一样的杂吧地儿。千百年来，无论是作为一个空间还是一个地方，北京实则就是这些大大小小、有名无名、有形无形、若即若离或亲密无间的杂吧地儿拼凑、黏连、组合而成。这些杂吧地儿，既各自独立，又相互浸染、涵盖，互相物化的同时也互为主体，如同一个巨大的不停旋转、翻飞的彩色拼盘。

因此，无论作为一个具体时空，还是作为一个思维符号、一个挥之不去的影子，说杂吧地儿天桥更能代表北京并不为过。何况，正如这里所言的蛛网地铁，北京的生机正在于其不断试图清理、消除的"杂吧地儿"属性和市井小民不断在刷新的"杂吧地儿"之韧性。

2014年11月，在广安门外国家话剧院上演的过

56 么书仪，《晚清戏曲的变革（增订版）》，北京：人民文学出版社，2018，第 149—240、359—414 页。

士行编导的话剧《暴风雪》，惟妙惟肖地在室内借漫天飞舞的雪花布景，上演着人性的杂合性和雪地这个场域的杂吧性，催人泪下。[57]同样，无论是金宇澄的原著长篇小说《繁花》[58]，还是2018年6月在天桥艺术中心连续三天上演的马俊丰导演的话剧《繁花》，都在事无巨细地表达着一个时代、由大小异质空间组成的一座大城市、一群身不由己的"草民"的杂吧性。悖谬的是，艺术家及其艺术竭力再现、尽力表演的这种指向不完美、不纯粹的杂吧性、复杂性——一座城市的真实生态、人性与人生的普遍性——只能锁闭在敞阔而封闭的舞台上，只能印刷在纸张上。在现实生活中，力求完美的"现代化"城市追求的是单一、偏执的高贵与"典雅"，允许不乏畸形、病态的美，却拒绝、封堵美丽动人的丑。

在精神世界始终有一席之地的"杂吧地儿"，不是被政治医学化的"毒瘤"，不是被殖民化的"耻部"，也非拥有话语权、表达权，尤其是支配权的精英一本正经艺术化、娱乐化的"丑"。正如东区（East End）之于伦敦[59]、科纳维尔之于波士顿[60]、凯镇（Catonsville）之于巴尔的摩甚至整个美国[61]、老城广场之于布拉格[62]（见下页图）、浅草之于东京[63]，古今中外，作为一种文化传统与动力，杂吧地儿和她承载、显现的杂吧性、杂合性才是一个空间、一座伟大城市真正的生态和常态，是一座城市前进的推进器。因为"混杂"不但可以去

57 岳永逸，《以无形入有间：民俗学跨界行脚》，第144—155页。

58 金宇澄，《繁花》，上海：上海文艺出版社，2013。

59 ［美］杰克·伦敦，《深渊居民：伦敦东区见闻》，陈荣彬译，北京：北京大学出版社，2017。

60 ［美］威廉·富特·怀特，《街角社会：一个意大利人贫民区的社会结构》，黄育馥译，北京：商务印书馆，2005。

61 宋念申，《"凯镇九人"事件五十年》，《读书》2018年第10期，第79—88页。

62 杨念群，《卖萌与政治》，《读书》2018第6期，第146—152页。

63 除前引的椎田保之助和芳賀登关于浅草的调查研究之外，还可参阅［日］北野武，《浅草小子》，吴菲译，上海：上海人民出版社，2010。

64 陈雪虎,《理论的位置》,第55—56页。

除模式化的想象和疆界、产生新兴的创意和力道,还能粉碎阶级等的纯粹性与权威性,进而"混杂的事物"更有生命力和现实性。[64]自然之果是:如果一座城市没有杂吧地儿,人们也会刻意制造出来,然后消灭,再生产,再消灭……如此循环,无穷匮也。

无论有多强大的权力,多尖锐的技术,只要愿意,每个人都可以是,都是他自己空间的王。每个人都有生存下去的权利与本能。他必然会以自己习惯的方式,抑或觉得舒服的方式表达自己、表现自己。以现代化为标准的均质化、标准化、格式化美学为基调的城市,仅仅是一种梦想,甚或说"异托邦"(heterotopias)。在此种意义上,北京也终将永远是一块大写的蕴藏着矛盾、生机和多种可能的"杂吧地儿"。

布拉格老城广场的杂耍
(岳永逸摄于2017年9月18日)

十一

其实，包容，给更多人提供生存的空间以及可能的"杂吧地儿"，是传统中国城市甚至国都固有的底色。

《世说新语》"规箴"记载了这样的故事：东晋元帝时，住在小集市的廷尉张闿，私自修建了里巷的总门，早晚开关，这给同居一地百姓的日常生活造成了极大的困扰。在知晓其造成的困扰之后，同时也迫于世交贺循的面子，张闿拆除了总门。[65]与张闿利用特权而终知悔改的"私搭乱建"、飞扬跋扈又小家子气十足不同，治世之能臣的谢安（320—385），有着"民为贵"的大格局，并赋予了京都以人本主义。《世说新语》"政事"有载：

> 谢公时，兵厮逋亡，多近窜南塘下诸舫中。或欲求一时搜索，谢公不许，云："若不容置此辈，何以为京都？"[66]

一千七百年前，谢安这句"若不容置此辈，何以为京都？"的反问，道出了传统士大夫对于自己拥有主宰权的城市和黎民百姓生命二者之间必须妥协的结构性也是制度性的关系。作为一种空间和一个地方的城市，首先是让各色人等有可能生存下去甚至自由生活的地方。这一洞见和顶层设计，实乃

65 （南朝·宋）刘义庆，《世说新语》，上海：大中书局，1933，第70页。

66 （南朝·宋）刘义庆，《世说新语》，第23页。

272

中国文化对世界城市的伟大贡献。

描绘出作为都市景观、人文地景的杂吧地儿，目的是要指明其在认知论、方法论层面的意义。诸如天桥这样在中国城市中有着厚重积淀和生生不息之生活气息与生机的杂吧地儿，显然完全有别于始终被定格在负面、底层的西方都市社会的"贫民窟"（Skid Row）。

对西方社会学家、城市研究者以及段义孚的人文主义地理学而言，Skid Row更像是西方都市文明的照妖镜。它是城市发展的怪胎、毒瘤与异数。在他者眼中，Skid Row是灰暗的、浑浑噩噩与自甘堕落的，与人性的良善没有关联。[67] 或者将杂吧地儿作为一种参照，用城市生理学[68]的方法，而不仅仅是用规划设计和"优位"的他者视角，在西方都市长期存在也是"老大难"的Skid Row，会呈现出另一番面貌与意味。

毫无疑问，在将杂吧地儿—杂吧性视为一种方法（论）和认知论时，上述论断难免会有"情人眼中出西施"或一叶障目而"见山不是山，见水不是水"的嫌疑。好在基于当下瞬间胜利性抑或灾难性的抉择，不可重复之"地方"的特质已经悄然改变。因为无论场域还是地方，其托身的空间都是"那个让生灵被迫互相遥远地生活的东西"[69]。个体抑或说小我点染、占有的内在化城市，从未退场。

蓦然回首，向来萧瑟。天桥是天桥，又不是天

67 [美]段义孚,《恋地情结》，第332—335页。

68 岳永逸，《老北京杂吧地：天桥的记忆与诠释》，第369—425页。

69 [比利时]乔治·普莱，《普鲁斯特的空间》，张新木译，上海：华东师范大学出版社，2015，第45页。

桥；北京是北京，又不是北京。

一切坚固的东西都烟消云散了！

2018年10月初稿

2020年6月20日终稿

附录

胯下之辱，乡与城的"土"

"那里的话？！"她严肃地说。"我们就没有用么？我们也要被掳去。城外有兵来攻的时候，长毛就叫我们脱下裤子，一排一排地站在城墙上，外面的大炮就放不出来；再要放，就炸了！"

这是鲁迅的名篇《阿长与山海经》中的句子。该文原载于1926年3月25日《莽原》半月刊第一卷第六期。正是因为这个"长毛"故事的一部分，"小"鲁迅对保姆阿长发生了从不大佩服、讨厌、不耐烦到有了"特别的敬意"的变化。

阿长口中女人下体"伟大的神力"绝不是成年鲁迅无中生有，空穴来风。爱德华·泰勒的《原始文化》、詹姆斯·弗雷泽的《金枝》等书中均有类似的案例。比鲁迅略晚的江绍原、黄石等民俗学家关于女性月经等禁忌的研究也多少触及此话题。今人蒋竹山《女体与战争：明清亚炮之术"阴门阵"再谈》（1999）等研究则表明：阿长所言的打仗时女人裸露下体能够压炮，是明代以来直至义和团时期流变传衍的常见战术——阴门阵，其内涵丰富。

一

　　阴门阵并非仅仅是供研究的不堪回首的陈谷子烂芝麻。三四十年前，在川北那个叫做槐树地的小村，还有类似的现象发生。战争规模不大，也不惨烈，多是发生在家户、邻里之间的对祖宗八代、黄花闺女声嘶力竭的辱骂，偶尔男性也参与其中，大打出手。虽然已经包产到户，在那个物质还是相对匮乏的时期，辱骂的起因多是认定鸡圈子里的鸡、菜园子里的瓜瓜小菜等被某位邻里屡次偷盗，抑或因为插秧争水、宅基地之争等积怨甚深。

　　总之，在"正方"觉得自己屡遭欺凌、忍无可忍，必须出口恶气时，女主人就会到槐树地这个山坳后三十多米高的山梁上拉长声调，指桑骂槐地高声辱骂。无法选择与避让的，槐树地的老老少少以及山梁两侧马路上的过往行人都能听得清清楚楚。在长时间咒骂之后，如果对手还藏匿不出、拒不应战，"阴门阵"或者就成为最后的杀手锏：叫骂的妇人挎下裤子，光着下体羞辱其心目中的仇家。村民们普遍认为，不露面的仇家会因此而长时间背时倒霉。

　　那是三十多年前，刚包产到户不久一个临近秋收的日子，上初中的我周六放假回家。沿着弯弯曲曲、黄绿相间、秋意已浓的小径，走到现在官名为白鹤岭，实则俗称假包岭脚下时，老远就传来女人在山梁上的叫骂声。从她家自留地里的瓜瓜小菜被偷，到麦苗、油菜、秧苗大片被牛吃鸡啄等，一一数落、叫骂。次日一早，家家房上才冒炊烟的时候，她已经又在山梁上高声开骂了，还提了一壶水。第三天，尽管嗓音早已嘶哑，只因没人出面迎战，她再次提了壶开水坐在山上叫骂。最终，临近中午，声嘶力竭也身心疲惫的她，挎下了裤子，光着下体羞辱其心目中的仇家，还沙哑地叫骂着："你有本事出来×老娘呀？×你妈呦！……"

　　每当此时，怒骂的邻妇常常会将三个字的"国骂"拖得老长老长。余音在狭长、幽深的山坳回响不绝，绵延于耳。有时，气急败坏、慌不择词也还有余力的邻妇，还会将"妈"这个字眼换做"姐儿妹子""祖宗八代"等似乎更具羞辱性和攻击性的短语，形成气壮山河、威力无穷的排比句。虽然体力衰减、声音嘶哑，"国骂"的威猛如强弩之末会大打折扣，但光鲜有形的下体充分弥补了声音孱弱、疲软的不足，大有劝百讽一、曲终奏雅的诡异、怪诞。

　　此时，多数在山梁两侧开阔地带干活、行走的人，有意无意都能模模糊糊地看到其白花花的大腿或丰厚的臀。持续几分钟后，这位邻妇终于偃旗息鼓，鸣锣收兵。槐树地又一如往常。鸡鸣犬吠、猪粪牛粪、生老病死、把酒言欢等交相错杂地弥漫，渐次散开，循环往复。

　　那时候，在川北槐树地这样原本藏在山坳里的小村，村村都有播报语录、国策，响彻云霄的大喇叭；家家户户都有乡广播站安装的、一丝不苟准点叫唤的小喇叭。无论早晚，大、小喇叭就像为所欲为、自作多情的美貌女子，其高高低低、时断时续的声音每时每刻都可以钻入你的耳廓，抚慰你柔嫩而敏感的耳膜，警醒也催眠着每一个人。或者是对不时嵌入的声音习以为常，或者是天生愚钝，包括我在内，我们这些玩性十足、屁不颠儿屁不颠儿的小孩儿，并不觉得邻妇们不时占据山梁的凌空怒骂在公共空间是一种可怕的"声音暴力"。反而，对健硕、丰腴的邻妇在山梁脱了裤子骂人，玩伴们只是觉得有趣、过瘾，还不时起哄。

　　同样多少有些遗憾的是，三十多年前的小学、初中语文课本没有收入《阿长与山海经》。"生理卫生"在乡野中学基本都只在课表中有名字，是有名无实、可有可无的"豆芽儿"课。我无缘从课堂上知道阿长所言的"阴门阵"。那时在槐树地，六七岁的小孩，无论男女，在众人面前肆无忌惮地衔着母亲干瘪的奶子哭闹是常事。光着屁股蛋儿、面不改色心不跳的小孩们在人前晃来晃去也是常事。懵懵懂懂记得，大人们私下里表情严肃地议论："她脱裤子了！×××家会长时间背时倒霉啰！"

二

　　槐树地不算蛮荒之地，一辈比一辈所受的学校教育要长，但女性用肉身"维权"却一以贯之。维新变法、辛亥革命、土地改革、"文革"、包产到户、小城镇化和新农村建设等轰轰烈烈的社会运动，并未改变槐树地女人们在愤怒绝望时恣肆地对肉身的使用，反而与时俱进，花样迭出。

　　前些年，和头脑还清晰的母亲闲聊老家的旧事时，母亲曾提及一件发生在"文革"期间，让人心惊肉跳、不寒而栗的往事。一位还算俊俏的村妇向造反派检举揭发说，某位村小学教师强行与之发生了"那事儿"（性行为）。对这事儿，老家人很少用"强奸"这个词，要么是用动作力度大也粗野的"整""搞""操"和国骂"日"等字眼儿，要么就是极其隐晦地用"他把我那个了"之类的隐语。在声势浩大的批斗会上，这位教师当众被四五位义愤填膺的女性摁倒在地，强迫男教师依次钻过她们的裤裆（胯下）——象征性地反复羞辱性再生。在他像狗一样钻过每位女性的髂裆之后，她们再一一骑在这位教师的头上，口中还怒声骂道："叫你日！叫你日！你这头骚足牛！老娘们都能把你生出来！"

　　不言而喻，这位可怜的爷们儿丢掉了"铁饭碗"。虽然身体劳作一如往常，但自从被彪悍的女性们当众"再生"了多次之后，他戴上了一顶鸭舌帽，无论冬夏，直至老死。终生寡言，戴着帽子的他，行走时高昂着头，不急不缓，颇有"破帽遮颜过闹市"的伟岸和不屈。少言孤行的"鸭舌帽"，也成为我儿时槐树地的一景。然而，只觉得好玩的我们并不明了深藏在形美的鸭舌帽下面的玄妙。在横扫一切牛鬼蛇神年代，穿了裤子的女性下体在槐树地这个偏僻小村同样显示出了让老爷们儿终生晦气的"伟大的神力"！这或者可以视为"阴门阵"的变种。

其实，在乡土中国，直接以身体为武器，女性戏耍或者欺负"好色"的男性，并不是西南山区的槐树地才有。当然，也不仅仅是女性用"阴门阵"，反而可能是直接扒光骚爷们的裤子。同样的事情，在汪曾祺的散文化小说中，则小桥流水的诗意浓浓，温柔敦厚的可亲可近，俨然你情我愿的打情骂俏，其乐融融。在《大淖记事》中，年逾花甲、历经风霜却一直迷恋儿时江南水乡风土人情的汪曾祺汨汨、潺潺地写道：

> 有一个老光棍黄海龙，年轻时也是挑夫，后来腿脚有了点毛病，就在码头上看看稻船，收收筹子。这老头儿老没正经，一把胡子了，还喜欢在媳妇们的胸前屁股上摸一把，拧一下。按辈份，他应当被这些媳妇称呼一声叔公，可是谁都管他叫"老骚胡子"。有一天，他又动手动脚的，几个媳妇一咬耳朵，一二三，一齐上手，眨眼之间叔公的裤子就挂在大树顶上了。

二十世纪八十年代，在与男性抗争时，愤怒绝望的槐树地女性除采用传统的仰望苍天的悬梁上吊，俯视大地的跳河、跳井之外，还多了喝在乡镇供销社能买到的敌敌畏等农药一途。随后，较易买到的安眠药也派上了用场。当然，这些将肉身作为武器的战斗，有时是有意为之，吓吓自己男人、父母、公公婆婆的闹剧；有时则是无意为之的闹剧，有惊无险，因为买来的敌敌畏或安眠药是假的，效力欠佳。在凹凸不平、坑坑洼洼的土路上，颠簸得厉害的手扶拖拉机慌慌张张、起起伏伏地拉着村妇到乡镇医院洗胃是不时都能看到的场景。无论哪种，包括前述山梁上的脱了裤子骂人，事后大家都堂堂正正做人，相谈甚欢，像没事一样。

在相当意义上，改革开放的红利显然不仅仅是在其初期激发了乡村的活力，它更重大的意义在于解放了被捆缚在土地上的农民，打破了城乡之间不可越雷池一步的森严，为农民进城求生、异地养家、城乡的混融，甚至中国社会的重组提供了可能性。在这一洪流中，偏远的槐树地也不例外。自二十世纪九十年代以来，青壮年男女基本都奔赴全国各地城市谋求生计。到2000年前后，常年留守的老少不足槐树地总人口的十分之一。原本因生存资源紧张而生的竞争性、掠夺性生计，也有了本质上的变化。近三十年来，在槐树地，柴火没人拾了，山高路远的地荒芜了，山变绿了。因为瓜瓜小菜、田边地脚等鸡毛蒜皮之类的小事演化而来的"脱了裤子骂人"也成了陈年往事，没了踪影。

三

多少有些让人惊讶的是，阴门阵的变体还于二十一世纪偶尔出现在北京这样国际化大都市的核心地带。根据《北京晨报》记者史春阳的报道，2012年8月7日下午，在北京中华世纪坛西侧的梅地亚宾馆至中央电视台东门之间路段，一成年女性裸身躺在一辆轿车车顶。她双腿分开，私处正对央视大门。接到报警后，赶到现场的警员，试图用蓝色毛巾被为该女性遮身。该女性拒不配合，裸身奔跑，终被民警和梅地亚宾馆的安保人员控制。事后，官方对这一事件没有任何后续报道，"裸女"本人也未现身对其"行为"做出任何解释。然而，因为在车顶躺卧的裸女用其私处正对央视，这激发了围观者和网民的灵感，迅疾创造出"霸气侧漏"的网络新词——"B视"。至今，裸女下身正对央视的彩色图片仍在网络流传，被更多的人观赏、消费、品评、点赞。

确实，相较于北京这个巨大的都市体而言，由个体人上演的"B视"仅仅是个微不足道、甚至可以直接抹去的"弱事件"。不论何种原因，维权、泄愤、酒醉失常，抑或赤条条的先锋行为艺术，"阴门阵"都是这个弱事件的关键、核心、工具与武器。然而，报纸、因特网、微博、微信等自媒体、流媒体的介入，却赋予了这个弱事件以强大的能量，对于世道人心有着持久的蛊惑。因为网民的不时点击、说三道四，"B视"也就演绎成为阴门阵在当代都市的宏大变体。

在对裸女行为——"B视"——的持续消费与话语的生产过程中，其行动主体——裸女，也就多少有了当年以拉洋片著称的艺人"大金牙"焦金池在老北京"杂吧地儿"天桥反复吟唱的名曲《大花鞋》（又名《绣花鞋》）中的巨人南乡二姑娘的影子。这位天不怕地不怕、秒杀一切的二姑娘：

> 满道上拉了一泡屎，浆了十八亩好高粱。一亩地打一石，十亩地贯满了仓。二姑娘撒了一泡尿，淹了涿州和良乡。滴的山西一个点，山西哥们喝了汤。多亏山西的哥们会凫水，凫水来在直隶地，直隶地内开了染房。

在自我迷醉中，一哄而上的网民也自行幻化成为街头艺人"大金牙"。古老的行为艺术与当代国际化的大都市实现了无缝对接。在对下半身的亦主动亦被动的使用与消费中，当代的都市子民不经意间回归了杂吧地儿北京的老旧传统，在不同时空之间自由穿梭。在观与被观、评与被评等不同角色之间，人们宠辱不惊、镇定自若地自然变脸，谈笑风生。光怪陆离的表象掩藏着同质的迷狂心性。"B视"这个看似无根的偶然事件也多少意味着：在自诩为文明、现代的都市社会，阴门阵似乎同样会持续下去，且长命不绝衰。

作为事件的"B视"并非无水之源，天外来客。这一事件有着多个源头。除了已经提及的中国古已有之的阴门阵、市井艺术之外，在男女平等观念基础之上促使女性意识进一步觉醒和膨胀的女权主义是其又一源头。在女权主义的鼓召下，如今女性裸体游行以示抗议在欧美早已经不是新鲜话题。这一洪流传到中国就是前些年话剧《阴道万岁》的排演、引起轰动的北外女生的"阴道自白照"，以及"B视"这样的裸行。其实，古今中外，阴门阵之于个体人、特定的社群、时空场域似乎并无大的不同。在相当意义上，它都是穷途末路时的绝地反击，是挑战性和战斗力极强的极端行为。

四

1981年，经过十余年的辛劳，美国人类学家玛乔丽·肖斯塔克（Marjorie Shostak）写出了关于生活在非洲喀拉哈里沙漠边缘的昆人（!Kung）的经典名著《妮萨：一名昆族女子的生活与心声》（*Nisa: The Life and Words of a !Kung Woman*）。在肖斯塔克前往非洲进行田野研究的二十世纪六七十年代之交，昆人主要的经济形态仍然是采集与狩猎。在该书中，肖斯塔克记述了二十世纪五十年代发生在她的合作者妮萨身上的一件触目惊心的事情。

妮萨的前夫比萨在妮萨还怀有身孕时，抛弃了妮萨。妮萨苦苦哀求、挽留都没有用，比萨还拿走了原本两人共有的为数不多的财物。胎儿流产，妮萨克服了种种困难活了过来，并发誓永远与比萨断绝关系。然而，一段时间后，比萨又百般纠缠妮萨，想重修旧好。就在被比萨纠缠得万般无奈的情况下，妮萨当众对自己的前夫比萨用了战无不胜的"阴门阵"。原本气势汹汹、牛逼哄哄的比萨一下就像泄了气的皮球，偃旗息鼓，落败而归。

2017年岁首，中国人民大学出版社出版了《妮萨》的中文译本。杨志兄的翻译绘声绘色，活灵活现。就这次阴门阵，杨志译文如下：

大家听到我们斗嘴，很快围过来，包括我哥我弟。比萨和我继续争斗，直到我勃然大怒，叫道："好吧！今天老娘啥也不怕了！"我脱掉所有衣物，先脱一件，再脱一件，最后脱掉护住阴部的遮羞皮裙。我把它们全脱了，放在地上，喊道："这儿！这是我的阴门！看，比萨，看着！这就是你要的玩意儿。"

跟比萨来的男人说："这女人，她心里真的没有你了。你自己看啊，妮萨根本就不打算和你过了，一丁点也没有，她也不肯再跟你亲热了。你们的关系完了。看吧。她脱光衣服，把它们丢在地上，把那地方都给人看了，她的态度还不是明摆着吗？她不要你了，比萨。我要你，现在就跟她断了。"最后比萨说："嗯，你说得对。现在我跟她算完了。"

他们两人走了，我拿起我的遮羞皮裙穿上，又拿其他衣物穿上。

283

妈妈哟！我就是这么干的。

除了表示对昔日保姆长妈妈的敬意外，鲁迅写《阿长与山海经》显然有鞭挞诸如阴门阵之类"陋习"的深意。革除陋习、开启民智是智者鲁迅终生为之奋斗并鞠躬尽瘁的伟业。这也是整个二十世纪启蒙精英都前赴后继为之奋斗的志业。毫无疑问，在各色精英的引领下，二十世纪的中国，尤其近三十年来的中国取得了举世瞩目的成就，以都市为主导的生活方式、价值体系正在迅猛地开疆拓土。但是，从长毛时期的"阴门阵"，到改革开放初期槐树地山梁上的脱了裤子骂人，再到当下京城的"B视"，我们不得不深思百余年来基本以西方"文明"为标准对民众启蒙、教化的效度。

换言之，乡土中国究竟在多大程度上被现代性了、被发展了？如果再联想到浑身豪气的昆人妮萨，由个体人呈现出来的历史的演进，究竟有着怎样的诡异与神秘？再联想到林肯墓前因求好运而被摸得油光锃亮的林肯雕像的鼻子，卡夫卡故居前因求子而被摸得油光锃亮的卡夫卡雕像的男根，人性、人之本性、心性，是否真的有着泾渭分明的传统与现代、都市与乡下、古今与中外的差别？

现在，强大、迷离而残酷，未来，不可知、虚幻而浪漫，但似乎都在"过去的掌心中"。在其遗著《重访妮萨》（*Return to Nisa*）中，肖斯塔克的一句话意义非凡，值得深思：

"不管生活在什么样的社会中，
人类所做的挣扎都是相似的！"

2017年2月10日初稿
2021年1月1日再改

主要参考文献

中文

[德] 艾伯华，1999，《中国民间故事类型》，王燕生、周祖生译，北京：商务印书馆

[美] 奥兰丝汀，2013，《百变小红帽：一则童话中的性、道德及演变》，杨淑智译，北京：生活·读书·新知三联书店

[英] 彼得·布鲁克，2008，《空的空间》，耿一伟译，台北：时报文化

[法] 布迪厄、[美]华康德，1998，《实践与反思：反思社会学导引》，李猛、李康译，北京：中央编译出版社

[法] 布洛克，2014，《历史学家的技艺》，张和声译，北京：北京师范大学出版社

曹新宇主编，2019，《新史学（第十卷）：激辩儒教：近世中国的宗教认同》，北京：中华书局

陈大齐，1918，《辟"灵学"》，《新青年》（5）：370—385

陈封雄，1940，《一个村庄之死亡礼俗》，北平：燕京大学法学院社会学系学士毕业论文

陈礼颂，1935，《广东潮州观神》，《社会研究》（100）：404—405

陈梦家，2006，《中国文字学》，北京：中华书局

陈雪虎，2019，《理论的位置》，桂林：广西师范大学出版社

——，2019，《由过渡而树立：中国现代文论的发生》，北京：北京师范大学出版社

陈寅恪，2015，《陈寅恪集·金明馆丛稿二编》，北京：生活·读书·新知三联书店

陈永龄，1941，《平郊村的庙宇宗教》，北平：燕京大学法学院社会学系学士毕业论文

崔若兰，2020，《近现代来华西方人的中国歌谣研究》，广州：中山大学博士学位论文

崔蕴华，2017，《说唱、唱本与票房：北京民间说唱研究》，北京：商务印书馆

[日] 岛村恭则，2019，《民俗学是一门怎么样的学问》，游乃蕙译，《日常と文化》（7）：105—117

[法] 德布雷，2014，《图像的生与死》，黄迅余、黄建华译，上海：华东师范大学出版社

[美] 丁乃通，2008，《中国民间故事类型索引》，郑建威、李倞、商孟可、段宝林译，武汉：华中师范大学出版社

董玥，2014，《民国北京城：历史与怀旧》，北京：生活·读书·新知三联书店

董作宾，1923，《歌谣与方音问题》，《歌谣周刊》（32）：1—4

——，1924，《"研究婴孩发音"的提议》，《歌谣周刊》（50）：3—5

[美] 段义孚，1998，《经验透视中的空间和地方》，潘桂成译，台北："国立"编译馆

——，2018，《恋地情结》，志丞、刘苏译，北京：商务印书馆

方维规，2018，《概念的历史分量：近代中国思想的概念史研究》，北京：北京大学出版社

——，2021，《历史的概念向量》，北京：生活·读书·新知三联书店

费孝通，1948，《乡土中国》，上海：观察社

傅斯年，2002，《傅斯年全集·第7卷》，长沙：湖南教育出版社

[日] 福田亚细男，2010，《日本民俗学方法序说——柳田国男与民俗学》，於芳、王京、彭伟文译，北京：学苑出版社

顾颉刚，2011，《顾颉刚民俗论文集》，北京：中华书局

谷万川，1929，《大黑狼的故事》，上海：亚东图书馆

顾希佳，2014，《中国古代民间故事类型》，杭州：浙江大学出版社

韩东育，2009，《从"脱儒"到"脱亚"：日本近世以来"去中心化"之思想过程》，台北：台湾大学出版中心

——，2016，《从"请封"到"自封"：日本近世以来"自我中心化"之行动过程》，台北：台湾大学出版中心

[比] 贺登崧，1948，《中国语言学及民俗学之地理的研究》，《燕京学报》（35）：1—27

——，1949，《中国民间传统宗教之研究：辅仁大学方言地理学研究室地理调查报告之一》，冯瓒璋译，《文藻月刊》（1—2）：18—20

——，2003，《汉语方言地理学》，石汝杰、岩田礼译，上海：上海教育出版社

——，2017，《山西大同东南乡寺庙之碑铭与历史》，卢梦雅、贾美玉译，《民间文化论坛》（4）：56—79

胡适，2013，《胡适文集》，北京：北京大学出版社

户晓辉，2017，《日常生活的苦难与希望：实践民俗学的田野笔记》，北京：中国社会科学出版社

华智亚，2013，《龙牌会：一个冀中南村落中的民间宗教》，上海：上海人民出版社

黄石，1927，《神话研究》，上海：开明书店

——，1931，《"迎紫姑"之史的考察》，《开展月刊》（10—11）：1—13

——，1933，《再论紫姑神话——并答娄子匡先生》，《民众教育季刊》（1）：1—11

黄炎培，1942，《我和许地山先生仅有的关于扶箕一席话》，《国讯》（297）：8

黄翼，1937，《"碟仙"与相类现象之心理的解释》，《教育杂志》（4）：179—183

[德] 霍耐特，2018，《物化：承认理论探析》，罗名珍译，上海：华东师范大学出版社

纪晓岚，1933，《阅微草堂笔记》，上海：启智书局

江绍原，1928，《发须爪：关于它们的迷信》，上海：开明书店

[美] 焦大卫、欧大年，2005，《飞鸾：中国民间教派面面观》，周育民译，香港：香港中文大学出版社

[韩] 金镐杰，2001，《山西省吕梁西部地区窑洞民居民俗研

究——以柳林县三个窑洞村落为例》，北京：北京师范大学博士学位论文

[德] 朗宓榭，2013，《朗宓榭汉学文集》，上海：复旦大学出版社

——，2018，《小道有理：中西比较新视域》，金雯、王红妍译，北京：生活·读书·新知三联书店

李安宅，1931，《〈仪礼〉与〈礼记〉之社会学的研究》，上海：商务印书馆

——，1936，《巫术与语言》，商务印书馆

——，1938，《孟汉论知识社会学》，《社会学界》（10）：55—109

李劼，2011，《百年风雨：走过二十世纪的中国政治演变和文化沧桑》，台北：允晨文化

黎锦熙，2011，《国语运动史纲》，北京：商务印书馆

李世瑜，1948，《现在华北秘密宗教》，成都：华西协和大学中国文化研究所、国立四川大学史学系联合印行

——，2004，《天津的方言俚语》，天津：天津古籍出版社

——，2007，《社会历史学文集》，天津：天津古籍出版社

李慰祖，1941，《四大门》，北平：燕京大学法学院社会学系学士毕业论文

梁启超，2015，《饮冰室合集（典藏版）》，北京：中华书局

林海聪，2020，《民国时期妙峰山庙会民俗的视觉表达：以甘博影响为中心的图像比较研究》，广州：中山大学博士学位论文

林继富，2008，《紫姑信仰流变研究》，《长江大学学报（社会科学版）》（1）：5—11

柳存仁，1941，《论许地山的〈扶箕迷信底研究〉》，《大风

半月刊》（93）：3141—3143

刘禾，2014，《跨语际实践：文学、民族文化与被译介的现代性（中国，1900—1937）》，北京：生活·读书·新知三联书店

[日] 柳田国男，2010，《民间传承论与乡土生活研究法》，王晓葵、王京、何彬译，北京：学苑出版社

——，2018，《海上之路》，史歌译，北京：北京师范大学出版社

刘铁梁，2011，《民俗文化的内价值与外价值》，《民俗研究》（6）：36—39

刘祥光，2013，《宋代日常生活中的卜算与鬼怪》，台北：政大出版社

刘晓春，2007，《从维柯、卢梭到赫尔德：民俗学浪漫主义的根源》，《民俗研究》（3）：41—67

刘义庆，1933，《世说新语》，上海：大中书局

刘宗迪，2012，《摩睺罗与宋代七夕风俗的西域渊源》，《民俗研究》（1）：67—97

——，2013，《七夕》，北京：生活·读书·新知三联书店

——，2016，《超越语境，回归文学：对民间文学研究中实证主义倾向的反思》，《民族艺术》（2）：125—132

娄子匡，1933，《中国民俗学运动的昨夜和今晨》，《民间月刊》（5）：1—16

卢梦雅，2017，《葛兰言〈诗经〉学研究》，济南：山东大学博士学位论文

[美] 露思·贝哈，2010，《伤心人类学：易受伤的观察者》，黄佩玲、黄恩霖译，台北：群学出版有限公司

鲁迅，2005，《鲁迅全集》，北京：人民文学出版社

[德] 麦克斯·缪勒，1989，《比较神话学》，金泽译，上海：上海文艺出版社

茅盾，1941，《国粹与扶箕的迷信：纪念许地山先生》，《笔谈》（1）：37—38

孟庆澍，2006，《无政府主义与五四新文化》，开封：河南大学出版社

[法] 米歇尔·福柯，2007，《规训与惩罚：监狱的诞生》，刘北成、杨远婴译，北京：生活·读书·新知三联书店

倪培民，2020，《孔子：人能弘道（修订珍藏本）》，李子华译，北京：世界图书出版有限公司

[英] 齐格蒙特·鲍曼，2003，《共同体》，欧阳景根译，南京：江苏人民出版社

钱穆，2011，《八十忆双亲、师友杂忆合刊》，北京：九州出版社

钱南扬，1928，《谜史》，广州：国立中山大学语言历史研究所

钱锺书，2011，《钱锺书集：管锥编（一）》，北京：生活·读书·新知三联书店

[美] 乔纳森·克拉里，2017，《观察者的技术》，蔡佩君译，上海：华东师范大学出版社

[英] 瑞恰慈，1988，《论述的目的和语境的种类》，章祖德译，见赵毅衡编选，《“新批评”文集》，第287—303页，北京：中国社会科学出版社

[日] 桑山敬己，2010，《柳田国男的“世界民俗学”再考：一个文化人类学者的视角》，西村真志叶译，见王晓葵、何彬主编，《现代日本民俗学的理论与方法》，第48—77页，北京：学

苑出版社

四川大学南亚研究所编，1989，《赵卫邦文存》，成都：四川大学出版社

[比] 司礼义，2020，《山西大同城南之谜语与儿歌》，王庆译，《贵州民族大学学报（哲学社会科学版）》（1）：71—151

[日] 丸山昏迷，2016，《北京》，卢茂君译，北京：北京联合出版公司

[法] 汪德迈，2018，《跨文化中国学》，北京：中国大百科全书出版社

王东杰，2019，《声入心通：国语运动与现代中国》，北京：北京师范大学出版社

王辅世，2014，《王辅世语言研究文集》，北京：社会科学文献出版社

王国维，1926，《人间词话》，北京：朴社

王宏超，2019，《人间无师问鬼神:民初国语运动中吴稚晖扶乩问音韵考》，《上海文化》（6）：64—74

王铭铭，2010，《文字的魔力：关于书写的人类学》，《社会学研究》（2）：44—66

王升远，2017，《文化殖民与都市空间：侵华战争时期日本文化人的"北平体验"》，北京：生活·读书·新知三联书店

王栻主编，1986，《严复集·第5册 著译、日记、附录》，北京：中华书局

[波兰] 魏思齐编，2011，《根据〈华裔学志〉认识西方汉学家》，江日新译，台北：辅仁大学出版社

吴重庆，2014，《孙村的路：后革命时代的人鬼神》，北京：法律出版社

巫鸿，2017，《全球景观中的中国古代艺术》，北京：生活·读书·新知三联书店

吴宓，1998—1999，《吴宓日记》，北京：生活·读书·新知三联书店

[日] 西村真志叶，2011，《日常叙事的体裁研究：以京西燕家台村"拉家"为个案》，北京：中国社会科学出版社

谢聪辉，2013，《新天帝之命：玉皇、梓潼与飞鸾》，台北：台湾商务印书馆股份有限公司

许地山，1941，《扶箕迷信底研究》，长沙：商务印书馆

薛诚之，1936，《谚语研究》，北平：燕京大学研究院国文学系硕士毕业论文

[日] 岩本通弥，2016，《城市化过程中家庭的变化》，施尧译，《民俗研究》（5）：5—20

杨伯峻译注，2017，《论语译注》，北京：中华书局

杨绛，2013，《洗澡》，北京：人民文学出版社

杨堃，1948，《我国民俗学运动史略》，《民族学研究集刊》（6）：92—102

杨汝泉，1934，《谜语之研究》，天津：大公报社

杨文松，1935，《唐小说中同型故事之研究》，北平：燕京大学文学院国文学系学士毕业论文

杨旭东，2013，《当代北京评书书场研究》，北京：民族出版社

么书仪，2018，《晚清戏曲的变革（增订版）》，北京：人民文学出版社

[美] 叶凯蒂，2014，《上海·爱：名妓、知识分子和娱乐文化，1850—1910》，杨可译，北京：生活·读书·新知三联书店

岳永逸，2007，《空间、自我与社会：天桥街头艺人的生成与系谱》，北京：中央编译出版社

——，2014，《忧郁的民俗学》，杭州：浙江大学出版社

——，2014，《行好：乡土的逻辑与庙会》，杭州：浙江大学出版社

——，2015，《都市中国的乡土音声：民俗、曲艺与心性》，北京：中国人民大学出版社

——，2017，《朝山》，北京：北京大学出版社

——，2018，《庙宇宗教、四大门与王奶奶：功能论视角下的燕大乡土宗教研究》，《世界宗教研究》（1）：44—60

——，2019，《老北京杂吧地：天桥的记忆与诠释（修订版）》，北京：生活·读书·新知三联书店

——，2019，《以无形入有间：民俗学跨界行脚》，北京：商务印书馆

[美] 詹姆森，1995，《一个外国人眼中的中国民俗》，田小杭、阎苹译，上海：上海文艺出版社

张柠，2008，《想象的衰变：欠发达国家精神现象解析》，福州：福建教育出版社

张青仁，2016，《行香走会：北京香会的谱系与生态》，北京：中央民族大学出版社

张志娟，2014，《北京辅仁大学的民俗学教学与研究》，《民俗研究》（5）：34—43

——，2017，《西方现代中国民俗研究史论（1872—1949）》，北京：北京大学博士学位论文

赵卫邦，2017，《中国近代民俗学研究概况》，王雅宏、岳永逸译，《贵州民族大学学报》（2）：37—58

——，2018，《秧歌：河北定县乡村戏》，岳永逸、程德兴译，《贵州民族大学学报》（1）：183—199

——，2019，《扶箕之起源及发展》，岳永逸、程德兴译，《民间文化论坛》（1）：56—66

赵世瑜，1999，《眼光向下的革命：中国现代民俗学思想史论（1918—1937）》，北京：北京师范大学出版社

赵汀阳，2019，《历史·山水·渔樵》，北京：生活·读书·新知三联书店

[日] 志贺市子，2013，《香港道教与扶乩信仰：历史与认同》，宋军译，香港：香港中文大学出版社

钟敬文，2002，《钟敬文文集》，合肥：安徽教育出版社

——，2018，《钟敬文全集》，北京：高等教育出版社

祝鹏程，2018，《文体的社会建构：以"十七年"（1949—1966）的相声为考察对象》，北京：中国社会科学出版社

周柯含，2020，《夕阳下的狂欢：日常生活中的广场舞》，北京：中国人民大学博士学位论文

周星，2019，《生熟有度：汉人社会及文化的一项结构主义人类学研究》，北京：商务印书馆

——，2020，《死给你看：对一类自杀现象的法人类学研究》台北：巨流图书公司

周作人，2011，《自己的园地》，北京：北京十月文艺出版社

——，2011，《儿童文学小论 中国新文学的源流》，北京：北京十月文艺出版社

——，2013，《鲁迅的故家》，北京：北京十月文艺出版社

外文

Ben-Amos, Dan. 1971, "Toward a Definition of Folklore in Context", *The Journal of American Folklore*, Vol.84, No.331, pp.3–15

–. 1975, "Folklore in African Society", *Research in African Literatures*, Vol. 6, No. 2, pp.165–198

–. 1993, " 'Context' in Context", *Western Folklore*, Vol.52, pp. 209–226

Chao, Wei-pang. 1942, "The Origin and Growth of the Fu Chi", *Folklore Studies*, Vol.1, pp.9–27

–. 1942, "Modern Chinese Folklore Investigation. Part I. The Peking National University", *Folklore Studies*, Vol.1, pp.55–76

–. 1943, "Modern Chinese Folklore Investigation. Part II. The National Sun Yat-Sen University", *Folklore Studies*, Vol.2, pp.79–88

–. 1944, "Yang-Ko(秧歌). The Rural Theatre in Ting-Hsien", *Folklore Studies*, Vol.3, No.1, pp.17–38

–. 1944, "Games at the Mid-Autumn Festival in Kuangtung", *Folklore Studies*, Vol.3, No.1, pp.1–16

–. 1944, "*A Study of the Fu-chi Superstition* by Hsü Ti-Shan, Review by: Chao Wei-pang", *Folklore Studies*, Vol.3, No.2, pp.144–149

–. 1946, "The Chinese Science of Fate-Calculation", *Folklore Studies*, Vol. 5, pp.279–315

–. 1948, "Secret Religious Societies in North China in the Ming Dynasty", *Folklore Studies*, Vol.7, pp.95–115

Chau, A. Y. 2012, "Actants Amassing (AA): Beyond Collective Effervescence and the Social", In Long, Nicholsa J. and Henrietta L.

Moore (eds.), *Sociality: New Directions*, pp.133–156, Oxford: Berghahn Books

Chen, Shujie, 2004, *The Rise and Fall of Fu Ren University, Beijing: Catholic Higher Education in China*, New York: RoutledgeFalmer

Coblin, South. 1999, "Paul–M. Serruys, C.I.C.M. (1912–1999)", *Monumenta Serica*, Vol.47, pp.505–514

Eder, Mattias. 1950, "Gedanken zur Methode der chinesischen Volkskundeforschung", *Folklore Studies*, Vol.9, pp.207–212

Feuchtwang, Stephan. 1992, *The Imperial Metaphor: Popular Religion in China*, London: Routledge

Grootaers, Willem A. 1945, "Les temples villageois de la région au Sudest de Tat'ong (Chansi Nord), leurs inscriptions et leur histoire", *Folklore Studies*, Vol.4, pp.161–212

–. 1948–1951, "Une séance de spiritisme dans une religion secrète a Péking en 1948", *Mélanges chinois et Bouddhiques*, Vol. 9, pp. 92–98

Grootaers, Willem A. with Li Shih–yü李世瑜 and Chang Chi–wen 张冀文. 1948, "Temples and History of Wanch'üan (Chahar). The Geographical Method Applied to Folklore", *Monumenta Serica*, Vol. 13, pp.209–316

Grootaers, Willem A. with 李世瑜 and 王辅世. 1951, "Rural Temples around Hsüan–Hua (South Chahar), Their Iconography and Their History", *Folklore Studies*, Vol.10, No1, pp. 1–116

Hevia, J. L. 1992, "Leaving a Brand in China: Missionary Discourse in the Wake of the Boxer Movement", *Modern China*, Vol.18, No.3, pp.304–332

Hsieh, I–Yi.2016, "Marketing Nostalgia: Beijing Folk Arts in the

Age of Heritage Construction", PH.D. Dissertation, New York University

Jameson R. D. 1932, *Three Lectures on Chinese Folklore*, Peiping: North China Union Language School, cooperating with California College in China

Jordan, David K. 1972, *Gods, Ghosts, and Ancestors: Folk Religion in a Taiwanese Village*, Berkeley: Calif.

Kang, Xiaofei. 2006, *The Cult of the Fox: Power, Gender and Popular Religion in Late Imperial and Modern China*, New York: Columbia University Press

Luo, Dan. 2015, "History and Transmission of Daoist Spiritwriting Altars in Hong Kong: A Case Study of Fei Ngan Tung Buddhism and Daoism Society", Ph.D. thesis of the Chinese University of Hong Kong

Nedostup, Rebecca. 2009, *Superstitious Regimes: Religion and the Politics of Chinese Modernity*, Cambridge: Harvard University Asia Center

Serruys, Paul. 1944, "Les cérémonies du mariage: Usages populaires et textes dialectaux du sud de la préfecture de Ta–t'oung (Chansi)", *Folklore Studies*, Vol.3, No.1, pp.73–154, Vol.3, No.2, pp.77–129

–. 1945, "Children's Riddles and Ditties from the South of Tatung(Shansi)", *Folklore Studies*, Vol.4, pp.213–290

–.1946, "Fifteen Popular Tales from the South of Tatung (Shansi)", *Folklore Studies*, Vol.5, pp. 191–278

–. 1947, "Folklore Contributions in *Sino–Mongolica*. Notes on Customs, Legends, Proverbs and Riddles of the Province of Jehol. Introduction and Translations", *Folklore Studies*, Vol.6, No.2, pp.1–129

–. 1974, "Studies in the Language of Shang Oracle Inscriptions",

T'oung Pao, Vol. 60, pp.12–120

Shirokogoroff, S. M. 1942, "Ethnographic Investigation of China", *Folklore Studies*, Vol.1, pp.1–18

Wang, Yahong. 2019, "Vegetarians in Modern Beijing: Food, Identity and Body Techniques in Everyday Experience", PH.D. Dissertation, Unicersity of Glasgow

Watson, James L. 1985, "Standardizing the Gods: The Promotion of T'ien Hou (Empress of Heaven) Along the South China Coast, 960–1960." In David G. Johnson, Andrew J. Nathan, and Evelyn S. Rawski (eds.), *Popular Culture in Late Imperial China*, pp.292–324, Berkeley: University of California Press

Wolf, Arthur P. 1974, "Gods, Ghosts, and Ancestors", In Arthur P. Wolf ed. *Religion and Ritual in Chinese Society*, pp.131–182, Stanford: Stanford University Press

Yang, Qingqing. 2015, *Space Modernization and Social Interaction: A Comparative Study of Living Space in Beijing*, Foreign Language Teaching and Research Publishing Co., Ltd and Springer–Verlag Berlin Heidelberg

索 引

302

后　记

一

本书的调研、书写，历时数年，可谓处心积虑、持之以恒，当然是时断时续，屡断屡续。本书的后期研究、修订和最终完成则得到中国人民大学2021年度"中央高校建设世界一流大学（学科）和特色发展引导专项资金"支持。

2015年8月底，从西册田调查归后，除早已经开始的狼/狐精怪故事的写作，我也同步开始了首章"'土著'之学导论"的读写。《零落成泥碾作尘》（《读书》2019年第5期）和《"土著"之学：司礼义的中国民俗学研究》（《民族文学研究》2020年第1期）两文，实乃"导论"写作的阶段性结果。

这一章，首先是向传教士司礼义、贺登崧杰出的中国民俗学研究致敬！同时，它融进了我的田野回访、个人对历史（不仅仅是民俗学学科史）、民俗的自治性、民俗学的反抗性、民俗学方法论、一国民俗学与世界民俗学、语境研究与文本研究，以及仍然炙手可热的非遗运动等的点滴认知与省思。尤其是，我不厌其烦地说明了我所理解的"土著"：

1.作为研究者的土著、类土著；

2.作为研究对象的土著、类土著；

3.上述二者在对视——相互凝视——中，转化让渡的"类

土著";

4.前述三者之间必须有的承认优先、进而共情的多义叠加与混融的"土著性"。

其左冲右突、旁逸斜出、七弯八拐也磕磕绊绊、结结巴巴的行文，明显有着阅读的阵痛、百思不得其解的焦灼、写作时痉挛的斑驳痕迹，有着滞胀，抑或断裂。希望这些执拗，多少能引起些阅读的兴味，痛苦抑或愉悦。当然，这完全也有可能给人以弄巧藏拙、故弄玄虚、夸饰的不厚道和沽名钓誉的油滑之感。所有一切，都源自我对民俗学"**反抗性**"的理解。因此，完全可以在"土著"之前，加上与反抗性关联紧密的"**在野**"二字。

无论"土著"还是"在野"，二者具有司空见惯的"**日常性**"。对"日常"的拷问与自我省思，是民俗学作为一门独立科学的价值所在。事实上，对漫无边际的生活世界而言，日常同样是对特殊、非常和重大的反叛与反抗。在此意义上，通常被误以为自然而然的"日常"并非特殊、非常与重大的底色或对立。习以为常的"日常"或者说"日常性"，同样有着超越其自身的"**非日常性**"。

2019年7月6—7日，在韩国春川举办的"The Culture Power of Post-empire and Vernacular: Questioning the Everyday through Folkloristics"国际研讨会上，岩本通弥教授进行了题为《东亚民俗学的再立论 ——向"作为日常学的民俗学"进发》的演讲。其中，岩本教授对民俗学精彩且精当的定义，就偏重于对"日常"的"非日常性"一面的释读：

> 民俗学是通过持续地质问身边不起眼的、司空见惯的"日常"——理所当然的事物，而累积的研究成果相互联系发展出来的一系列学问（discipline）。民俗学关注并试图理解人们

自认为"了如指掌且理所当然"而忽视的周遭的世界和事物，是一种**自我省察的学问**，带有"民间学"的性格。对呈现在眼前的生活世界的自明性报以疑问，将认为是理所当然的事物就停止思考的朴素态度和判断暂时纳入"普通人们"的框架之内进行自省思考的行为开花结果之后便是民俗学。

对我而言，以"日常""小我"为根本对象的民俗学，不但是"土著之学"（当然，这与柳田国男的界定已经相去甚远），而且是在野的（在此意义上，又回到了柳田国男）、批判的甚或反抗的，至少是反思性的——有形无形、有声无声的**批判与自我批判**。长期被国内学界忽视的辅仁大学和燕京大学的民俗学研究，均是我所言的不同层面和意涵上的"'土著'之学"。因此，这一章不仅是本书的导论，同时也可以视为本书姊妹篇《"口耳"之学：燕京札记》的导论，以及包含在"历史的掌纹"系列中的第三部《终始：社会学的民俗学（1926—1950）》的导论。

正如刊发时声明的那样，作为规矩的学术论文，《"土著"之学：司礼义的中国民俗学研究》是应南根祐、岩本通弥和周星三位教授之邀，专为2019年7月春川会议而作。感谢此次会议的邀约，它促使我加速了写作的进度。同时，要特别感谢学姐庞建春教授在会议现场的精彩点评。晚些时候，本章的相关内容也曾在保山学院进行过演讲，参加过云南大学等单位举办的"现代中国与乡土传统：魁阁80周年暨中国社会学恢复重建40周年"学术研讨会。

书中使用法语、德语、英语和日语文献，分别得到了山东大学卢梦雅教授、北京师范大学杨俊杰、王庆教授和我曾经的学生王雅宏、陈旻、蔡加琪的诸多帮助。在此，一并致谢！当然，文责自负，与他人无关。

二

　　本书二、三、四三章，同样是长期读写、反复修修补补的结
果。阶段性的版本曾散见于《贵州民族大学学报（哲学社会科学
版）》2017年第2期、《世界宗教研究》2020年第1期、《民间文
化论坛》2016年第2期。相关的阶段性成果，也曾经在中国社会
科学院世界宗教研究所、华中师范大学、中南大学、中国人民大
学、北京语言文化大学、中国传媒大学、辽宁大学和中国民俗学
会举办的学术会议上进行过演讲。感谢李建欣、周越、汲喆、戴
文琛（Durand-Dastès）、付海晏、刘迅、黄建波、钱婉约、王
炎、鞠熙、赵丙祥、高勇、吕微、王杰文、刘晓峰、刘宗迪等教
授的批评指正。

　　在宽泛意义上，二、三两章实属一个单元，瞩目于民俗学隐
者，辅仁大学时期的赵卫邦，尤其是细读了其精彩同时具有隐晦
批判性的扶箕研究。这里，要特别感谢四川大学档案馆、北京师
范大学档案馆准许我查阅相关档案，感谢查阅时工作人员的不厌
其烦，尽心尽责。

　　如书中已经声明的那样，"狼/狐精怪故事"的研究最初是
与赵雪萍合作完成的。这一并不成功的案例，意在回应在本书
"导论"中批评的"语境研究"，是"跨越语境"且回归文本
的尝试。

　　严格意义上，末章"杂吧地儿，一种方法"，明显与辅仁游
离，应该是"外一篇"抑或"附录"。其最简版是2019年出版的
拙著《老北京杂吧地：天桥的记忆与诠释（修订版）》的自序，
完整版刊发在同年的《民俗研究》第3期，第三个版本收入了拙
著《以无形入有间：民俗学跨界行脚》（2019）。之所以将该文

终版收入本书，仅因为它是承认优先的，是游离、日常、在野与省察的，"低"中有着"高"，"小"中包裹着"大"。更为关键的是，"杂吧性"既是空间的本性，它还是时间的与人的根性。这多少有了以中"读"西，尤其是将杂吧地儿进而将民俗学视为一种认知论、方法论的意味。在此意义上，它与司礼义的儿歌、谜语，与赵卫邦的扶箕，是通约的，是时空连续体上的"同工"、盟友与解人。

　　三

　　感谢妻子武向荣博士和儿子岳武一贯的理解和支持。

　　在或浓或淡、忽高忽低的新型冠状病毒肺炎（COVID-19）疫情期间，祸福相依，一家三口终日厮守，各司其职，低头不见抬头见，有怒目而视的眈眈相向，也有会心一笑的温馨暖人。

　　从去冬到今夏，长期困守一隅，本书得以最后修订完成。此实乃不幸中的万幸，也算因祸得福。但是，母亲三周年的忌日，终究是永远地错过了。能克服不少困难，甚至身心的伤痛与时常袭来的绝望而完成此书，显然有她老人家在天之灵的守望。因此，本书题献给了她老人家，以示永远的念想。

　　末了，感谢方维规教授欣然赐序、虞晓勇兄题写书名，为本书增色！感谢学妹周春女士，没有她的慷慨仗义、不计名利，这样冷僻的小书，是不可能如此精致出版的。

2020年7月1日于人大崇德西楼205室

2021年1月5日再改

图书在版编目（CIP）数据

"土著"之学 : 辅仁札记 / 岳永逸著. --北京：
九州出版社，2020.10
ISBN 978-7-5108-8814-4

Ⅰ．①土… Ⅱ．①岳… Ⅲ．①民俗学－文集 Ⅳ．
①K890-53

中国版本图书馆CIP数据核字（2020）第188630号

"土著"之学：辅仁札记

作　　者　岳永逸　著
责任编辑　周　春
封面设计　吕彦秋
出版发行　九州出版社
地　　址　北京市西城区阜外大街甲35号（100037）
发行电话　（010）68992190/3/5/6
网　　址　www.jiuzhoupress.com
印　　刷　三河市兴博印务有限公司
开　　本　710毫米×1000毫米　16开
印　　张　21.5
字　　数　200千字
版　　次　2021年8月第1版
印　　次　2021年8月第1次印刷
书　　号　ISBN 978-7-5108-8814-4
定　　价　78.00元